U0142103

少年事件處理法

鄭正中·編著

THE LAW

書泉出版社 印行

出版緣起

　　談到法律，會給您什麼樣的聯想？是厚厚一本《六法全書》，或是莊嚴肅穆的法庭？是「洛城法網」式的腦力激盪，或是「法外情」般的感人熱淚？是權利義務的準繩，或是善惡是非的分界？是公平正義、弱勢者的保障，或是知法玩法、強權者的工具？

　　其實，法律儘管只是文字、條文的組合，卻是有法律學說思想作為基礎架構。法律的制定是人為的，法律的執行也是人為的，或許有人會因而認為法律是一種工具，但是卻忽略了：法律事實上是人心與現實的反映。

　　翻閱任何一本標題為《法學緒論》的著作，對於法律的概念、共同的法學原理原則及其應用，現行法律體系的概述，以及法學發展、法學思想的介紹……等等，一定會說明清楚。然而在我國，有多少人唸過《法學概論》？有識之士感歎：我國國民缺乏法治精神、守法觀念。問題就出在：法治教育的貧乏。試看九年國民義務教育的教材，在「生活與倫理」、「公民與道德」之中，又有多少是教導未來的主人翁們對於「法律」的了解與認識？除了大學法律系的培育以外，各級中學、專科與大學教育中，又有多少法律的課程？回想起自己的求學過程，或許您也會驚覺：關於法律的知識，似乎是從報章雜誌上得知的占大多數。另一方面，即使是與您生活上切身相關的

少年事件處理法

「民法」、「刑法」等等，其中的權利是否也常因您所謂的「不懂法律」而睡著了？

當您想多充實法律方面的知識時，可能會有些失望的。因為《六法全書》太厚重，而一般法律教科書又太艱深，大多數案例式法律常識介紹，又顯得割裂不夠完整……

有鑑於此，本公司特別邀請法律專業人士編寫「白話六法」叢書，針對常用的法律，作一完整的介紹。對於撰文我們要求：使用淺顯的白話文體解說條文，用字遣詞不能艱深難懂，除非必要，儘量避免使用法律專有名詞。對於內容我們強調：除了對法條作字面上的解釋外，還要進一步分析、解釋、闡述，對於法律專有名詞務必加以說明；不同法規或特別法的相關規定，必須特別標明；似是而非的概念或容易混淆的觀念，一定舉例闡明。縱使您沒有受過法律專業教育，也一定看得懂。

希望這一套叢書，對普及法律知識以及使社會大眾深入了解法律條文的意義與內容等方面都有貢獻。

四版序

　　少年為社會的礎石、民族的幼苗、國家未來的主人翁，其身心的健全與否、人格的優劣、學識是否豐富，直接影響民族的盛衰，以及國家的前途，因此在少年成長過程中，積極關懷、培植和保護少年，是我們亟需加強的重點。

　　惟本世紀以來，由於受到都市化和工業化的影響，鄉村居民大量湧向都市，造成都市人口過度膨脹，休閒育樂設施的不足，使社會治安遭受嚴重的衝擊；加以科學和技術的進步，機器代替人工，造成許多失業現象，衍生破碎家庭和青少年犯罪問題；即在一般雙薪家庭，夫妻均在外就業，使少年疏於管教，轉而流浪街頭，及許多不良正當場所，成為不良少年，凡此均一再彰顯出少年犯罪及不良少年問題，在世界各國日趨嚴重。為謀有效防治起見，英、美、日等文明國家，旋即接續建立相關的少年法制，以消弭少年犯罪，維護少年權益。

　　在台灣地區，雖歷經政府數十餘年來的努力經營，創造世界上的經濟奇蹟；但因內承農業社會轉型工業化的潮流，外受各國科技發達的薰染，故人民醉心物質文明，追求生活享受。尤以當前經濟不景氣，就業困難，社會上許多人以浮華相競爭，學校以升學相標榜，做人處世不再以忠恕為本，到處充斥狡詐、虛騙現象，流風所及，搖頭丸、K他命、大麻等毒品及色情氾濫、道德淪喪，少年犯罪率乃節節上升、越演越烈，

少年事件處理法

不僅妨害社會秩序，更深切威脅到國民的生存，少年法制的建立，遂成為社會各界所迫切期待。為此前司法行政部於民國44年著手研擬「少年法」草案，完成後於民國47年3月18日送請立法院審議，迄民國51年1月19日經立法院三讀通過，同年1月31日由總統明令公布全文80條。自此以後，少年的犯罪及虞犯行為，已有獨立的「少年事件處理法」，來加以處置和保護。

無可諱言者，少年事件處理法係師法美、日等國的立法例，參酌我國實際需要，以刑法和刑事訴訟法為母法，所制定的一種新體系的特別法，雖因在施行後，遭遇許多適用上的困難或爭議，而曾於民國56年8月1日、民國60年5月14日、民國65年2月12日、民國69年7月4日、民國86年10月29日、民國89年2月2日、民國91年6月5日、民國94年5月18日，歷經8次修正，使其內容日趨完整、規範周密，堪稱為一進步的立法。

綜觀前幾次少年事件處理法之修正，在於落實「寬嚴互濟、教罰並用」的原則；亟求以少年保護優先主義為經，保障少年的健全成長為緯，來建構整部法典之精神，並透過國內第一所高雄少年法院之設置，展現改革現今青少年問題的決心和魄力，真正落實少年法制最終理想，俾本法成為有血有肉的生命體，而非僅為刑事訴訟法的特別法而已。至於具體規定，則是將少年事件區分為少年保護事件和少年刑事案件兩大類，利用保護處分和刑事處分，作為矯治方法，而具有下列特色：

（一）設置少年法院，使審理機關專門化；（二）虞犯行為列入少年法院處理的範圍；（三）保護事件的調查注重少年個案資料的蒐集；（四）審理程序採取不公開制度，但得許少年的親屬、老師和從事少年保護事業的人在場旁聽；（五）注重少年保護處分的個別處遇政策；（六）少年的刑事處分採取

減輕方式；（七）整個少年法制以保護少年爲鵠的，故少年事件處理法堪稱爲保護少年的法律。

然由於社會環境急遽變化，自民國94年5月18日修正後，審判實務運作上已發生部分窒礙難行之問題，且爲對應刑法、毒品危害防制條例等相關規定之修正，均須透過修法加以解決。尤其民國98年7月31日，司法院釋字第664號解釋指出，本法第3條第2款關於虞犯事由之規定，有未盡明確或易致認定範圍過廣之虞；兒童權利公約（下稱兒權公約）施行法施行後，亦將該款規定列入優先檢視之法規清單，有盡速檢討修正之必要。爲呼應兒權公約第40條揭示對觸法兒童應提供多元化處置，符合其所需，行政主管機關乃著手研擬提供多元處遇措施或處所之相關法令，本法亦應配合增修兒少安置輔導處所之範圍，以利未來實務運作銜接無礙；同時增訂少年法院得協調或諮詢各項兒少所需之福利服務，以有效整合兒童及少年保護服務資源。

民國108年5月31日，立法院三讀通過了《少年事件處理法》部分條文修正草案，此次總計異動32條條文，是自94年修正公布87條條文以來，最大幅度的修正。本次修正共有四大重點：廢除觸法兒童準用「少年事件處理法」規定、曝險少年去標籤，縮減司法介入事由、建置曝險少年行政輔導先行機制、尊重少年主體權及保障程序權，透過立法程序，翻轉少年虞犯的印記，回歸教育、社政體系。

其次，本次修正以促進兒童及少年在教育、社區及福利行政中能受到公平對待，尊重少年主體權及程序基本權爲主要方向。鑑於虞犯制度以預防少年犯罪爲本旨，是我國現行少年司法制度特色之一，但本質上虞犯少年並未觸法，相同行爲

少年事件處理法

在成年人是不受刑事制裁的，因此兒權公約國際審查專家在結論性意見指出，應去除虞犯少年的身分犯規定；為此本次修正首先改以少年之性格及成長環境、經常對象、參與團體、出入場所、生活作息、家庭功能、就學或就業等一切情狀，判斷是否有保障少年健全自我成長之必要者，以補足少年健全成長所需，作為司法介入的正當性原則，去除身分犯之標籤效應。

作者擔任法官審判工作及在野法曹已數十年，平日常潛心於法學研究，深信法律乃社會生活的產物。為表達對青少年的關懷，自民國79年9月起，即陸續出版一系列青少年犯罪案例及預防叢書，計有《孔子也哭泣》、《呼叫器的陷阱》、《越野車的誘惑》、《飛越快樂窩》等四冊書。民國85年間，應書泉出版社之邀，以儘量淺顯的白話文，匯集實務案例，逐條解說，完成本書。該書於民國86年4月初出版後，旋即售罄，因逢民國86年10月29日少年事件處理法，經第五次修正公布全文後，乃發行第二版及第三版；為配合108年5月31日最新修正，同年6月19日公布，本書除因應法條修正內容加以修訂外，並對於108年立法院甫三讀通過，新增訂之重點及立法理由，特別詳加說明，以求本書完整，並藉此提升青少年法律涵養，確實達到防治青少年犯罪的發生。

作者學殖未深、才識尚淺，利用公餘之暇完成此書，掛漏之處，在所難免，尚祈先進能不吝給予指正。

法學博士 鄭正中 謹誌

2019年12月25日於丹霞灣

凡例

（一）本書之法規條例，依循下列方式輯印：

1. 法規條文，悉以總統府公報爲準，以免坊間版本登載歧異之缺點。

2. 法條分項，如遇滿行結束時，則在該項末加「。」符號，以與另項區別。

（二）本書體例如下：

1. 導讀：針對該法之立法理由、立法沿革、立法準則等逐一說明，並就該法之內容作扼要簡介。

2. 條文要旨：置於條次之下，以（　）表示。

3. 解說：於條文之後，以淺近白話解釋條文意義及相關規定。

4. 實例：於解說之後舉出實例，並就案例狀況與條文規定之牽涉性加以分析說明。

（三）參照之法規，以簡稱註明。條、項、款及判解之表示如下：

條：1、2、3……

項：Ⅰ、Ⅱ、Ⅲ……

款：①、②、③……

但書規定：但

前段：前、後段：後

司法院34年以前之解釋例：院……

司法院34年以後之解釋例：院解……

大法官會議解釋：釋……

最高法院判例：台上……

行政法院判例：行……判……

少年事件處理法沿革

1. 中華民國51年1月31日總統制定公布全文80條
2. 中華民國56年8月1日總統修正公布第42、64條條文
3. 中華民國60年5月14日總統修正公布全文87條
4. 中華民國65年2月12日總統修正公布第3、12、13、18、19、22、23、26、27、39、42、43、45、50、55～57、59～61、74、77、81、84、85及第3章第3節節名；並增訂第23-1、64-1、83-1及第85-1條條文
5. 中華民國69年7月4日總統令修正公布第85-1、86條條文
6. 中華民國86年10月29日總統令修正公布
7. 中華民國89年2月2日總統令修正公布第13、27、43、49、54、55-3、68、78條條文
8. 中華民國91年6月5日總統令修正公布第84條條文
9. 中華民國94年5月18日總統令修正公布第24、29、42、61、84條條文；並刪除第68條條文
10. 中華民國108年6月19日總統令修正公布第3、3-1、17～19、26、26-2、29、38、42、43、49、52、54、55-2、55-3、58、61、64-2、67、71、82、83-1、83-3、84、86、87條條文；增訂第3-2～3-4條條文；並刪除第72、85-1條條文
11. 中華民國110年12月15日總統令修正公布第84條條文。

導 言

一、少年事件處理法的意義

少年係民族的幼苗與國家未來的主人翁，其素質的優劣，影響民族的存廢、國家的興衰，是故文明國家，無不以關懷少年、保護少年、扶植少年作為施政的重點，期能培養身心健全的少年，成為明日國家的棟梁、社會的中堅。惟少年因出生家庭環境不同，天資稟賦各有差異，因此常有意志薄弱、失養失教少年，在不良朋友引誘下，誤入歧途、沾染惡習，甚至鋌而走險、作姦犯科，以致危害社會安全、動搖國本。尤其近年來，台灣地區因社會環境變遷、家庭價值鬆動、學校過度注重升學主義，加以網路咖啡店、電動玩具遊樂場、KTV、色情場所到處林立，有害其身心健康之暴力、血腥、色情、猥褻、賭博之出版品、影片、光碟、磁片、遊戲軟體等隨處可見，致使少年犯罪日趨嚴重。雖然少年犯罪的原因，與其家庭、學校、社會密不可分，究非法律一途可以解決；不過我們確信，司法為正義的最後一道防線，推行完善的少年法制，必可挽救觸法少年，達到預防、保護、矯正、輔導少年的效能。

誠如名法學家龐德先生所言：「少年司法制度是大憲章以來，司法史上最偉大的發明。」為因應實際需要，我國目前訂頒有「少年事件處理法」，作為處理少年事件的主要依據。關於少年事件處理法的意義，是指規範少年的觸法行為和虞

少年事件處理法

犯行為、少年法院的組織，及其如何踐行調查、審理程序，執行保護處分與刑事處分的法律總稱。簡單來說，少年事件係規定少年保護處分及少年刑事案件處理的法律，並不包括少年福利事項在內，故立法院在當初審議時，經院會再三討論，為求名實相符，遂將前司法行政部（現稱法務部）所草擬的「少年法」，改為「少年事件處理法」，以作為預防少年犯罪的張本。

二、少年事件處理法的功能

少年事件處理法，常被認為是一種「慈愛的法律」，其一般性立法目的，乃係為保護少年，並矯正少年不良行為，配合實施少年保護事件及少年刑事案件的處理，以期寓懲罰於教化，促使少年更生，增進其安全福祉。此觀少年事件處理法第1條明定：「為保障少年健全之自我成長，調整其成長環境，並矯治其性格，特制定本法。」所以，少年事件處理法不僅可以直接矯正、保護少年，更可間接達到維護人權與防衛社會的目標。

基於前述說明，現今少年事件處理法的保護處分與刑事處分，應可達到下列功能：

（一）保護處分

1. 訓誡：由少年法院法官，當庭以言詞指明少年的不良行為，曉諭以將來應遵守的事項，並且可以要求少年寫悔過書，使少年徹底瞭解自己行為的不正，而能改悔向上、重新做人。

2. 假日生活輔導：由少年法院交付少年保護官或其他適當的機關、團體、個人，於假日對少年施以個別或群體的品德教育，輔導其學業或其他作業，並得命為勞動服務，使其養成

勤勉習慣及守法精神。少年之假日生活輔導爲三次至十次，其次數由少年保護官視其輔導成效而定。少年無正當理由拒絕接受假日生活輔導，少年保護官得聲請少年法院核發勸導書，經勸導無效者，少年保護官得聲請少年法院裁定留置少年於少年觀護所中，予以五日內之觀察。

3. **保護管束**：對於少年的保護管束，執行期間不可以超過三年，在性質上有濃厚的社會福利色彩，其主要目的在於藉由少年保護官的執行，改善少年的不良品行、革除不當惡習、管束放肆舉動，使少年能自制自律、適應社會生活，以避免犯罪行爲發生。在執行保護管束時，少年保護官可以與少年的父母或親屬洽商，指導少年遵守管束事項，並就少年的教養，疾病治療及改善環境等事情，給予適當輔導，如果執行滿六個月後，成效明顯而沒有繼續執行的必要時，少年法院可以根據少年保護官的聲請，裁定免除執行，以鼓勵少年的積極向善。又爲矯正少年因循怠惰惡習，在法院裁定交付保護管束時，得命爲勞動服務，以養成前述勤勉習慣，勞動服務爲三小時以上，五十小時以下，由少年保護官執行，其期間視輔導之成效而定。

4. **安置於適當福利、教養機構、醫療機構、執行過渡性教育措施或其他適當措施之處所輔導**：對於少年的交付安置輔導，由少年法院依其行爲性質、身心狀況、學業程度，及其他必要事項，分類交付適當的福利、教養機構、醫療機構、執行過渡性教育措施或其他適當措施之處所輔導執行。安置輔導期間爲二月以上，二年以下。前項執行已逾二月，著有成效，認無繼續執行之必要者，或有事實上原因以不繼續執行爲宜者，少年保護官、負責安置輔導之福利、教養機構、

醫療機構、執行過渡性教育措施或其他適當措施之處所、少年、少年之法定代理人或現在保護少年之人得檢具事證，聲請少年法院免除其執行。安置輔導期滿，少年保護官、負責安置輔導之福利、教養機構、醫療機構、執行過渡性教育措施或其他適當措施之處所、少年、少年之法定代理人或現在保護少年之人認有繼續安置輔導之必要者，得聲請少年法院裁定延長，延長執行之次數以一次爲限，其期間不得逾二年。

5. **令入感化教育處所，接受感化教育**：少年法院審理後認爲少年具有危害社會安全的傾向，必須收容施以特殊教育時，應按少年不良行爲的性質與學業程度，裁定交付於適當的感化教育機構，接受感化教育。實施感化教育的期間，爲六個月以上至三年以下，是一種富有伸縮性的教育輔導措施，執行滿六個月後，如果沒有繼續執行的必要，執行機構可以報請少年法院裁定免除或停止執行。少年法院裁定停止執行感化教育時，應該裁定在所剩餘的執行期間內，交付保護管束，以確實保護、教育受感化的少年（少年事件處理法第53、56條）。

6. **禁戒**：對於施用毒品或迷幻物品成癮或有酗酒習慣的少年，除選擇適當保護處分外，並交付適當處所，實施禁戒處分，以協助其戒絕不良癮癖，確保少年的身心健康。

7. **治療**：由少年法院將身體或精神狀態有缺陷的少年，於有觸法或虞犯情事時，交付適當處所，實施治療的處分，俾能協助治癒身心缺陷，並防止再犯的緊急處分。

（二）刑事處分

對於犯罪少年，本法原則採取「少年保護優先主義」，

儘量以裁定宣示保護處分以處遇少年；但少年法院對於少年的刑事案件，經審查後認爲少年犯罪情節重大，應受刑事處分或以受刑事處分爲適當者，自可移送檢察官對其追訴處罰，以警惕、懲罰犯罪少年，防止過度寬大、姑息，致助長少年的囂張頑劣。

三、少年事件處理法的性質

少年事件處理法爲規範國家對犯罪或曝險少年，應如何進行調查、審理程序，暨應如何就其個別情狀，執行保護或刑事處分，以糾正少年不良犯行，防止其再度犯罪的法律，爲少年法制的基本法律，其性質如下：

（一）少年事件處理法具有刑事法的性質

依法律體系來區分，凡規定犯罪構成要件及其處罰的法律，爲刑事法；凡規定私人間權利義務關係的法律，爲民事法。少年事件處理法既規定如何就觸法或有觸法之虞之少年，予以刑事制裁或保護處分的法律，故具有刑事法性質。

（二）少年事件處理法具有行政法的性質

由少年事件處理法的立法精神來看，係以預防少年犯罪、健全少年身心、維護社會安全、奠定民族生存發展爲宗旨，所以許多少年事件處理法保護處分措施，頗類似行政處分，如訓誡、假日生活輔導、保護管束、禁戒、治療等，均以保護少年、謀求少年福祉爲依歸；而受保護處分的少年與執行機關間，法理上認應屬行政法上的特別權力關係，顯示其寓有行政法的性質。

（三）少年事件處理法具有強行法的性質

凡法律規定的內容，不許當事人的意思變更適用者，爲強行法；倘僅爲補充或解釋當事人的意思，可以由當事人自由變

更或拒絕適用的，為任意法。少年事件處理法，所涉及者雖以犯罪少年及曝險少年應如何執行保護或刑事處分為主，但仍以國家與人民間的法律關係為範疇，具有權力服從性質，少年有絕對遵從義務，不許因當事人意思有所變更，故為強行法。

（四）少年事件處理法具有特別法的性質

少年事件處理法第2條明文規定：「本法稱少年者，謂十二歲以上十八歲未滿之人。」即係以少年作為本法適用的對象，故於少年犯罪應受追訴、處罰，審理機關與程序、處遇方法，甚至緩刑、假釋等，均應優先適用少年事件處理法，不再適用一般刑法或刑事訴訟法的規定。甚至在有關少年教育及福利等行政法規中，本法亦具有優先適用的地位，因此少年事件處理法不僅是刑法、刑事訴訟法的特別法，也是行政法的特別法。

（五）少年事件處理法具有混合法的性質

凡規定權利義務內容的法律為實體法；規定行使權利、履行義務程序的法律為程序法。少年事件處理法就犯罪少年、曝險少年明白界定，同時將少年法院的組織、執行保護的機關分別詳為規定，並就其調查、審理、抗告、羈押、執行等程序一一規範，整個法典包含實體法與程序法的精神，故為混合法。

四、少年事件處理法的立法經過

我國於刑法公布施行後，曾於民國25年5月9日，由當時的司法行政部，頒行「審理少年案件應行注意事項」共15項，作為法院審理少年案件的參考準據。惟該注意事項只就少年犯的審理程序、形式、態度等，通飭所屬注意，對於犯罪少年的實

體保護、虞犯的處理均未論及，致無法適用於日益增多的少年犯罪。為此，司法行政部遂於民國44年間著手草擬「少年法草案」，經行政院會議議決通過後，於民國47年3月18日提交立法院審議，歷經三年多的審查，經立法院改為「少年事件處理法」後，在民國51年1月19日三讀通過，全文共80條，並於同年1月31日由總統明令公布，我國現代化的少年法制，此時才正式完成立法程序。

少年事件處理法公布後，因施行細則、少年管訓事件審理細則、少年觀護所條例、少年輔育院條例等輔助法規尚未制定，致少年法庭、少年觀護所及少年輔育院無法次第籌設，管訓處分、觀護制度所需推行的必要人員與設施，仍需相當時間的訓練儲備，才能有效落實少年事件處理法的立法精神，為此，該法第80條規定：「本法施行之日期由行政院以命令定之。」俟相關配合措施完成後，始由行政院公布施行日期。惟在行政院尚未公布施行前，少年事件處理法的若干條文，已發生適用上的爭議，遂於民國56年8月1日修正該法第42條感化教育得以保護管束取代，以及第64條抗告準用等條文。

嗣後，我國的少年犯罪有增無減，嚴重威脅社會安寧，司法行政部乃加緊腳步，積極籌備，先於民國59年11月11日成立台北、台中、高雄三個地方法院少年法庭，並研修「少年事件處理法」相關條文，經反覆檢討後，提出「教罰並重」、「寬嚴並濟」的原則，以取代舊法的「以教代罰」精神，修正後經立法院審慎研討，始於民國60年4月30日三讀通過，同年5月14日公布，明訂於民國60年7月1日開始施行，為我國少年法制史上展開新頁，亦為我國社會安全法制新增重要保障規範。

少年事件處理法在施行後，因屬新創法制，在我國尚無前

例可循，故無論在學理上或實務運作過程中，均發現許多亟待改正的缺點、難題，加以少年犯罪的型態，已隨著社會結構的變更，而有相當程度的不同，為配合實際需要，乃再於民國65年2月12日作大幅度的修正。此次施行後的少年法制修正，牽動條文近全法的三分之一，其修正要旨在於擴大虞犯少年的適用範圍、增訂協尋少年的保護規定、賦與少年法庭對於觸法少年的實質先議權、增訂假日生活輔導的管訓措施、縮短感化教育、保護管束免除執行的期限、確立重新審理的制度、明定少年竊盜、贓物犯不適用強制工作規定，以及增訂處理未滿十二歲兒童觸法時的處罰規定等。

第三次修正後的少年事件處理法，復因司法行政部改稱法務部的影響，致使第85條之1第2項及第86條之內容，有應配合修正之必要，遂再於民國69年7月4日修正公布前開2條條文。

回顧我國少年事件立法過程，仍以最初學者專家所研擬的「少年法草案」為藍本，以「保護處分為主，刑罰為輔」方式，矯正非行少年，期能符合保護少年的精神；惜在立法院審議過程中，折衷協調結果，改採「教罰併用、寬嚴互濟原則」，使全法帶有濃厚的刑罰色彩，無法彰顯「少年宜教不宜罰」的前瞻少年法制理想，致無法減低少年的再犯罪率；同時現行法僅著重於虞犯或犯罪行為發生後的處理程序與保護措施，其於事前預防舉措、少年教育或福利工作，仍嫌不足；加上第四次修正後的少年事件處理法，在歷經十餘年來的時代、環境變革，實務上所產生的法律問題和窒礙難行之處仍多，為消弭困擾、配合國情、因應需要，於民國86年10月2日經立法院三讀修正通過，總統於同年月29日公布實施，同年月31日生效。第五次修正案，歷經多年檢討、研議，可謂係全面翻修，

使少年事件處理法逐漸朝向更進步的立法邁進。茲將修正重點分述如下：

（一）明定本法立法目的，係為保障少年健全的自我成長，調整其成長環境，並矯治其性格而制定本法。

（二）本法立法精神採保護優先主義，對非行少年施以治療、矯正、預防等教育措施，純為保護少年的健全成長，因此將有懲罰色彩的「管訓」、「管訓處分」、「管訓事件」等用語全部改稱為「保護」、「保護處分」、「保護事件」等。

（三）以往就少年事件處理，僅成立少年法庭，乃考量本法立法之初社會經濟狀況，為節省人力、物力所做決定。惟現今社會狀況已非昔比，同時少年犯罪問題隨社會進步亦日趨嚴重，為求貫徹重視少年非行問題政策走向，設置少年法院已為當務之急，爰於第二章增訂少年法院之組織規定，以為準據。惟為顧及立即普設少年法院實際困難，爰於第5條第1項規定直轄市先設少年法院，於其他縣（市）視其地理環境及案件多寡逐年分別成立少年法院，其未設少年法院地區則於各地方法院院址內設少年法院分庭辦事。同時為保護少年，高等法院及其分院亦應設置少年專業法庭，俾能專人專才處理少年事件，以符合立法精神。

（四）為使少年法院事務得以順利推動，少年法院其人員組織實有準用法院組織法中有關地方法院規定必要；如法院之類別及其員額、法官之職等、院長之職等、庭長之職等、書記處之設置及書記官長、書記官之職等、通譯、錄事、法警、庭務員等之職等，爰於第5條之2為準用的

規定。

（五）爲落實少年保護優先主義，對於少年事件，首重少年身心狀況調查，使少年各項處遇得以個別化、妥適化，爰將少年事件之受案權劃歸少年調查官，所有少年事件均先由少年調查官受案調查，故修正現行法第19條：「應須由少年法庭命令始行調查，且以非顯無必要爲限」之規定；且少年調查官的審前調查報告應附具調查及處遇建議，以供適用。

（六）爲避免造成標籤傷害，及配合第19條第1項賦予少年調查官受案權的修正，對於少年所犯情節輕微，其保護性較低，毋庸經一般審理程序，少年法院得逕依少年調查官調查結果爲轉介輔導，交付管教或告誡，並責由少年保護官執行，既簡化程序，並達保護少年之旨趣，爰爲第29條第1項之修正，並增訂第2項文字。

（七）爲矯正少年因循怠惰習性，於第42條第1項第2款增訂少年法院裁定交付保護管束時，得命爲勞動服務，以養成少年勤勉習慣。關於禁戒及治療固可於裁定保護處分時一併諭知，惟少年如吸食迷幻物品成癮，往往於裁定保護處分前即需急速予以禁戒或治療，爰將第42條第2項修正爲於裁定保護處分前亦得先行諭知禁戒或治療之處分。

（八）少年保護處分能否發揮功能及達到矯治目的，其種類及實施具體處遇內容，均爲應注意者。不但應取得民間社會團體及機構參與，且對特殊類型少年，宜採特別保護處分，基此，保護處分仍以多樣化爲宜。其假日生活輔導、勞動服務時間究應多久？交付安置於適當福利機

構、交付保護管束及令入感化教育處所執行期間究應多長？應視個案輔導執行之成效而有所差異，一律由法官硬性裁定期間，殊非所宜。爰於第42條刪除時間及期間之規定，於第50條、第53條、第55條之1及第55條之2為彈性期間規定，使執行者或機構得視輔導執行之成效而決定是否繼續執行，期能貫徹少年處遇個別化之立法精神。

（九）由於保護管束依第51條規定係由少年保護官掌理執行，為配合第42條於交付保護管束時並得命勞動服務之保護處分之增訂，自宜交由少年保護官併予執行，其期間亦應視輔導之成效而定，以收靈活輔導之功能，爰於第55條之1明定其期間為三小時以上，五十小時以下。

（一〇）關於免除輔導安置之規定，及安置輔導有否繼續執行之必要，或有事實上原因以不繼續執行為宜者之規定，其期間由執行之福利或教育機構視輔導之成效適用，依規定報請少年法院裁定免除繼續執行，爰於第55條之2第1、2、3項分別規定之，用符明確。對於無正當理由拒絕接受保護管束之處分，第55條第3項、第4項有留置觀察或轉化為感化教育之處遇規定。而拒絕第29條第1項之轉介輔導、交付嚴加管教或告誡，以及拒絕接受第42條第1項之訓誡或安置輔導者亦應有留置觀察之規定，以收輔導之效，爰增訂第55條之3之規定。

（一一）鑒於少年事件的特殊性，對於犯最輕本刑為三年以上有期徒刑之罪，依第27條第2項移送偵查後，如未選任辯護人時固可適用刑事強制辯護之規定，指定公設辯護人為其強制辯護，如認以受保護處分為適當而適用保護事

件程序時，亦應指定適當之人如律師、少年之親屬、學校教師，從事少年保護事業之人等輔佐少年，以保護少年之權益。其他審理案件，認為必要者，如少年輕微智障或未受教育無法爭取自己權益時，或選任之輔佐人於審理期日無正當理由而不到庭者，均有指定輔佐人輔佐少年之必要，爰修訂第31條以資保護少年。

(一二) 為尊重少年調查官之專業，審理期日應請其就調查所得陳述調查及處遇之意見，法院不採其意見者應於裁定中記載不採之理由，爰於第39條修正明定之，以免重蹈目前部分法院調查報告流於形式，不尊重專業之流弊。

(一三) 少年保護事件，現行法對誤為不付保護處分裁定確定者，無事後法律救濟之制度，對少年行為之被害人殊為不利，且有欠公允，爰仿刑事訴訟法規定，於第64條之2增訂不利益之重新審理制度，並於第4項規定此項不利益之重新審理於裁定確定後經過一年者不得為之，以兼顧裁定確定力及少年之權益。

(一四) 一般刑事案件與少年刑事案件相牽連者固以合併由少年法院管轄為宜，而保護兒童及少年之相關法規，如兒童及少年福利與權益保障法、兒童及少年性交易防制條例等刑事案件，自應由少年法院刑事庭管轄為宜，爰於第68條明定，與少年刑事案件相牽連之刑事案件與兒童及少年福利與權益保障法、兒童及少年性交易防制條例之刑事案件及本法第85條第1項之案件均應合併由少年法院管轄，以貫徹保護少年之旨。

(一五) 少年非行所以應適用少年特別程序，在於少年年幼行為時思慮未成熟，因而本法第27條第1項第2款以繫屬時是

否滿十八歲爲應否適用本法之分界。第47條第3項卻以審理中是否滿十八歲爲界定範圍，既先後矛盾，又可能因審理少年事件之法官，審理速度快慢而影響其是否適用本法，致有違公平原則，爰將第47條第3項予以刪除。

〔一六〕少年保護管束、安置輔導或感化教育之執行，期間最長可達三年，如十八歲將屆滿時被諭知保護管束、安置輔導或感化教育，於滿十八歲時被執行，可能執行至滿二十二歲，如修正爲「二十歲」，則年幼者執行期間長（最長三年），年長者執行期間反而較短（最長兩年），將造成不公平現象，爰修正爲執行至滿「二十一歲」爲止。

〔一七〕爲保護少年被告，除非分別審理顯有困難，或認有對質必要外，偵審中均應與其他被告隔離，爰爲第72條修正。

〔一八〕目前資訊發達，能使他人知悉少年資料者，不限於新聞雜誌或其他出版品，如電腦網路等均有可能，爰歸納將第83條修正增訂爲「媒體、資訊或以其他公示方式」，以資周延，並做文字修正。

〔一九〕爲配合第29條第1項增訂轉介處分規定，於第83條之1第1項增訂少年受第29條第1項之轉介處分執行完畢二年後，或受保護處分或刑之執行完畢或赦免三年後，視爲未曾受各該宣告之短期時效。且爲達免予標籤傷害之目的，將不付審理或不付保護處分之裁定，亦列爲塗銷紀錄範圍，爰於第83條之1第1項明定之，以達充分保護之宗旨；並於第2項增訂少年法院通知保存少年前科紀錄

及有關資料之機關塗銷之義務，及第3項增訂非為少年本人之利益或經少年本人同意，其前科紀錄及有關資料，少年法院及其他任何機關均不得提供，以貫徹保護少年之本意。

(二〇) 為避免標籤為害，本法第83條之1固已就如何「視為未曾受宣告」、「應予塗銷」及「不得提供」為詳盡之規定，惟為落實保護少年之意旨，對故意違反前條規定「不塗銷」、「無故提供」者，即有處罰之必要，爰為第83條之2之增訂。

(二一) 為保護少年，加重其法定代理人或監護人責任，如因忽視教養，致少年有觸犯刑罰法律行為，或有第3條第2款觸犯刑罰法律之虞之行為，而受保護處分或刑之宣告者，少年法院依第84條第1項固得裁定命令其接受親職教育。惟對忽視教養情況嚴重者，亦應仿該條文第5項得裁定公告其姓名，此項裁定不得抗告，以促其重視教養，爰將其為文字修正。

(二二) 成年人教唆、幫助或利用未滿十八歲之人犯罪或與之共同實施犯罪者，危害社會治安且殘害少年，允宜斟酌情狀，令其負擔第60條教養費用全部或並公告其姓名，爰為第85條第2項之增訂。

五、民國89年少年事件處理法之修正

「少年事件處理法」前於民國86年10月2日修正通過，經總統於同年月29日公布，同年月31日生效。施行以來，已初步達到妥適處理少年事件之目標。惟為精益求精，更能完成「保障少年自我健全成長」之立法目的，爰因應實際需要，於民國

89年1月14日，經立法院三讀修正通過，總統於同年2月2日公布實施，修正少年事件處理法部分條文，以利適用。茲就本次修正重點分述如下：

（一）修正調降第13條有關少年調查官及少年保護官職等。

（二）修正第27條第1項本文，以求明確；並修正同項第2款規定，使少年於事件繫屬後已滿二十歲尚未完成審理之事件，得由少年法院以裁定移送檢察官，解決調查及審理中少年協尋時效及最高收容年齡限制等相關問題。

（三）於第43條第1項有關沒收之規定，增加第28條及第41條等條文，以解決實務上因不付審理或不付保護處分裁定而遺留之應沒收物無法宣示沒收之問題。

（四）於第49條但書增加送達方式之限制規定，對於少年、少年之法定代理人、現在保護少年之人或輔佐人、被害人等，不得採公示送達等方式。

（五）修正第54條規定，使轉介處分及全部保護處分均不得執行超過二十一歲。

（六）修正第55條之3，增加少年調查官亦得聲請核發勸導書及留置觀察之規定，以符實際。

（七）修正第68條第2、3款，使少年專業法院審理之刑事案件限於對兒童或少年犯罪之情形，並刪除原第1、4項，將一般成年刑事案件回歸由刑事庭審理，以免造成不必要之困擾。

（八）修正第78條第1項，增加少年不得宣告強制工作之規定，以利少年之矯治。

六、民國91年少年事件處理法之修正

民國91年5月17日經立法院三讀修正通過，總統於同年6月5日公布施行之少年事件處理法，係鑒於近年青少年飆車、聚眾鬥毆、吸毒或加入幫派等違法事件頻傳，我國「少年事件處理法」第84條雖有規定少年有觸犯刑法或有觸犯刑事法律之虞之行為，法院得裁定命少年之法定代理人、監護人接受親職輔導教育，但對於「親職輔導」的執行付之闕如，而執行方式、內容等相關配套措施，卻也未於法條當中明文授權行政機關定之。因此，亟盼藉由國家親職教育輔導系統，加強教育輔導少年法定代理人、監護人應盡之職責，故經立法委員提案，在本條文中另增訂第2項：「前項親職教育輔導課程、內容、執行方法、輔導人資格，由內政部會同法務部及教育部定之」，使我國親職教育輔導有一套完整規範。

其次，我國犯罪少年之法定代理人、監護人，多半抱持花錢消災之心態，寧願接受罰鍰處分，也不願意接受親職輔導教育方式，即使連續處以罰鍰規定，皆不為所動，故造成現今社會仍有許多問題少年一再犯罪。所以特別增加第84條第3項但書規定，讓連續被處罰達3次以上而不願意接受親職輔導教育之少年法定代理人、監護人，授權少年法庭得裁定公告其姓名，以促使其接受親職教育輔導教育，減少社會上問題少年再犯之機率。

針對立法委員提案修正第84條第2項授權之規定部分，因其規範之相關事項，司法院已於民國89年9月20日修正依本法第86條第3項授權訂定之「少年及兒童保護事件執行辦法」第33條中予以規範，不足之處，另由司法院再行會同行政院，根

據提案要旨研商修正，應可達法制周延之目的，最終立法院決議，第2項不予增訂，僅修正第3項但書規定。

七、民國94年少年事件處理法之修正

　　如前所述，「少年事件處理法」是以「保護優先主義」為立法精神的特別法，自民國51年1月31日公布施行後，雖經7次修正，但檢討結果，仍有若干亟待解決的缺失。為強化對少年非行被害人的保護，落實少年人權之保障，暨維持少年事件處理的專業定位，並使少年法院（庭）專業職能持續發展，於民國94年4月29日經立法院三讀修正通過，總統於同年5月18日公布施行，本次修正要點如下：

（一）增列刑事訴訟法關於證據保全之規定，於少年保護事件不相違反者，準用之規定：證據有滅失或礙難使用之虞時，少年法院（庭）亦有實施保全之必要；刑事訴訟法新增第一編第十二章第五節有關證據保全之規定，於少年保護事件性質不相違反者，亦得準用，爰配合增訂之，以為處理之依據（修正條文第24條）。

（二）增列被害人損害賠償機制，強化少年事件處理效能：為加強對少年非行被害人之保障，減輕被害人須另循民事程序尋求救濟之勞費，使其所受損害得於少年保護事件程序中獲得回復，乃依現行第29條第3、4項及第41條第2項有關被害人損害填補的立法精神，檢討修正現行規定，賦予少年法院（庭）得斟酌情形，在不違反少年保護優先原則前提下，經被害人同意，命少年作為之事項，擴大為「對被害人之損害負賠償責任」，並增訂得於少年法院（庭）依第42條第1項規定諭知保護處分裁

定時準用之明文，以兼顧被害人權益之保障，並收程序經濟之效。

（三）增列少年、少年之法定代理人、現在保護少年之人或輔佐人得提起抗告的範圍，落實少年人權之保障：少年法院（庭）所為少年收容、延長收容或將之交付少年調查官為適當輔導等處置，或諭知駁回聲請免除或停止感化教育執行暨命少年之法定代理人或監護人接受親職教育等裁定，對少年或少年之法定代理人、監護人之權益均有重大影響，宜賦予當事人得循法定程序提請救濟之機會，爰增列為得提起抗告之對象，以期落實民主法治國家對少年事件處理程序正當化之要求（修正條文第61條、第84條）。

（四）刪除一般刑事案件由少年法院管轄之規定，以杜爭議：

1. 司法院於民國88年9月15日成立全國第一所專業法院——台灣高雄少年法院，以呼應社會對提升少年司法專業效能之需求，惟依現行第68條規定，少年法院（庭）除了處理少年被告的刑事案件外，仍須處理符合該條規定之一般成人刑事案件，引發各界對現制提出並非以兒童或少年非行為規範對象之疑慮。復因兒童及少年福利法於民國92年5月28日公布施行後，少年法院（庭）依第68條須處理的成人刑事案件業務量增加，導致原以處理兒童及少年非行處遇為對象之專業發展，面臨邊緣化的憂慮。且成人刑事被告於少年法院（庭）係依少年事件處理法審理，於少年事件處理法無規定者始適用刑事訴訟法，與一般成人刑事被告於刑事法庭係直接依刑事訴訟法審理不同，造成訴

訟程序之差異。

2. 爲達成少年事件處理法係以保障少年健全之自我成長，調整其成長環境，矯治其性格之立法目的，並兼顧一般刑事案件之程序正義，爰將第68條少年法院（庭）處理一般刑事案件之專屬管轄規定予以刪除，使該類案件循本法於民國51年間公布施行時之原則，回歸普通法院刑事庭管轄，以提升少年司法之專業效能。

八、民國108年少年事件處理法之最新修正

少年事件處理法自民國86年全面修正後，雖曾歷經民國89年2月2日、91年6月5日、94年5月18日等三次之修正，但由於社會環境急遽變化，審判實務運作上已發生部分窒礙難行之問題，且爲對應刑法、毒品危害防制條例等相關規定之修正，均須透過修法加以解決。

尤其民國98年7月31日，司法院大法官釋字第664號解釋指出：「少年事件處理法第3條第2款第3目規定，經常逃學或逃家之少年，依其性格及環境，而有觸犯刑罰法律之虞者，由少年法院依該法處理之，係爲維護虞犯少年健全自我成長所設之保護制度，尚難逕認其爲違憲；惟該規定仍有涵蓋過廣與不明確之嫌，應儘速檢討改進。又少年事件處理法第26條第2款及第42條第1項第4款規定，就限制經常逃學或逃家虞犯少年人身自由部分，不符憲法第23條之比例原則，亦與憲法第22條保障少年人格權之意旨有違，應自本解釋公布之日起，至遲於屆滿一個月時，失其效力。」另兒童權利公約（下稱兒權公約）施行法施行後，亦將該款規定列入優先檢視之法規清單，有儘速

少年事件處理法

檢討修正之必要。為呼應兒權公約第40條揭示對觸法兒童應提供多元化處置，符合其所需，行政主管機關乃著手研擬提供多元處遇措施或處所之相關法令，本法亦應配合增修兒少安置輔導處所之範圍，以利未來實務運作銜接無礙；同時增訂少年法院得協調或諮詢各項兒少所需之福利服務，以有效整合兒童及少年保護服務資源。

　　民國108年5月31日，立法院三讀通過了「少年事件處理法」部分條文修正草案，總統於同年6月19日公布施行，此次總計異動32條條文，是自94年修正公布87條條文以來，最大幅度的修正，本次修正要點如下：

（一）參照釋字第664號解釋意旨及司法院、行政院研商結果，限縮虞犯事由及增列虞犯性（即觸犯刑罰法律之高度可能性）審酌事項（修正條文第3條）。

（二）增訂成人陪同在場、兒童少年心理衛生或其他專業人士、通譯協助等表意權保障規定（修正條文第3條之1）。

（三）擴增詢（訊）問時應告知事項之內容，強化程序權之保障（修正條文第3條之2）。

（四）為避免少年受不當影響，詢（訊）問、護送及使其等候過程，應使少年與刑事案件被告隔離，且應避免夜間訊問（修正條文第3條之3、第3條之4、第72條）。

（五）配合條文修正，調整引用之條文項次（修正條文第17條、第38條、第43條、第61條、第64條之2）。

（六）縮減司法介入事由，建置曝險少年行政輔導先行原則（修正條文第18條）。

（七）擴大交付安置輔導處所之範圍，增列過渡性教育措施及

其他適當措施之執行處所，並配合修正相關法條；明定少年法院得透過意見徵詢或召開協調、諮詢會議，整合兒少相關福利服務等資源，以利會同研商符合兒少最佳利益之轉向處遇或保護處分與銜接服務，採行修復式司法；另參照毒品危害防制條例等規定修正用語（修正條文第29條、第42條、第52條、第54條、第55條之2、第55條之3）。

（八）配合本法、刑法刪除部分條文，以及兒童及少年福利與權益保障法修正法規名稱等；七到十二歲的兒童如有觸法事件，不再移送少年法庭（修正條文第67條、第71條、第85條之1）。

（九）對於外國少年之驅逐出境處分應以裁定為之，並賦予陳述意見機會及提起抗告救濟權利；修正加重對法定代理人的處罰（修正條文第83條之3、第84條）。

　　綜觀本次修正，在於廢除觸法兒童準用「少年事件處理法」規定、曝險少年去標籤，縮減司法介入事由、建置曝險少年行政輔導先行機制、尊重少年主體權及保障程序權，透過立法程序，翻轉少年虞犯的印記，回歸教育、社政體系。

　　其次，立法院在此次修正中，以促進兒童及少年在教育、社區及福利行政中能受到公平對待，尊重少年主體權及程序基本權為主要立法方向。鑑於虞犯制度以預防少年犯罪為本旨，是我國現行少年司法制度特色之一，但本質上虞犯少年並未觸法，相同行為在成年人是不受刑事制裁的，因此兒權公約國際審查專家在結論性意見指出，應去除虞犯少年的身分犯規定；為此本次修正首先改以少年之性格及成長環境、經常往來對象、參與團體、出入場所、生活作息、家庭功能、就學或就

業等一切情狀，判斷是否有保障少年健全自我成長之必要者，以補足少年健全成長所需，作為司法介入的正當性原則，去除身分犯之標籤效應，在法律用語上，更以「曝險少年」，取代「虞犯少年」。

如前所述，本次修正係依據司法院大法官釋字第664號解釋揭示司法介入事由的明確性要求，刪除現行規定7類事由中的4類，僅餘「無正當理由經常攜帶危險器械」、「有施用毒品或迷幻物品之行為而尚未觸犯刑罰法律」、「有預備犯罪或犯罪未遂而為法所不罰之行為」等3類行為，作為辨識曝險少年的行為徵兆。

應特別強調者，本次修法大幅減少司法介入的機會，包含曝險少年在新制實施後將以「行政輔導先行，以司法為後盾」的原則，協助曝險少年不離生活常軌，不受危險環境危害。另外本法修正一年後，七到十二歲的兒童如有觸法事件，將回歸十二年國民基本教育及學生輔導機制處理，不再移送少年法庭；行政機關也給予教育及社政單位一年期間，可以做足充分準備。

九、少年事件處理法的內容及其結構

少年事件處理法雖僅有87條，但實際則有109項條文，分為總則、少年法院之組織、少年保護事件、少年刑事案件及附則等五章，以下就各章作簡要說明：

（一）第一章總則，是其他各章的共通原則，首先於第1條揭示少年事件處理法的立法目的，並於第1條之1規定本法的適用範圍；其次於第2條至第4條分別規定少年的意義、少年法院所管轄的事件範圍，詢（訊）問少年時成

人陪同在場、兒童少年心理衛生或其他專業人士、通譯協助等表意權保障，詢（訊）問時應告知事項之內容，強化程序權之保障，輔佐人選任和告知義務，以及應受軍事審判少年得由少年法院，依本法處理原則。

（二）第二章少年法院之組織，包括條文自第5條至第13條，分別規定少年法院的設置、少年法院的成員、法官的遴選、庭長的設置及其職務、少年調查官、保護官的職務及其監督、心理測驗員、輔導員、佐理員的配置和職等、書記官及執達員的職掌、少年法院兼任處長或組長的少年調查官和保護官其編制、職等。

（三）第三章少年保護事件，包括條文自第14條至第64條之2，為少年事件處遇的核心，因有別於一般刑事案件的進行程序，故本章又分為下列三節：

第一節為有關少年保護事件的調查及審理，分別規定少年保護事件的土地管轄、移送管轄、牽連管轄、競合管轄、少年事件的報告義務，移送、調查、審理、傳喚、強制到場、協尋，執行職務的協助，少年的責付、收容，移送檢察官之情形，輔佐人、審理期日的傳喚及通知、審理筆錄的製作、秘密審理與旁聽人員、審理態度、法定代理人的陳述意見、調查證據、陳述時的處置、少年調查官的陳述、少年法院的裁定及其送達方法等。

第二節為有關少年保護處分的執行，分別規定訓誡、假日生活輔導、保護管束，並得命為勞動服務、交付安置於適當機構、感化教育、禁戒和治療的期間及執行方法，保護處分執行的教養費用負擔，執行達到成效時的

少年事件處理法

免除等。

第三節為有關少年保護處分的抗告及重新審理，分別規定保護處分裁定抗告的主體和範圍、抗告的管轄法院、刑事訴訟法相關抗告條文的準用、保護處分聲請重新審理的要件。

（四）第四章少年刑事案件，包括條文自第65條至第82條，分別規定少年刑事案件的範圍及自訴的禁止、檢察官的偵查、起訴及不起訴處分、同一事件的處理、少年被告不羈押原則、隔離訊問、審判不公開、刑罰的免除、褫奪公權的禁止、緩刑和假釋的要件等。

（五）第五章附則，包括條文自第83條至第87條，主要規定少年事件新聞不公開原則、紀錄的塗銷、資料公開的處罰、外國少年的驅逐出境、少年法定代理人的處罰、成年人與少年犯共同犯罪的加重刑責、輔助法規的制定與施行日期等。

目 錄
Contents

|第一章|
總　則

第1條（立法目的）

為保障少年健全之自我成長，調整其成長環境，並矯治其性格，特制定本法。

解說

　　對於少年事件處理法的立法目的，早在民國44年間，由司法行政部所草擬的「少年法草案」，即曾於第1條規定：「本法規定少年保護處分及少年刑事案件的特別措施，以矯治少年之不良習性，俾其身心得以健全發展為目的。」惜在立法院院會審議討論時，將此項立法目的規定予以刪除。

　　事實上將立法目的予以明文規定，不僅可藉以表明政府制定本法之意旨，更可建構整部法典立法精神，強調少年法的功能，為此民國86年第5次修正本法時，參考日本少年法第1條規定，亦開宗明義，明文「為保障少年健全之自我成長，調整其成長環境，並矯治其性格」，而制定本法。

　　由於「保護」少年，屬少年福利法範疇，本法立法目的既在處理非行少年的行為，突顯使用「保護」並不妥當，故以「保障少年」作為立法鵠的。至如何使少年能健全其自我成長，受到本法保障，其主要方式即查明少年非行原因，在保護

優先主義原則下，使少年法院擁有先議權，責令少年調查官蒐集關於少年保護事件的資料，配合心理測驗員、心理輔導員及佐理員，以專業及科學方法，分析研判少年非行成因，以針對個案提出意見，供少年法院保護處分或刑事裁判參考，而能健全其人格發展，以增進其安全福祉。

又關於少年犯罪的緣由，歸納起來可分爲：

（一）個人原因

如先天意志薄弱、智力低下、個性頑劣、思春期的心理衝動、沾染不良惡習、交友不愼，或從事不當職業，日本學者勝水淳行曾謂：「職業每每影響人的思想，故屠宰殺生之人，多養成殘忍性格；鍛冶工及碎石工，多養成粗暴習氣。」凡此均爲少年犯罪的個人因素。

（二）家庭原因

家庭爲個人生活的起點，與個人所發生的關係最早，影響也最鉅；通常在父母雙亡、離異、別居的破碎家庭、溺愛家庭、暴力家庭、過於貧窮家庭以及父母均就業，疏於管教之家庭，據統計常爲少年犯罪的重要因素。

（三）學校原因

學校教育是傳授知識、培養青少年情操，使其獲致謀生技能的場所。惟許多實證研究均指出，學術能力和表現，是預測犯罪和偏差行爲最好的指標之一；由於學生學術能力差、功課不佳，在校得不到獎勵，連帶地減低其學習興趣和對學校的歸屬感，間接地也促使犯罪及偏差行爲的發生。

（四）其他原因

如社會、經濟結構變動，足以影響少年生活，導致誤入歧途；資本主義商業化結果，大都市興起，人口密集，使少年容

易耳濡目染、尋求刺激、鋌而走險，以致於構成犯罪等。

　　針對少年觸犯刑罰或虞犯行為原因，若其行為主要根源於少年個人因素，如罹患疾病、好逸惡勞或不良嗜好情形時，則本法規定應予「矯治其性格」，少年法院在裁處時，可就不同非行，予以個別處遇，譬如實施禁戒、交付保護管束並命為勞動服務等，以矯正和治療其性格。若少年非行係由於少年所屬家庭、學校環境或其他原因所造成，少年法院在裁處時，應調整其成長環境，採取妥適保護處分，如交付安置於適當的福利、教養機構、醫療機構、執行過渡性教育措施或其他適當措施之處所輔導執行；在執行中更應著重少年改善情況，予以調整處遇方式，以資鼓勵，俾其身心獲得正常發展，以落實少年法制的理想。

第1條之1（少年事件之法律適用）
少年保護事件及少年刑事案件之處理，依本法之規定；本法未規定者，適用其他法律。

解說

　　本條文揭示少年事件處理法（以下簡稱本法）的適用範圍與本法在相關刑事法中適用的層級規定。少年事件，從法律的觀點來看，可分為觸法案件及虞犯事件；從事件的性質來看，可分為刑事案件和保護事件（修正前為管訓事件）；從處分的種類來看，可分為刑事處分和保護處分（修正前為管訓處分）。在民國86年10月29日修正本法時，基於少年法制乃以教育方式，對非行少年採取矯治、預防等措施，且「管訓處分」

名稱，懲罰意味過濃，為維護少年自尊心，及貫徹保護少年的立法精神，而將「管訓處分」、「管訓事件」，均修正為「保護處分」、「保護事件」。

少年的行為，不論有觸犯刑罰法律，或者只有觸犯刑罰法律之虞，本法都有優先適用的性質，各少年法院（或地方法院少年法庭），應適用本法所規定的法律，踐行處理程序，並依個別具體情況予以適當處置，所以本法的適用範圍，包括「少年保護事件」及「少年刑事案件」兩種。又條文所謂「少年保護事件及少年刑事案件之處理，依本法之規定」，係指少年保護事件的受理、調查、審理、抗告程序，少年保護處分的諭知及執行；以及少年刑事案件的移送、調查、審理、羈押等處理程序，均應依本法的規定，而排除其他法律，如刑法、刑事訴訟法、保安處分執行法的適用。

又少年事件的內容很廣泛，處理過程實屬不易，欲以本法有限的條文，應付變化無窮的案例，洵不可能，為免掛一漏萬，本條文後段乃規定「本法未規定者，適用其他法律」，也就是說，刑法、刑事訴訟法以及其他實體法、程序法、組織法等，僅在本法未規定的清況下，且不違背本法的立法精神時，才可加以適用。由此可見政府在制定本法時，愛護少年、培育少年的用心。

實例

陳小雄現為某國中學生，因與同班同學林俊彥發生口角，一氣之下，猛推林俊彥一把，致使林俊彥摔倒，頭、手部受傷，經送醫治療數天才出院；為此陳小雄也被學校報請台灣新北地方法院少年法庭處理。在法院處理此一少年保護事件，進

入審理程序時，林俊彥的父親出面，提起附帶民事訴訟，要求陳小雄應與其父母連帶賠償醫藥費一萬八千元，法院應如何處理？

在本案例中，陳小雄雖構成了傷害罪，但因情節尚屬輕微，故台灣新北地方法院少年法庭調查後，逕行以少年保護事件審理，可見陳小雄並未被移送檢察官偵查、起訴。而附帶民事訴訟，依刑事訴訟法第487條第1項規定，必須「因犯罪而受損害之人，於刑事訴訟程序，得附帶提起民事訴訟」，所以附帶民事訴訟的提起，必以刑事訴訟程序存在為前提，若未經提起公訴或自訴，即不得提起附帶民事訴訟。陳小雄既未經檢察官起訴，僅由少年法庭以少年保護事件處理，在少年保護事件中，本法又未規定可以準用刑事訴訟法的規定，因此林俊彥的父親，於保護事件處理程序中，對陳小雄及其父母提起附帶民事訴訟，是不合法的。不過，如果林俊彥的父親，另行向台灣新北地方法院民事庭請求損害賠償，則仍被法律允許，此時應繳交裁判費。

第2條（少年之意義）
本法稱少年者，謂十二歲以上十八歲未滿之人。

解說

少年的年齡，為少年法制適用的依據，有特別規定的必要；不過因各國人種、文化、風俗、習慣、地理環境、少年身心發展的成熟度以及少年的犯罪趨勢等種種差異，各國就少年法制所規定的年齡，乃各不相同。例如日本少年法第2條規

定，未滿二十歲的人為少年；德國少年法院法規定，行為時十四歲以上十八歲未滿的人為少年；美國伊利諾州少年法院法規定，男性十七歲以下，女性十八歲以下為少年；至於英國則於兒童及少年法中規定，八歲以上十七歲未滿的人為少年。

在我國制定少年事件處理法時，為決定少年的年齡範圍，亦曾引起相當熱烈的討論。原本行政院草案規定少年指七歲以上未滿十八歲的人，後來因考慮到七歲以上未滿十二歲的人都是學齡兒童，正接受國民教育階段，年紀尚輕，不宜使其太早進入司法程序，所以改採十二歲以上十八歲未滿，作為少年的年齡範圍。

關於年齡的計算方法，應依本法第1條後段「本法未規定者，適用其他法律」的規定，經適用民法第124條的結果，而採用周年計算法（例如：某甲為民國96年9月2日出生，民國108年7月25日犯罪，依我國一般民間算法，某甲已十二歲，但如依前述周年計算法，某甲僅十一歲十個月，尚非本法所稱之少年，值得注意）；同時，條文所謂十二歲以上應包括十二歲，十八歲未滿則不包括十八歲，在此年齡範圍的人，皆為本法所稱的少年。基此，在上述年齡範圍的人，均應受本法的拘束，如有觸犯刑罰法律或具有犯罪傾向的虞犯事件，少年法庭均可依據本法加以處理。

張小華於十七歲時，偷竊鄰居王伯伯家中的金錶、金飾及現金六萬元，事隔四年，在典當金錶時被警方查獲，此時張小華是否仍為少年犯，可否移送少年法庭？

張小華於竊盜時雖年僅十七歲，但在警察查獲時已年滿

二十一歲，已非少年事件處理法第2條所指未滿十八歲的少年犯，故此時應由法院按一般刑事案件的程序處理，不可再由少年法庭諭知保護處分。

第3條（少年法院之管轄事件）

下列事件，由少年法院依本法處理之：

一、少年有觸犯刑罰法律之行為者。

二、少年有下列情形之一，而認有保障其健全自我成長之必要者：

（一）無正當理由經常攜帶危險器械。

（二）有施用毒品或迷幻物品之行為而尚未觸犯刑罰法律。

（三）有預備犯罪或犯罪未遂而為法所不罰之行為。

前項第二款所指之保障必要，應依少年之性格及成長環境、經常往來對象、參與團體、出入場所、生活作息、家庭功能、就學或就業等一切情狀而為判斷。

解說

　　除年齡的考量以外，按照少年法的理論，少年法院就其所審理的事件，在事務管轄方面，應與成年犯有別，而有獨特的範圍。在我國就少年法院受理事件的內容，明文界定為少年犯罪事件及少年虞犯事件，至於少年保護、教育、福利等事項，則委諸其他法律另行規定，此由本條文規定即可明白看出。

　　對於少年虞犯事件之管轄，修正前本法第3條第2款原規定：「少年有左列情形之一，依其性格及環境，而有觸犯刑罰

少年事件處理法

法律之虞者：（一）經常與有犯罪習性之人交往者。（二）經常出入少年不當進入之場所者。（三）經常逃學或逃家者。（四）參加不良組織者。（五）無正當理由經常攜帶刀械者。（六）吸食或施打煙毒或麻醉藥品以外之迷幻物品者。（七）有預備犯罪或犯罪未遂而為法所不罰之行為者。」惟上開規定在民國98年7月31日，經司法院大法官釋字第664號解釋指出：「少年事件處理法第3條第2款第3目規定，經常逃學或逃家之少年，依其性格及環境，而有觸犯刑罰法律之虞者，由少年法院依該法處理之，係為維護虞犯少年健全自我成長所設之保護制度，尚難逕認其為違憲；惟該規定仍有涵蓋過廣與不明確之嫌，應儘速檢討改進。又少年事件處理法第26條第2款及第42條第1項第4款規定，就限制經常逃學或逃家虞犯少年人身自由部分，不符憲法第23條之比例原則，亦與憲法第22條保障少年人格權之意旨有違，應自本解釋公布之日起，至遲於屆滿一個月時，失其效力。」為此主管機關司法院、法務部乃積極進行現行條文之修正。

在民國108年5月31日，新修正少年事件處理法第3條之立法理由中特別指出：預防少年犯罪，採行虞犯制度，以保護處分取代保安處分，協助其健全之自我成長發展，向來為我國少年司法重要政策之一。惟虞犯制度，難免予人有將身陷可能誘發犯罪環境危機中之少年視為另一種身分犯，而如係成年人有此情形，並不會被視為虞犯；為保障少年與成人享有平等待遇，不宜以虞犯視之。迨兒童權利公約內國法化後，參酌該公約及第10號一般性意見之精神，如何深化少年福利與權益暨合理必要之平等保護，益發引起社會各界關注，及進行相關檢討，而現行條文第2款第5目至第7目所定情形，其程度或已極

接近觸犯刑罰法律，或嚴重戕害少年身心健康，係處於觸犯刑罰法律邊緣而曝露於危險之中，對於此等曝險少年需要特別的關照與保護，參照兒童權利公約第6條及第33條等規定意旨，應由國家依「最佳利益原則」，採取積極措施，整合一切相關資源，盡力輔導，以避免其遭受毒品危害或其他犯罪風險，俾保障少年之成長與發展。

為詳細說明起見，茲按照108年最新修正內容，將少年法院所管轄的事件，分述如下：

（一）少年犯罪事件

少年犯罪事件，依本條文第1項第1款規定，凡少年有觸犯刑罰法律的行為，不問其係觸犯何種刑罰法律，少年法院都應依本法受理，並即踐行調查及審理程序，以保護心智尚未完全成熟的少年。

（二）少年曝險事件

本法修正前所謂虞犯事件，指少年的行為，雖然尚未實際構成犯罪，但已具有犯罪的傾向、違法的可能，由於少年事件處理法的立法精神，並不僅在於對犯罪少年的治標工作；對於有犯罪危險傾向的少年，更應積極加以輔導、矯正，以避免其實際犯罪的情況發生，所以本法乃將少年虞犯事件，併列為少年法院管轄的事件，以達到預防少年犯罪的成效。

不可否認的，預防少年犯罪之政策，應盡最大可能地避免對未造成嚴重損害其發展，或危害他人行為的少年給予定罪或處罰，而應提供生活、教育等機會，作為對明顯處於危險或面臨社會風險而需要特別關照與保護少年的一種輔助方法，以滿足少年個別需求及保障少年適性發展。新修正少年事件處理法，經審酌現行社會環境及行政機關承接量能，認為現階段仍

少年事件處理法

有由少年法院介入處理以保障曝險少年健全自我成長之必要，但對於有爭議之經常逃學、逃家或經常出入少年不當進入之場所等情，則應避免過早進入刑事司法體系，防止被標籤化，爰酌修文字，將「虞犯少年」改為「曝險少年」，並在第3條第1項第2款規定，少年有下列情形之一，而認有保障其健全自我成長之必要時，由少年法院依法處理：

1. **無正當理由經常攜帶危險刀械：**

   所謂「經常」，依少年法院實務上認定「經常」的標準，是指在相距不久的相當期間內，有具體事實，足認有二次以上相同虞犯行為而言。刀械足以傷害人命，少年血氣方剛，好勝心、嫉妒心強，若無正當理由隨時攜帶危險性刀械，如扳手、折疊刀、剪刀、水果刀、鐵條、鐵鎚等，足以促使少年藉機逞強、挑釁、擴大事端，進而殺人放火、闖下大禍，所以有必要將其列入曝險行為，以受相當的約制。又本條款所指的刀械，係指刑法第186條、第187條以及槍砲彈藥刀械管制條例所規定以外的刀械，如果屬於刑法或槍砲彈藥刀械管制條例的刀械範圍，該少年的行為已經觸犯刑罰法律，構成少年犯罪，應依本條第1項第1款的規定處理，不得再視為曝險少年。

2. **施用毒品或迷幻物品之行為而尚未觸犯刑罰法律：**

   所謂毒品，依毒品危害防制條例第2條第1項規定：「本條例所稱毒品，指具有成癮性、濫用性及對社會危害性之麻醉藥品與其製品及影響精神物質與其製品」。毒品依其成癮性、濫用性及對社會危害性分為四級，其品項如下：第一級毒品，包括海洛因、嗎啡、鴉片、古柯鹼及其相類含有劇毒之製品。第二級毒品，包括罌粟、古柯、大麻、安非他命、配

西汀、潘他唑新及其相類製品。第三級毒品，包括K他命、西可巴比妥、異戊巴比妥、納洛芬及其相類製品。第四級毒品，包括二丙烯基巴比妥、阿普唑他及其相類製品。少年所吸食或施打者，如係毒品危害防制條例第2條第1、2款毒品時，即構成同法第10條刑責；如係持有毒品危害防制條例第2條第3、4款毒品逾20公克以上時，即構成同法第11條第5、6項刑責，均屬於少年犯罪事件。除此之外的毒品或迷幻物品，如有吸食或施打行為，常常導致精神上產生情緒轉變，有陶醉感、脫離現實感，並有飄浮在空中或在游泳的感覺，無方向感，失去自我控制能力，而易引起一些反社會的危險行為，對於這類型曝險少年，少年法院亦應迅速加以處理、警戒，避免毒品的氾濫。

3. **有預備犯罪或犯罪未遂而為法所不罰的行為：**

預備犯罪，乃行為人決意犯罪後，進而為準備犯罪的行為，其程度已超過決意、陰謀的階段。犯罪未遂，則為著手於犯罪的實行而不遂者。對於有預備犯罪或犯罪未遂而為法所不罰的行為，其觸犯刑罰法律的動機已甚明顯，雖為法律所不處罰，惟從保護觀點來看，為防患未然，避免少年誤入歧途，針對該偏差行為，宜儘早注意與矯治，故本條文亦將其列入曝險少年範圍，採取「行政輔導先行」原則。

另為使曝險事由類型明確化，避免因行為態樣涵蓋過廣或要件不明確，易致認定範圍過廣，參照司法院大法官釋字第664號解釋意旨，在新修正條文第2項規定，以少年的性格及成長環境、經常往來對象、參與團體、出入場所、生活作息、家庭功能、就學或就業等一切情狀，判斷是否有保障少年健全自我成長之必要性，以補足少年健全成長所需，作為司法介入的

正當性原則，去除身分犯之標籤效應。

　　小毛爲某高職二年級學生，爲準備期末考試，避免精神不濟，而向同宿舍的小劉要來1小瓶K他命（不逾20公克）。小毛服用後，在心跳加快、血壓上升、精神亢奮下，一夜未眠，待天亮後一考完要命的電子概論、高工物理後，即騎乘機車在大度路飆車，不料被警方查獲，此時小毛是否構成犯罪？或者應以虞犯處理？

　　自民國93年起，行政院衛生署明文規定「K他命」，列入「毒品危害防制條例」第2條第2項之第三級毒品加以管制，不得非法輸入、製造、運輸、販賣、持有、施打或吸用。小毛吸用K他命，即已構成毒品危害防制條例第11條之1第2項的無正當理由施用第三級毒品情形，可依本法第3條第1項第2款第2目「有施用毒品或迷幻物品」的行爲，交由少年法院處理。

　　林小瑋現年十一歲，爲台北市某國小五年級學生，因父母離婚，家庭破碎，祖母又年紀老邁，無人管教，致常有逃學、逃家行爲，此時少年法院可否予以保護處分？

　　不可以。因爲少年事件處理法原在第85條之1規定「七歲以上未滿十二歲之人，有觸犯刑罰法律之行爲者，由少年法院適用少年保護事件之規定處理之」，該條文內容僅及於「有觸犯刑罰法律之行爲」，而不及於曝險行爲；且該條文業已刪除，自不可予以保護處分。不過兒童的師長、親屬等，對其經常逃學、逃家行爲，仍應給予適當的輔導、訓誨，以免其日後濡染惡習，愈陷愈深。

阿德、阿平、阿和現都年僅十七歲，因志趣相同，乃一起闖蕩地下舞廳、電動玩具遊樂場、KTV等地，嗣後並加入不良組織A幫。不久，他們在台北市信義區夜店中，和B幫因爭風吃醋發生嚴重衝突，三人乃回家拿折疊刀、鐵條、球棍糾眾，準備回到夜店和B幫械鬥時，為路人報警查獲，此時法院應如何處理？

　　少年參加不良組織，經常攜帶折疊刀、鐵條、球棍等危險器械，預備糾眾械鬥，而有觸犯刑罰法律之虞時，依少年事件處理法第3條第1項第2款第1目、第3目規定，為曝險少年，應由少年法院依保護程序處理。若阿德、阿平、阿和所參加的不良組織，本身有內部管理結構，並以暴力犯罪為宗旨或以其成員從事犯罪活動，具有集團性、常習性及脅迫性或暴力性之組織，為組織犯罪防制條例第2條所稱之犯罪組織，則為少年事件處理法第3條第1項第1款有觸犯刑罰法律的情形，應參照同法第27條的規定，由少年法院依法調查，經調查後依少年品行、性格、經歷等情狀，認為以受刑事處分為適當時，移送檢察官偵查、起訴，否則以保護程序處理。

第3條之1（成人陪同在場、兒童少年心理衛生或其他專業人士、通譯協助等表意權保障規定）

詢問或訊問少年時，應通知其法定代理人、現在保護少年之人或其他適當之人陪同在場。但經合法通知，無正當理由不

到場或有急迫情況者，不在此限。

依法應於二十四小時內護送少年至少年法院之事件，等候前項陪同之人到場之時間不予計入，並應釋明其事由。但等候時間合計不得逾四小時。

少年因精神或其他心智障礙無法為完全之陳述者，必要時，得請兒童及少年心理衛生或其他專業人士協助。

少年不通曉詢問或訊問之人所使用之語言者，應由通譯傳譯之。

其為聽覺、語言或多重障礙者，除由通譯傳譯外，並得以文字、手語或其他適當方式詢問或訊問，亦得許其以上開方式表達。

解說

　　本條文係108年5月31日，修正少年事件處理法時新增訂之條文。其立法理由係為參酌聯合國兒童權利公約第40條第2項、聯合國少年司法最低限度標準規則第7條第1項、第15條第2項規定之精神，而在第1項明定：「詢問或訊問少年時，應通知其法定代理人、現在保護少年之人或其他適當之人陪同在場。但經合法通知，無正當理由不到場或有急迫情況者，不在此限」，以避免少年接受詢問或訊問時，因無適當之人陪同，致有無法充分或任意表達其意見之可能性，並訂定但書，以兼顧實務運作需求。

　　第1項所謂「其他適當之人」，包括學校教師、社工或成年親友等；實務運作上，係先通知少年之父、母等法定代理人或現在保護少年之人到場，如已知通知顯有困難，或有其等無法到場或在場顯不適當等情形（如父母均在國外、在監所重

病、爲加害人或共犯等），自得通知其他適當之人到場陪同，以維少年權益。又第1項但書所謂「急迫情況」，例如爲避免公共安全或他人生命身體遭受立即明顯之危害或其他類似之急迫情況，權衡維護公共安全及被害人生命身體重大法益之需要，例外可在無成人陪同人在場情況下，仍可詢（訊）問少年；另爲爭取時效，公務機關通知陪同之人時，自得不拘形式爲之。

少年如係現行犯或準現行犯，移送機關因通知及等候少年陪同之人到場，致無法於24小時法定時間內將事件移送法院者，該等候時間自不宜計入，爲此在本條文第2項規定：「依法應於二十四小時內護送少年至少年法院之事件，等候前項陪同之人到場之時間不予計入，並應釋明其事由」。又考量少年長時間留置於公務機關，未必符合其利益，亦影響程序進行，故等候時間不宜過長，爲此在但書規定，該法定障礙事由之等候時間合計以4小時爲限。

其次，爲維護少年權益，參照兒童權利公約第12條、身心障礙者權利公約第7條及第13條等規定意旨，在本條文第3項規定：「少年因精神或其他心智障礙無法爲完全之陳述者，必要時，得請兒童及少年心理衛生或其他專業人士協助」。司法運作上，有少年雖因精神障礙或其他心智缺陷致無法爲完全陳述，但經由陪同在場之人協助（依第1項規定，除法定代理人、現在保護少年之人外，其他適當之人亦可陪同，例如少年之特教老師等），即可完整表達或陳述意見之情形，此時即無再請其他專家協助之必要，亦可避免爲等候專家到場致須延長少年留滯時間，反不利少年身心健康之情形，爲此明定「於必要時」得請專家協助，以利實務運作。又本項所謂「心理衛生

或其他專業人士」，包括精神科醫師、心理師、職能治療師、社工師、護理人員及其他具協助受詢問或訊問少年所需專業之人士，例如特殊教育老師等。

　　針對法院的用語，我國法院組織法第78條規定：「法院為審判時應用國語」、第98條規定：「訴訟當事人、證人、鑑定人及其他有關係之人，如有不通曉國語者，由通譯傳譯之；其為聽覺或語言障礙者，除由通譯傳譯外，並得依其選擇以文字訊問，或命以文字陳述」。為保障少年權益，在本條文第4項亦規定，少年法院在審判時，少年如不通曉詢問或訊問之人所使用之語言者，應由通譯協助傳譯之；其為聽覺、語言或多重障礙者，除由通譯傳譯外，並得以文字、手語或其他適當方式詢問或訊問，亦得許其以上開方式表達。條文所謂「不通曉國語者」，包括不瞭解或不會說法院所使用之語言、因身心或多重障礙而無法使用國語詢（訊）問等情形。

第3條之2（詢問或訊問時應告知事項）
詢問或訊問少年時，應先告知下列事項：
一、所涉之觸犯刑罰法律事實及法條或有第三條第一項第二
　　款各目事由；經告知後，認為應變更者，應再告知。
二、得保持緘默，無須違背自己之意思而為陳述。
三、得選任輔佐人；如依法令得請求法律扶助者，得請求
　　之。
四、得請求調查有利之證據。
少年表示已選任輔佐人時，於被選任之人到場前，應即停止詢問或訊問。但少年及其法定代理人或現在保護少年之人請求或同意續行詢問或訊問者，不在此限。

解說

　　檢察官為偵查犯罪的主體，司法警察或司法警察官有協助檢察官偵查犯罪的權限，少年調查官得蒐集、調查關於少年保護事件的相關資料，而少年法院法官對少年案件有先議權、審判權，渠等在調查或審理少年事件時，均應先告知少年犯罪事實或曝險事由，聽取其陳述，並應告知有選任輔佐人的權利，此即所謂的「告知義務」。其立法理由，在於避免少年懾於訴訟程序進行中的威勢，而不知如何保護自身權益，爰於民國108年修正時增訂本條文，就應告知事項內容，作更具體規定，使少年的程序權利保障事項，更加明確。

　　告知義務的內容，依法條意旨有四：

（一）所涉之觸犯刑罰法律事實及法條或有第3條第1項第2款各目事由告知

　　司法警察或司法警察官、檢察官於偵查時，少年調查官於調查時，少年法院法官於調查或審理時，在對少年為人別訊問後，應告知其所涉刑罰法律的犯罪事實、罪名以及本法第3條第1項第2款的曝險事由。若告知後其犯罪事實或曝險事由有變更時，應再告知，俾使少年知悉究犯何罪或有何曝險行為，而得以準備答辯。例如少年深夜在道路上以時速90公里飆車，致路上行人受重傷，遭檢察官以過失重傷害罪起訴，少年法院法官審理時，檢察官變更為公共危險罪，此時應按本條文規定，再告知少年，以維護其程序利益。

（二）得保持緘默，無須違背自己之意思而為陳述

　　為保護少年權益及陳述之自由，並尋求事實之發現，本法參考刑事訴訟法第95條規定，亦明文規定在警察詢問或法院訊問時，應告知少年可以保持緘默，無須違背自己之意思而為陳

述，此為緘默權的告知。緘默權導源於「不自證己罪原則」，可謂被告非常重要的防禦武器之一。本款除了揭示少年有保持緘默權利外，同時規範國家司法人員應踐行告知的義務。最高法院對於緘默權的告知，曾在93年台非字第70號判決中，認為：「刑事訴訟法95條第2款規定：『訊問被告應先告知得保持緘默，無須違背自己之意思而為陳述』，係以被告之陳述為證據資料之一，然本於不自證己罪及保障人權之原則，認被告有防衛其利益之權利，在刑事訴訟程序上應尊重被告陳述之自由，禁止強制其為不利之陳述，所謂陳述自由，包括積極的陳述自由與消極的不陳述自由，被告之緘默權即在保障被告消極的不陳述自由，不得以被告行使緘默權或拒絕陳述，即認係默示自白或為不利於被告之推斷。」可資參照。

（三）告知少年有選任輔佐人及請求法律扶助的權利

　　刑事訴訟法所規定的輔佐人，乃刑事案件起訴後，與被告或自訴人有一定關係之人，得在法院輔助被告或自訴人陳述意見的人，可見輔佐人乃係為當事人利益而設。在少年事件中，得為少年的輔佐人者，如律師、少年的直系血親或三親等內旁系血親、家長或法定代理人等。

　　少年的輔佐人，既居於保護少年的立場，為少年合法權益而辯護，故不論在少年保護程序或刑事訴訟中，訊問人均應告知少年，有選任輔佐人的權利。至於有權選任輔佐人者，除少年外，依本法第31條第1項規定，少年的法定代理人或現在保護少年的人，都有權幫少年選任輔佐人。

　　當少年向司法警察、檢察官或少年法院法官表示已選任輔佐人時，於被選任之人到場前，應即停止詢問或訊問；但少年及其法定代理人或現在保護少年之人請求或同意續行詢問或訊

問者，不在此限。

　　如果少年爲低收入家庭，或原住民等依法令得請求法律扶助者，應告知少年可以請求法律扶助，以維護其權利。

（四）告知少年得請求調查有利之證據

　　第4項告知義務，爲應告知少年得請求調查有利之證據，縱使少年行使緘默權，仍然應踐行本款之告知，例如被告車禍肇事後，有無打119報案，符合自首要件，在告知少年後，少年、少年的輔佐人均得請求法院或警察機關調查上開有利之證據。

第3條之3（少年詢問、訊問、護送及等候過程，應與一般刑事案件嫌疑人或被告隔離）

詢問、訊問、護送少年或使其等候時，應與一般刑事案件之嫌疑人或被告隔離。但偵查、審判中認有對質、詰問之必要者，不在此限。

解說

　　爲避免少年受不當影響，本法對於少年事件的詢問、訊問、護送少年時，採取「分離原則」，使少年不論在接受司法警察、司法警察官、檢察事務官、檢察官、法院詢（訊）問、護送或使其等候等過程中，均應一體適用，除非分別審理顯有困難，或認爲有對質、詰問必要外，均應與其他刑事案件之嫌疑人或被告隔離。

　　此種隔離訊問方式，其優點有三：

（一）便於發現事實，使少年與其他被告隔難，而能據實完整

19

的陳述整個事件過程。

（二）可以培養少年的榮譽感、廉恥心，使其在無任何干擾、暗示、顧忌的環境下，由法官、檢察官、司法警察、檢察事務官等以和藹、懇切態度相對待，期能改過遷善，使其名譽不致受損。

（三）可使審訊方法和訴訟程序的進行，兼顧少年刑事案件的特性，防止少年共犯間為雷同的陳述，或模仿成年犯的狡辯、隱瞞伎倆，以逃避刑責，致失少年事件處理法的立法精神。

　　基於以上說明，少年法院在審理少年刑事案件時，認為有必要者，在少年陳述時，不令少年以外的人在場；少年以外的人為陳述時，不令少年在場。倘遇有一般刑事案件與少年刑事案件相牽連，而由少年法院或地方法院普通法庭審理者，除審訊時必須對質、詰問必要外，不得同時在庭應訊。

第3條之4（連續詢問或訊問少年之限制）

連續詢問或訊問少年時，得有和緩之休息時間。

詢問或訊問少年，不得於夜間行之。但有下列情形之一者，不在此限：

一、有急迫之情形。

二、查驗其人有無錯誤。

三、少年、其法定代理人或現在保護少年之人請求立即詢問或訊問。

前項所稱夜間者，為日出前，日沒後。

解說

　　本條文為108年修正少年事件處理法時，新增條文。由於少年的年齡，一般均為十二歲以上十八歲未滿，為維護少年身心健全發展，不宜於夜間詢問或訊問少年，並應於詢問或訊問一段時間後，給予適當之休息時間較為妥適。

　　雖然在夜間，不適宜對少年進行詢問或訊問，惟因衡酌維護公共安全及被害人生命、身體重大法益之需要，且符合憲法第23條比例原則時，或為確認少年人別是否正確、或尊重少年及法定代理人或現在保護少年之人意願等情形下，本條文在第2項規定：「詢問或訊問少年，不得於夜間行之。但有下列情形之一者，不在此限：一、有急迫之情形。二、查驗其人有無錯誤。三、少年、其法定代理人或現在保護少年之人請求立即詢問或訊問」，以供適用。

　　為明確規範「夜間」定義，本法參照刑事訴訟法第100條之3規定，於第3項規定：「所稱夜間者，為日出前，日沒後」定義，以符法律明確原則，避免適用造成疑義。

第4條（應受軍事審判之例外）

少年犯罪依法應受軍事審判者，得由少年法院依本法處理之。

解說

　　依修正前軍事審判法第3條第3款規定：「陸海空軍所屬在校之學員、學生，視同現役軍人。」所以未滿十八歲的少年，如中正國防幹部預備學校的學生、志願役或提早入營服兵役的

少年等，倘若有犯罪行為，依軍事審判法第1條第1項規定，應由軍事審判機關追訴、處罰。惟少年宜教不宜罰，為真正落實政府保護少年的美意，本條文在民國86年修正時，依第1條之1、第3條、第18條規定，並參酌本法「保護優先主義」之立法精神，以及軍事審判機關並無少年法庭及專業人員之設置，具有現役軍人身分的少年犯罪，自得由軍法機關移由少年法院，依本法保護事件或刑事案件的程序處理，為此增訂「由少年法院依本法處理之」，以資明確。

又修正前原第4條係規定：「少年犯罪依法應受軍事審判者，除觸犯懲治叛亂條例，或戡亂時期檢肅匪諜條例之罪外，得依本法規定管訓之。」惟因民國76年7月14日總統已明定宣布解嚴，80年5月1日宣布動員戡亂時期終止，懲治叛亂條例與戡亂時期檢肅匪諜條例，相繼於民國80年5月22日及6月3日廢止，不再適用，故條文所謂「少年犯懲治叛亂條例或戡亂時期檢肅匪諜條例等罪」，已不可能再發生，在民國86年修正時，乃一併予以刪除。

茲應說明者，軍事審判法第3條第3款所謂陸海空軍所屬在校之學員、學生，視同現役軍人之規定，該條款早已在民國88年10月2日修正軍事審判法時刪除，且依兵役法第3條之規定，目前之服役男子，均為十八歲以上之人，因此依現行法規定，少年犯罪已無受軍事審判之可能，縱使在陸海空軍所屬學校就讀之學員、學生，亦同。

甫在洪仲丘事件發生後，經立法院於民國102年8月6日三讀通過軍事審判法之修正，總統於102年8月13日公布施行，依現行軍事審判法第1條規定：「現役軍人戰時犯陸海空軍刑法或其特別法之罪，依本法追訴、處罰。現役軍人非戰時犯下列

之罪者，依刑事訴訟法追訴、處罰：一、陸海空軍刑法第44條至第46條及第76條第1項。二、前款以外陸海空軍刑法或其特別法之罪。非現役軍人不受軍事審判」，未來現役軍人在承平時期觸犯「陸海空軍刑法」，包括凌虐部屬、阻撓部屬陳情、殺人、性侵、竊盜等罪，都由一般司法機關處理，此為軍事審判法之修正重點，併予敘明。

　　小坤現年十七歲，為某軍校二年級學生，在星期天放假外出，駕駛機車要到姑媽家，行經中山路時，為閃避來車，不慎撞傷路旁行人阿勇、造成阿勇右腳骨折、臉部擦傷，此時小坤的過失傷害行為究應如何處理？

　　小坤現年十七歲，為某軍校二年級學生，依現行軍事審判法規定，並非現役軍人，自應由普通法院審判。所以司法警察機關可將就讀軍校的少年小坤，移送少年法院，並依少年事件處理法第3條第1款規定，以保護程序處理；或由少年法院移由檢察官偵查、起訴。

第二章
少年法院之組織

第5條（少年法院及少年法庭）

直轄市設少年法院，其他縣（市）得視其地理環境及案件多寡分別設少年法院。

尚未設少年法院地區，於地方法院設少年法庭。但得視實際情形，其職務由地方法院原編制內人員兼任，依本法執行之。

高等法院及其分院設少年法庭。

解說

　　對於少年事件，是否須專設機構，各國情形不盡相同，歸納起來有下列四種：

（一）於普通法院以外，專設少年法院，以處理少年事件，而與普通法院不發生隸屬關係，如美國紐約州法院及歐陸部分國家採行此制度。

（二）於普通法院內，附設審理少年事件的法庭，以節省經費，兼顧少年事件處理的專業性，美國部分州立法院採行此制度。

（三）將少年事件與家庭親屬事件，併由家事法院審理。如日本的家庭裁判所，掌管少年保護事件、有關兒童及少年

的犯罪事件、家事事件，其上級審為高等裁判所，但司法行政事務則直屬最高裁判所。

（四）於普通法院內，設置不同型態的審理機關以處理少年事件。如德國在第一審級法院，並無專設的司法機構來處理少年事件，僅在區法院內設有少年法官，以處理較輕微的少年事件；另在參審法院設有少年參審員二人，會同少年法官審理少年犯罪事件；至於地方法院的少年刑事庭，除可受理對區法院和參審法院就少年案件裁判不服的救濟外，並可審理較繁複的少年第一審犯罪事件。

我國的少年法制，在原少年法草案第二章已明定少年法院的組織，並於第6條詳加規定，立法院審議時，為精簡人力、物力，參酌美、日、德等國的立法例，衡量我國國情與社會需要，刪除了立意甚佳的少年法院規定，改採前述第（二）種類型，於地方法院內，設置少年法庭，以專責處理少年的犯罪或虞犯事件。不過在少年事件較少、地理環境較偏僻的法院，可以不設少年法庭，其職務由地方法院原編制內人員兼任。

目前我國在基隆、宜蘭、台北、新北、士林、桃園、新竹、苗栗、台中、南投、彰化、雲林、嘉義、台南、屏東等各地方法院均設有少年法庭；對於未設置少年法庭的地方法院，其少年事件由各該地方法院院長於編制內人員中指定兼任，以符實際需要。

民國86年10月第五次修正少年事件處理法時，考量少年犯罪問題日趨嚴重，為求貫徹重視少年非行問題的政策走向，設置少年法院已為當務之急，為此於第二章增訂少年法院的設立規定，以為準據。

惟為顧及立即普設少年法院的實際困難，本條文第1項規

定，先於直轄市設置少年法院，於其他縣（市），則視地理環境及案件多寡，逐年分別成立少年法院。其尚未設少年法院地區，依條文第2項規定，則先於地方法院內設少年法庭，以處理少年事件。同時爲樽節人力及物力資源，靈活運用現有人手，得視實際情形，其職務由地方法院原編制內人員兼任。

另依本法規定，對於少年法院裁定，得抗告至高等法院或其分院，爲保護少年，高等法院及其分院，應設置少年專業法庭，俾能專人專才處理少年事件，較能符合立法精神，而修正增訂第3項規定。依此，我國目前專責處理少年事件處理法之法院（庭），係分爲二級制，第一級爲少年法院或各地方法院之少年法庭，第二級則爲高等法院或其分院之少年法庭。

依本條文第1項「直轄市設置少年法院」之意旨，司法院於民國88年9月15日正式成立「臺灣高雄少年法院」，爲全國第一所專業少年法院，目的在於整合社會資源，結合專業力量，扮演少年最後的守護者，並藉由司法的力量，有效幫助迷途少年在人生道路上找到方向，重拾勇氣，堅定腳步，迎向美好未來。

臺灣高雄少年法院成立後積極推動少年事件處理、輔導及犯罪預防之相關工作，具體措施包括實施法官與少年調查官、少年保護官配股及分組制度，由法官及調查保護官分組推行各項少年輔導工作，並以少年法院爲核心，積極開拓及整合轄區內教育、社政、警政、福利、醫療、教養、慈善機構與社會其他各界資源，共同推動各項少年保護輔導活動與各項少年犯罪防制工作。

近幾年來，臺灣高雄少年法院除賡續各項業務之推行外，更設立少年圖書室，希望少年透過閱讀擴展人生的視野；建立

少年事件處理法

少年課輔伴讀活動，希望藉由課業輔導活動，提升少年教育機會及文化涵養；成立少年扶助基金，協助少年解決家庭經濟困境，並促進其健全成長；布置溫馨關懷的候審室，讓少年在生命的幽谷，看見人生的幸福。

為了回應民意之要求及社會急速變化之需要，立法院於民國100年12月12日三讀通過家事事件法，臺灣高雄少年法院於101年6月1日改制為「臺灣高雄少年及家事法院」，成為全國第一家少年及家事專業法院，期能更妥適、迅速處理家事紛爭及其他相關家事事件，並兼顧子女最佳利益及家庭和諧，健全對於婦幼、弱勢及老人權益的保障，為少年及家事司法制度改革樹立新的里程碑。

基於落實專業法院之理念，臺灣高雄少年及家事法院在審判、調解、保護及其他業務方面，有下列各項具體的措施及特色：

（一）以「一個家庭，一個法院」概念，由專人專責專業處理少年及家事事件，兼具專業、防治、保護及統合的性質。

（二）統合少年及家事事件之柔性司法程序，使司法與社會資源充分連結，確保婦女、少年及未成年子女之利益。

（三）採「保護優先、教育優先」精神，處理少年事件。法官專業久任，採行協商式審理，個別化與多樣化的處遇方式。

（四）處理家事事件之法官等人員具有性別平權意識、瞭解權控議題，多元文化等專業素養。

（五）鋪陳溫暖而人性的柔性司法環境。

（六）建立法官與調查保護官分組及配股制度，少年調查官全程參與審判，落實加害人處遇計畫及多元性。

（七）整合社會各界資源建立少年犯罪防制網，積極推廣各項少年輔導保護及親職教育活動。

（八）家事調查官依其社工、教育、心理輔導專業學識知能，承法官之命，專業調查家事紛爭背後隱藏的問題，協助法官分析家事事件個案的情況或引入適當社會資源。

（九）程序監理人制度，由法院為能力不足之當事人選任律師或社工師等專業人士，代表為程序行為，以保護當事人的實體正義及程序利益，作為當事人與法院間溝通之橋樑，協助法院妥適、迅速處理家事事件。

（一〇）駐點式的戶政服務站，便利當事人謄本的申請及依法辦理登記事項。

（一一）提供大陸地區及外籍配偶相關救援保護措施。

（一二）加強被害人的保護扶助與轉介。

第5條之1（少年法院之組織）
少年法院分設刑事庭、保護庭、調查保護處、公設輔佐人室，並應配置心理測驗員、心理輔導員及佐理員。

解說

　　為配合少年法院的設置，就其內部組織亦一併規定於本條文中，爰增訂有關刑事庭、保護庭、調查保護處、公設輔佐人室等。其中調查保護處，係從觀護處更名而來，主要配置人員為少年調查官、少年保護官、心理測驗員、心理輔導員及佐理員等。

　　修正前，少年事件處理法並無心理測驗員或心理輔導員之

編制，在實務上常需請求相關單位協助、支援，滋生不便。事實上，少年事件的處理，係以個案為主體，為強化個案輔導的正確性，適度運用心理測驗有助於對少年智力、性格、心理的瞭解，以決定合適的輔導方向，故確有增設專業心理測驗員、輔導員之必要。

再者，目前少年輔導個案劇增，少年保護官已不勝負荷，為此比照公證佐理員制度，增設佐理員若干人，襄助少年調查官、少年保護官處理行政工作，使上開人員能更專注於輔導少年的業務，以提升觀護績效。

第5條之2（少年法院組織之法律適用）
少年法院之組織，除本法有特別規定者外，準用法院組織法有關地方法院之規定。

解說

為使少年法院事務得以順利推動，少年法院的人員組織，實有準用法院組織法中有關「地方法院」規定的必要，如法院的類別及其員額、法官的職等、庭長的職等、書記處的設置及書記官長、書記官的職等、通譯、錄事、法警、庭務員的職等，均在準用之列。

所以少年法院與一般地方法院的地位平行，編制內少年法官薦任第八至第十一職等；少年法院庭長，薦任第九至第十一職等；院長則為簡任第十至第十二職等，綜理全院行政事務，但直轄市少年法院兼任院長的法官，則為簡任第十一至第十三職等。

小賢為某高中一年級學生，在一個週三下午，由老師帶領至台灣桃園地方法院少年法庭參觀，同學們對於少年法庭少年調查官（組長）的詳細介紹都深感興趣，不過對於少年法庭與地方法院的隸屬關係，小賢實在不清楚……

少年法庭因附設於各地方法院內，所以與地方法院關係密切，為其組織體系中的一種，屬於專業性法庭，對於少年法庭保護處分不服，可以抗告至高等法院；對少年刑事案件不服，則更可上訴至最高法院。試將少年法庭的隸屬關係，以下圖表示：

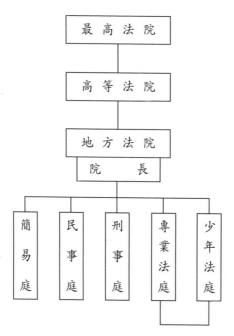

少年法庭隸屬關係圖（一）

少年事件處理法

依新修正之少年事件處理法規定，少年法院與一般法院的
隸屬關係如下圖：

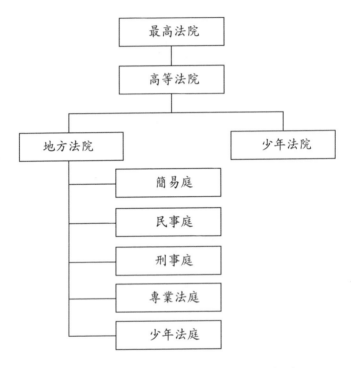

少年法院與一般法院之隸屬關係圖（二）

我國目前唯一的高雄少年法院，其組織架構如下圖：

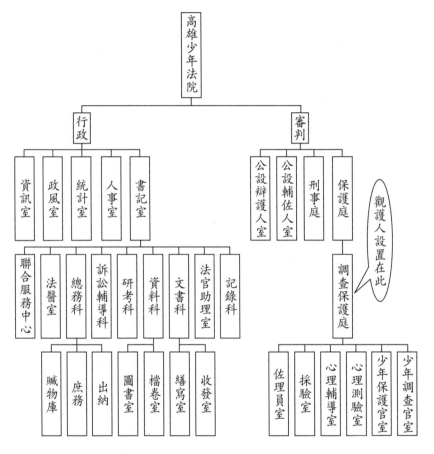

高雄少年法院組織架構圖（三）

第5條之3（心理測驗員、心理輔導員、佐理員）
心理測驗員、心理輔導員及佐理員配置於調查保護處。
心理測驗員、心理輔導員，委任第五職等至薦任第八職等。
佐理員委任第三職等至薦任第六職等。

解說

　　心理測驗員、心理輔導員及佐理員均屬於推行觀護制度的重要成員，故應使其配置於調查保護處，在隨同少年調查官或少年保護官執行職務時，均應服從其指揮監督。

（一）心理測驗員

　　司法院在民國101年6月6日曾修正公布「法院約聘心理測驗員、心理輔導員及約僱佐理員之遴用要點」（下稱遴用要點）第2點規定，約聘心理測驗員除應具備公立或立案之私立大學、獨立學院或符合教育部採認規定之國外大學、獨立學院心理、社會、社會工作、教育、輔導或其他相關系、組、所畢業外；符合前項資格且具下列條件其一者，得優先遴用：

1. 參加專門職業及技術人員高等考試心理師考試及格。
2. 曾在醫療院所、大專院校之輔導或諮商中心、社區性心理衛生中心等相關機構從事二年以上心理測驗工作經驗，並提具服務成績優良證明。
3. 曾修習「心理及教育統計」、「心理測驗」、「心理衡鑑」課程。

　　惟應特別注意者，為配合法院組織法104年2月4日修正公布，在第18條規定：「地方法院設調查保護室，置少年調查官、少年保護官、家事調查官、心理測驗員、心理輔導員及

佐理員。少年調查官、少年保護官及家事調查官合計二人以上者，置主任調查保護官一人；合計六人以上者，得分組辦事，組長由少年調查官、少年保護官或家事調查官兼任，不另列等。少年調查官、少年保護官及家事調查官，薦任第七職等至第九職等；主任調查保護官，薦任第九職等至簡任第十職等；心理測驗員及心理輔導員，薦任第六職等至第八職等；佐理員，委任第四職等至第五職等，其中二分之一得列薦任第六職等。」因此心理測驗員職務已改為任用，並且提高其職等為薦任第六職等至第八職等，前述遴用要點已不再適用。

心理測驗員之工作如下：

1. 承法官、司法事務官、少年調查官、少年保護官及家事調查官之命，對所交付個案進行心理測驗、解釋及分析，並製作書面報告等事項。

2. 其他法令所定之事務。

3. 臨時交辦事項。

（二）心理輔導員

心理輔導員之任用資格，依前述「遴用要點」第3點規定，除應具備公立或立案之私立大學、獨立學院或符合教育部採認規定之國外大學、獨立學院，心理、社會、社會工作、教育、輔導或其他相關系、組、所畢業外；符合前項資格且具下列條件其一者，得優先遴用：

1. 參加專門職業及技術人員高等考試心理師或社會工作師考試及格。

2. 曾在醫療院所、大專院校之輔導或諮商中心、社區性心理衛生中心等相關機構從事二年以上心理輔導工作經驗，並提具服務成績優良證明。

目前心理輔導員編制在地方法院調查保護室，已改為任用，不再適用「遴用要點」，職等為第六職等至第八職等，以爭取優秀之人才。心理輔導員之工作如下：

1. 承法官、司法事務官、少年調查官、少年保護官及家事調查官之命，對所交付個案進行心理輔導、轉介心理諮商或治療之先期評估，並製作書面報告等事項。

2. 其他法令所定之事務。

3. 臨時交辦事項。

（三）觀護佐理員

上開「遴用要點」所稱約僱佐理員，依其遴用資格及職掌，分為約僱觀護佐理員及約僱檢驗佐理員。其中約僱觀護佐理員應具備下列資格：公立或經立案之私立專科以上學校畢業，並曾修習法律、行政、教育、社會、心理、犯罪防治輔導、青少年兒童福利等科目達八個學分以上者（遴用要點第5點）。

依前述法院組織法第18條規定，約僱觀護佐理員已改為任用，委任第四職等至第五職等，其中二分之一得列薦任第六職等，亦不再適用「遴用要點」，並予敘明。

觀護佐理員之工作如下：

1. 協助少年調查官、少年保護官及家事調查官處理一般調查保護行政工作。

2. 臨時交辦事項。

（四）約僱檢驗佐理員

依司法院106年3月1日修正公布的「約僱檢驗佐理員遴用要點」（下稱遴用要點），約僱檢驗佐理員應具備下列資格：公立或經立案之私立高中（職）以上學校醫學、護理、檢驗、

藥劑、化學、生物等相關科系畢業，或高中（職）以上學校畢業，並具有一年以上採尿工作經驗者（遴用要點第2點）。

　　約僱檢驗佐理員之工作如下：

1. 受理經指定採驗尿液少年報到及引導其進行尿液採集。
2. 填寫尿液採集作業進行簿及相關之表格。
3. 答覆少年及其法定代理人尿液採集相關事項之詢問。
4. 監看少年是否將尿液檢體分裝完畢及有無調包、攙假情事。
5. 檢測尿液檢體溫度。
6. 通知檢驗機構派員簽收領取檢體。
7. 告知少年相關醫療常識及疏解其緊張情緒。
8. 每月統計分析各項尿液檢驗結果與其預算支出情形。
9. 法令所定之其他事務。
10.臨時交辦事項（遴用要點第3點）。

　　又前開人員，為民國86年修正本法時所增設，當時法院組織法中尚無準用明文，為此於本法中規定其職等。考量少年法院兼任處長或組長的少年調查官、少年保護官，為領導統馭需要，其職務列等為薦任第九職等或簡任第十職等；其餘少年調查官、少年保護官為薦任第七職等至第九職等。另鑒於心理測驗員、心理輔導員及佐理員均須接受少年調查官或保護官的監督，其職務列等自不宜過高；但如職等過低，恐將難以吸收優秀的大專以上人才，為此明定心理測驗員、心理輔導員為委任第五職等至薦任第八職等，佐理員委任第三職等至薦任第六職等；新修正的法院組織法第18條，則提高心理測驗員、心理輔導員為薦任第六職等至第八職等，佐理員職等也一併提高，相信必能吸引更多熱心專業人才為少年事件貢獻心力。

第6條（刪除）

解說

　　本條文原規定「少年法庭置推事、觀護人、書記官及執達員」，但為配合第5條的修正，及另成立少年法院，故將本條文刪除。

第7條（院長、庭長、法官、公設輔佐人之遴選）

少年法院院長、庭長及法官、高等法院及其分院少年法庭庭長及法官、公設輔佐人，除須具有一般之資格外，應遴選具有少年保護之學識、經驗及熱忱者充之。

前項院長、庭長及法官遴選辦法，由司法院定之。

解說

　　少年非行事件（如經常無正當理由攜帶危險器械、吸食迷幻物品，有預備犯罪行為等）的處理，因不同於一般刑事案件的處理，具有相當的專業性，所以少年法院法官的遴選，應具有下列兩項資格：

（一）一般法官的資格

　　依司法人員人事條例第9條規定，地方法院或其分院法官，應就具有左列資格之一者才能任用：

1. 經司法官考試及格者。

2. 曾任法官、檢察官經銓敘合格者。

3. 經律師考試及格，並執行律師職務三年以上，成績優良，具有轉任薦任職任用資格者。

4. 曾在公立或經立案的私立大學、獨立學院法律學系或法律研究所畢業，而在公立或經立案之私立大學、獨立學院任教授、副教授三年或助理教授五年，講授主要法律科目二年以上，有法律專門著作，經司法院或法務部審查合格，並經律師考試及格或具有薦任職任用資格者。

（二）具有關於少年保護的學識與經驗

　　少年法院法官，職務上行為包括指揮少年保護事件的調查，實施傳喚、同行、協尋、責付、收容等強制處分，踐行少年保護事件的審理、個別處遇的裁定、監督觀護制度的進行等，均或多或少與犯罪學、心理學、社會學、教育學、觀護學、醫學，乃至社會個案工作有密切關係，所以少年法院法官的遴選，除法律學識外，於前述各種學科亦應有相當的涉獵及從事少年輔導矯正工作的實際經驗，如此方能將本法的良法美意付諸實現。

　　少年法院庭長的遴選，除需具有一般法官的任用資格外，並應服務達一定的年資、具備有關少年保護的學識與經驗，且為資深、優異的法官。庭長的職務，在於監督指導並分配各人員應負責的事務，使法官、少年調查官、少年保護官、書記官、執達員皆能各盡職分，發揮本法之宏效。又庭長之監督，只能就行政事務監督指導，不能任意藉機干涉法官的獨立審判。

　　至公設輔佐人，其職務在於保護少年，監督法院調查、審理過程，除為少年合法權益加以辯護外，並須協助少年法院使其明瞭少年所需的適切處理，故亦應遴選具有少年保護的學識、經驗及熱忱者來擔任，較為妥適。

　　有關院長、庭長及法官遴選辦法，由司法院另定遴選辦

少年事件處理法

法加以選任。基此司法院前曾在民國102年10月15日修正發布
「改任少年及家事法院法官辦法」，以供適用；嗣因法官法第
101條規定，法官改任事項應優先適用該法授權訂定之「法官
遷調改任辦法」，源於107年1月31日廢止「改任少年及家事法
院法官辦法」，允宜注意。

第8條（刪除）

解說

本條文原規定：「少年法庭之推事有三人以上者，以一
人兼任庭長，監督並分配該庭事務。」，但為配合第5條的修
正，於民國86年10月第五次修正時，將本條文刪除。

第9條（少年調查官、保護官之職務）
少年調查官職務如左：
一、調查、蒐集關於少年保護事件之資料。
二、對於少年觀護所少年之調查事項。
三、法律所定之其他事務。
少年保護官職務如左：
一、掌理由少年保護官執行之保護處分。
二、法律所定之其他事務。
少年調查官及少年保護官執行職務，應服從法官之監督。

解說

觀護制度素為現代刑事政策所倚重，其過程注重處遇個別化，以有系統運用行動科學，從事審理前個案調查，實施觀察以選擇適用對象，執行保護管束，乃至少年犯罪執行完畢後的追蹤考核工作，所以觀護處分，常被譽為「人道的社會防禦處分」。觀護制度的推行，須由具有專門學識、經驗的觀護人來擔任，責任重大，可謂少年法院的主要角色。

民國86年10月修正本法時，為配合觀護工作的分業，將觀護人改稱為少年調查官或少年保護官，其職掌不同，分述如下：

少年調查官的職務，有下列三款：

（一）調查、蒐集關於少年保護事件的資料

此項資料應包括少年個人方面的品格、經歷、身心狀況、家庭方面的父母保護教養情形、家居狀況、父母婚姻狀況，以及學校、社會環境的關係方面。經調查、蒐集的資料，應加以研究分析，提出結論及建議，作為少年法院法官審理時的參考依據。

（二）對於少年觀護所少年的調查事項

依本法第26條第2款規定，少年法院於必要時，對於少年得以裁定為命收容於少年觀護所的處置；但以不能責付或以責付為顯不適當，而需收容者為限。對於被收容少年，少年調查官對其仍應為個案調查、社會環境調查、精神狀態分析、心理及生理測驗等，提出調查報告，附具建議，送交少年法院，以供審酌。

（三）法律所定的其他事務

少年調查官依本法個別條文規定，應辦理的事務有：

少年事件處理法

1. 承少年法院命令，爲少年保護事件的審前調查，並提出調查報告附具意見（少年事件處理法第19條）。
2. 將協尋到的少年，護送至應到處所（少年事件處理法第23條之1）。
3. 對於被責付少年，在事件終結前，爲適當輔導（少年事件處理法第26條）。
4. 於審理期日出席陳述意見（少年事件處理法第39條）。
5. 對於應否保護處分的少年，爲相當期間的觀察，並提供報告意見（少年事件處理法第44條）。

　　至於少年保護官，係法院審理後執行觀護業務的人員；與少年調查官，爲審前調查、蒐集少年保護資料，負責調查觀護業務者不同，其職務主要有下列二款：

（一）掌理由少年保護官執行的保護處分

　　依本法第50條規定，少年的假日生活輔導，由少年法院交付少年保護官於假日爲之，對少年施以個別或群體的品德教育，輔導其學業或其他作業，並得命爲勞動服務。另保護管束事件，分爲少年保護管束事件及成年保護管束事件，本條文專指少年保護處分的保護管束。少年被諭知保護管束的原因：

1. 有因不適宜刑事處分，由少年法院逕行裁定交付保護管束者。
2. 有因執行感化教育後，經核准停止執行，就所餘執行期間，由少年法院裁定交付保護管束者。
3. 有因少年在緩刑、假釋期間應付保護管束者。

　　無論何種原因，凡少年保護處分的保護管束，均交由少年保護官掌理。

（二）法律所定的其他事務

依本法相關條文規定，少年保護官，應辦理的事務尚有：

1. 檢具事證，聲請少年法院免除少年保護管束的執行，或聲請為留置觀察（少年事件處理法第55條）。
2. 對少年在保護管束期間，違反應遵守事項，情節重大，得聲請少年法院裁定撤銷保護管束，將所餘執行期間，令入感化處所施以感化教育（少年事件處理法第55條）。
3. 聲請免除或停止對少年感化教育的執行（少年事件處理法第56條）。

又本條文第3項規定，少年調查官及少年保護官執行職務時，應服從法官的監督，所以不管是否兼任處長、組長的少年調查官或少年保護官，在執行其觀護業務時，都應服從少年法院庭長、法官的指揮監督，以使權責分明，不致產生爭議。

第10條（調查保護處之配置）

調查保護處置處長一人，由少年調查官或少年保護官兼任，綜理及分配少年調查及保護事務；其人數合計在六人以上者，應分組辦事，各組並以一人兼任組長，襄助處長。

解說

少年調查官和少年保護官，為輔導少年復歸社會，使能正常生活的司法人員，其職責繁重、任務艱鉅，係觀護制度上的靈魂人物，深切影響少年觀護制度的成敗，值得重視。民國86年配合少年法院的設置，亦擴大編制，將法院組織法第18條所規定的地方法院觀護人室，改為調查保護處，置處長一人，

由少年調查官或少年保護官兼任，其權責在於綜理及分配觀護業務。所謂「綜理」，指綜管調查處理有關少年觀護的行政事務；至於「分配」，則指公平妥適配置觀護事務。現行觀護事務的分配，依地方法院及其分院處務規程第54條規定，以分區為原則，若按實際情況分區有困難時，也可以用輪分的方式來處理，至於如何分區或輪分，則由處長報請院長核定。

調查保護處所配置的少年調查官或少年保護官，其人數合計在6人以上者，為配合觀護工作分業，本條文後段規定應分組辦事，各組並以一人兼任組長，以襄助處長處理相關業務。

第11條（服從義務）
心理測驗員、心理輔導員、書記官、佐理員及執達員隨同少年調查官或少年保護官執行職務者，應服從其監督。

解說

少年法院調查保護處，應配置心理測驗員、心理輔導員、佐理員等，已如前述。另外，應視少年事件繁簡，配置書記官若干人，其職務為掌理少年法院的記錄、分案、文牘、統計及其他一般官署的庶務、會議、研究考核、訴訟輔導等事務，其職等為委任第四至第五職等（三等書記官），或薦任第六至第七職等（二等書記官）。凡配置有書記官二人以上者，以其中具有薦任職的書記官兼任科長，承庭長命令，處理庭內行政事務，並指揮監督書記官。

地方法院依法院組織法第23條第1項規定，應配置或僱用執達員若干人，職等為委任第三至第五職等。執達員，負責送

達文件、同行書的執行等工作。

　　基於法院行政監督權的行使，維持體制、避免權限爭議，圓滿達成少年事件處理法的立法目的，本條文規定心理測驗員、心理輔導員、佐理員、書記官及執達員，在隨同少年調查官或少年保護官、假日生活輔導或保護管束等業務的執行時，應服從少年調查官或少年保護官的監督，聽從其指揮，使繁複的各項觀護業務能順利推展，以符合本法第9條需要。

第12條（刪除）

解說

　　本條文原規定：「觀護人應就有左列資格之一者任用之：

　　一、觀護人考試及格者。

　　二、曾在公立或教育部立案或認可之專科以上學校法律、教育、社會或心理等科、系或相關科、系畢業，其有任用資格者。

　　三、曾在警官學校本科或專科與觀護業務相關之科、系畢業，具有任用資格者。」

　　茲因民國78年12月22日公布的司法人員人事條例第21條，已將觀護人的任用資格，加以規定；且本法為配合觀護人的分業，改稱為少年調查官和少年保護官，故本條文已無重複必要，爰於民國86年10月修正時，併予刪除。

第13條（少年調查官、少年保護官之職等）

少年法院兼任處長或組長之少年調查官、少年保護官薦任第九職等或簡任第十職等，其餘少年調查官、少年保護官薦任第七職等至第九職等。

高等法院少年法庭少年調查官薦任第八職等至第九職等或簡任第十職等。

解說

　　少年法院的少年調查官、少年保護官以及兼任處長或組長的人員，乃國家任命的公務員，為求專業分工，將審前調查工作委為少年調查官的職務，審後執行程序委由少年保護官負責，業務相當繁重，尤其少年保護政策能否落實，端視其學養、經驗、能力而定，自應給予較優渥的職等、待遇，以便羅致優秀人才。修正前觀護人為薦任第七職等至第九職等，主任觀護人為薦任第九職等或簡任第十職等。民國89年2月修正後少年法院兼任處長或組長的少年調查官、少年保護官，為領導統禦需要，其職務列等為薦任第九職等或簡任第十職等；其餘少年調查官、少年保護官為薦任第七職等至第九職等。

　　高等法院少年法庭的少年調查官，則為薦任第八職等至第九職等或簡任第十職等，職等相當高，可預期將來應能吸引相當多的大學或研究所畢業優秀人才，參與少年觀護工作的運作。

|第三章|
少年保護事件

第一節　調查及審理

第14條（土地管轄）

少年保護事件由行為地或少年之住所、居所或所在地之少年法院管轄。

解說

（一）少年保護事件

　　本條文係規定少年法院對少年保護事件的土地管轄。所謂「少年保護事件」，一般指下列事件：

1. 少年事件處理法第3條第1項第2款所指的曝險事件，包括：「無正當理由經常攜帶危險器械」、「有施用毒品或迷幻物品之行為而尚未觸犯刑罰法律」、「有預備犯罪或犯罪未遂而為法所不罰之行為」等3類行為。

2. 已滿十二歲，未滿十四歲無責任能力少年的觸法事件。民國108修正時，已刪除第85條之1所規定：「七歲以上未滿十二歲之人，有觸犯刑罰法律之行為者，由少年法院適用少年保護事件之規定處理之」規定，因此在本法修正1年後，七到

十二歲的兒童如有觸法事件，將回歸12年國民基本教育及學生輔導機制處理，不再移送少年法庭。

3. 已滿十四歲，觸犯本法第27條第1、2項所列各罪以外的犯罪事件。

4. 少年犯最重本刑為五年以下有期徒刑之罪，經檢察官參酌刑法第57條為不起訴處分的事件（少年事件處理法第67條）。

5. 少年所犯告訴乃論之罪，經告訴人撤回，由檢察官為不起訴處分的事件。

（二）土地管轄權的取得原因

關於少年保護事件的土地管轄，則指以土地區域範圍，作為分配對該少年保護事件具有調查、審理權的管轄少年法院。依本條文規定，土地管轄權的取得原因有三：

1. 少年的行為地：

即特定少年從事犯罪行為或曝險行為的地點，行為地兼指結果發生地。少年的非行發生於某一法院的管轄區域時，應由該地區少年法院管轄，固無問題；倘其犯罪事實跨於數法院的管轄區域，如某甲少年，連續在台北市、板橋區、中壢市為多次偷竊行為，則各竊盜行為發生地的台北、新北、桃園少年法院（如尚未設少年法院，則由地方法院少年法庭），都取得管轄權。

2. 少年的住居所：

稱住所、居所，應依民法的規定，凡以久住的意思，住於一定地域，即為設定住所於該地（民法第20條第1項）。所以住所，不僅主觀上須有久住的意思，且客觀上必須有住於一定地域的事實；少年因尚未成年，常以父母、祖父母或其他監護人的住所為住所。居所，係無久住的意思，而居於一定

的地域，如學生所住的宿舍、病人所住的醫院、受刑人所在的監獄，均為少年的居所。少年的住居所，既為少年現在住宿或生活的場所，因此少年如有犯罪或本法第3條第1項第2款各目之行為，該住居所的少年法院，即有土地管轄權，可據以受理、處置少年。

3. 少年的所在地：

指少年現時身體所在的地點，其所在的原因，究出於少年自願的停留，或別人的強制，甚至當場被逮捕的處所，都是所在地。例如少年因騎乘機車肇事，致被害人受傷，少年迅即叫救護車陪同被害人至台中市榮民總醫院台中分院時，為警查獲，則該醫院即為少年現在所在地，當地的台中地方法院少年法庭有土地管轄權。

少年阿勇原家住台北市士林區，某週末深夜，因無法入睡，乃至附近的夢幻咖啡屋閒蕩，當場發現其女友阿美正和鄰居阿德在一起，一氣之下，即順手拿起桌上玻璃杯，猛力丟擲阿德，使其右肩受傷，經咖啡屋服務生報警後，移送台灣士林地方法院。在該院少年法庭調查時，阿勇隨父母遷居台中，其土地管轄的士林地方法院是否受到影響？

阿勇住台北市士林區，其所犯傷害罪的管轄法院，依本法第14條規定，士林地方法院少年法庭有土地管轄權。又少年法庭對於保護事件管轄權的有無，除法律別有規定外，應以受理時為準（少年保護事件審理細則第6條），因此阿勇的住所，雖於士林地方法院少年法庭受理後，遷居至台中，但並不因此影響士林地方法院的管轄權。

第15條（移送管轄）

少年法院就繫屬中之事件，經調查後認為以由其他有管轄權之少年法院處理，可使少年受更適當之保護者，得以裁定移送於該管少年法院；受移受之法院，不得再行移送。

解說

　　本條文為少年「保護事件」移送管轄的規定，按處理少年保護事件的目的，在使少年受適當的管教，使其能適應社會生活，倘由其他同有管轄權的少年法院審理，可使少年受更適當的保護處分時，自應移由該同具有管轄權的其他少年法院調查、審理，以符立法本意。茲將移送管轄的要件，分述如下：

（一）為移送及受移送法院，均以少年法院為限，不適用於高等法院（抗告法院）。

（二）為移送的少年法院，對該少年保護事件需具有管轄權，且就該事件為受理後，才可為移送管轄的裁定。

（三）移送的原因，限於「由其他有管轄權的少年法院審理，可使少年受更適當的保護處分」為由，此與刑事訴訟法第10條所規定移轉管轄，基於「有管轄權的法院，因法律或事實不能行使審判權」、「因特別情形由有管轄權的法院審判，恐影響公安或難期公平者」不同。惟少年法院在裁定移送時，應就調查結果，斟酌兩地的情況，如少年保護官、少年調查官的設置情形、禁戒或治療場所的有無、其他執行場所設施狀況、少年非行的特性等，加以判斷。

（四）受移送的法院，須對該事件亦有管轄權，且可使少年受

更適當的管教者；而且受移送的少年法院，不得將事件再行移送其他同有管轄權的少年法院，以免各法院相互推諉，引發爭議。

另應注意者，少年保護事件審理細則第7條規定：「少年法院受理本法第三條之事件，依調查結果，認無管轄權者，應以裁定移送於有管轄權之少年法院」。

實例一

台北地方法院少年法庭（目前台北少年法院尚未成立），就高一學生小明侵占遺失物案件，誤以為基隆地方法院少年法庭對該事件也有管轄權，認該事件由基隆地方法院少年法庭審理，可使少年受更適當的保護，乃裁定移送基隆地方法院，基隆地方法院經調查結果發現無管轄權，對該事件應如何處理？

按少年事件處理法第15條後段「受移送之法院，不得再行移送」規定，係以受移送的地方法院少年法庭，對該保護事件有管轄權為前提。基隆地方法院少年法庭，就高一學生小明侵占遺失物的保護事件既無管轄權，自不受「不得再行移送」的限制，該少年法庭應依少年保護事件審理細則第7條規定，以裁定移送有管轄權的其他少年法院審理。

實例二

王小輝為未滿十八歲的少年，戶籍地及住所地均在宜蘭縣蘇澳鎮。某星期假日，他到台北市遊玩，路過某百貨公司時，發現裡面有一台三星手機，非常精緻，功能齊全，但因價格昂貴，身上所帶的錢有限，乃起意以美工刀脅迫一名穿紅格洋裝貴婦，使不能抗拒而交付其皮包內的現金二萬元，經路人報警

查獲，由台北市政府警察局少年隊將王小輝移送台北地方法院處理，該法院少年法庭是否可將王小輝移送其住所地的宜蘭地方法院少年法庭處理？

不可以。因為王小輝的行為，已觸犯刑法第328條第1項的強盜罪，其最輕本刑為五年以上有期徒刑，屬少年刑事案件。而少年事件處理法第15條所指的移送，則針對保護事件而言，故台北地方法院少年法庭，自不得準用上開規定，將少年移送其他法院的少年法庭。

第16條（管轄之準用）

刑事訴訟法第六條第一項、第二項，第七條及第八條前段之規定，於少年保護事件準用之。

解說

本條文為刑事訴訟法牽連管轄和管轄競合，於少年保護事件準用的規定，說明如下：

（一）牽連管轄

刑事訴訟法第6條第1、2項規定：「數同級法院管轄之案件相牽連者，得合併由其中一法院管轄。前項情形，如各案件已繫屬於數法院者，經各該法院之同意，得以裁定將其案件移送於一法院合併審判之。有不同意者，由共同之直接上級法院裁定之。」基於立法精簡原則，少年保護事件，可以準用刑事訴訟法該牽連管轄的規定，以避免一個或數個相牽連的少年事件，繫屬於不同的少年法院，造成審判權的分割及案件進行的遲延。

又少年法院管轄的相牽連案件，參照刑事訴訟法第7條的規定，約有下列四種型態：

1. 少年觸犯數個非行事件。

2. 數少年共犯一個或數個非行事件。

3. 數少年同時在同一處所各別犯非行事件。

4. 犯與本事件有關係的藏匿人犯、湮滅證據、偽證、贓物等行為。

（二）管轄競合

少年保護事件，常因少年的觸法或虞犯行為，帶有連續性或牽連性，致使同一少年事件，先後或同時繫屬於有管轄權的數個法院，形成管轄權競合的情況。對於此種競合管轄現象，本條文規定可以準用刑事訴訟法第8條前段：「同一案件繫屬於有管轄權之數法院者，由繫屬在先之法院審判之。」使繫屬在先的少年法院審理，以利速審速結，防止一事兩判。至於繫屬在後的少年法院，除將相關資料移由繫屬在先的少年法院審理外，倘若知悉前開少年法院就該事件已為實體上的終結裁定確定時，即應就該事件依少年保護事件審理細則第21條第4款規定，諭知不付審理的裁定。

 實例

小強為某國中三年級學生，自民國108年12月1日起至同年12月28日，連續在台北市天母、北投、中山區等地，偷竊四部機車，經分別移送台北、士林地方法院少年法庭審理，並經各法庭審理終結後，在執行保護處分時，繫屬在後的士林地方法院少年法庭始發覺有管轄競合情形，此時應如何處理？

我少年法制，為避免重複行使審判權，乃規定凡有管轄競

合問題發生時，準用刑事訴訟法第8條前段規定，由繫屬在先的少年法院審理。因此，小強的多次竊盜罪非行，若經台北、士林地方法院少年法庭（台北、士林均尚未成立少年法院）皆為實體上裁定，且均未確定時，繫屬在後的士林地方法院少年法庭應諭知原裁定撤銷，或由抗告法院以裁定撤銷原裁定。倘兩法院的實體裁定均已確定，則以確定在先的裁定為有效；至於確定在後的裁定，其裁定違法，當然無效。

第17條（少年事件之報告）
不論何人知有第三條第一項第一款之事件者，得向該管少年法院報告。

解說

少年法院對於少年保護事件，雖有受理、調查、審理等權限，但並不主動處理，而須分經報告、移送、請求以及發回等原因，始得據以受理、繫屬，本條文先說明少年事件的報告規定。

報告，係少年法院受理少年保護事件的必要依據，少年若有本法第3條第1項第1款的觸犯刑罰法律的行為，不論何人，均可向有管轄權的少年法院為報告的程序，且其所為報告，並不以追究少年的刑事責任為目的，而是就其所知悉的少年犯罪事件為事實陳述，俾供少年法院依法處理、實施保護。

報告的方式，可分為：

（一）書面報告

其內容應記載：

1. 少年、少年的法定代理人，或現在保護少年的人之姓名、住居所、電話號碼、少年性別、出生年月日、出生地、國民身分證字號或及其他足資辨別的特徵，亦應記載。
2. 少年觸犯刑罰法律的事實。
3. 有關證據及可資參考的資料（參見少保護審理細則第2條第1項）。

（二）言詞報告

　　報告人應就少年觸犯刑罰法律的事實，以及前述少年的姓名、年齡、職業、住居所、證據及有關資料，分別陳明，由書記官製作筆錄，交報告人簽名或按指印，以求周延。

　　依少年保護事件審理細則第2條第3項規定：「少年法院為受理前項言詞報告或請求，得設置適當處所，並印製報告或請求之書面格式備用」。

實例

　　少年王小毛與譚小華現同為某私立高職一年級學生，雙方因細故交惡。有一天，王小毛見台北市某一民宅所置放賓士新車，遭人蓄意破壞，遂心生一計，意圖藉機使譚小華受保護處分，其明知譚小華並未破壞該賓士新車，竟向少年法院報告譚小華有毀損行為，後經由少年法院調查結果，發現並無其事，則王小毛是否構成誣告罪？

　　誣告罪依刑法第169條第1項規定，以意圖他人受刑事或懲戒處分為要件，所謂「刑事處分」，指依刑事法律科以刑罰的處分；「懲戒處分」，則指依懲戒法規所定的各項懲戒處分。少年保護處分乃係保安處分，雖其所用矯治、感化、醫療等方法，含有剝奪或限制受處分人法益的性質，但終究與刑罰性質不同，亦與懲戒處分有別，故王小毛應不構成誣告罪。

第18條（少年事件之移送與處理之請求）

司法警察官、檢察官或法院於執行職務時，知有第三條第一項第一款之事件者，應移送該管少年法院。

司法警察官、檢察官或法院於執行職務時，知有第三條第一項第二款之情形者，得通知少年住所、居所或所在地之少年輔導委員會處理之。

對於少年有監督權人、少年之肄業學校、從事少年保護事業之機關或機構，發現少年有第三條第一項第二款之情形者，得通知少年住所、居所或所在地之少年輔導委員會處理之。

有第三條第一項第二款情形之少年，得請求住所、居所或所在地之少年輔導委員會協助之。

少年住所、居所或所在地之少年輔導委員會知悉少年有第三條第一項第二款情形之一者，應結合福利、教育、心理、醫療、衛生、戶政、警政、財政、金融管理、勞政、移民及其他相關資源，對少年施以適當期間之輔導。

前項輔導期間，少年輔導委員會如經評估認由少年法院處理，始能保障少年健全之自我成長者，得敘明理由並檢具輔導相關紀錄及有關資料，請求少年法院處理之，並持續依前項規定辦理。

直轄市、縣（市）政府少年輔導委員會應由具備社會工作、心理、教育、家庭教育或其他相關專業之人員，辦理第二項至第六項之事務；少年輔導委員會之設置、輔導方式、辦理事務、評估及請求少年法院處理等事項之辦法，由行政院會同司法院定之。

於中華民國一百十二年七月一日前，司法警察官、檢察官、

法院、對於少年有監督權人、少年之肄業學校、從事少年保護事業之機關或機構，發現少年有第三條第一項第二款之情形者，得移送或請求少年法院處理之。

解說

本條文為少年保護事件的移送、處理之通知和請求規定，分述如下：

（一）移送

指由無管轄權的機構，移送於有管轄權的少年法院。本條文第1項規定，僅有司法警察官、檢察官或法院於執行職務時，知悉少年有觸犯刑罰法律之行為時，才可移送該管少年法院。此因檢察官為偵查的主體，其職責在摘奸發伏，代表國家行使犯罪追訴權；而司法警察官，包括縣（市）長、警政署長、警務處長、警察局長、分局長、憲兵隊長官、調查局局長、主辦業務主管等，為輔助偵查機關，其職責或協助檢察官偵查，或聽從檢察官指揮偵查，目的均在檢舉犯罪、維護治安。至於法院，係指實際上行使民事、刑事、行政訴訟審判權的司法機關。這三個司法機關，對法律較為瞭解，由其移送當不致浮濫。

移送的方式，應一律以書面載明少年的姓名、性別、年籍、住居所、觸犯刑罰法律的事實，相關證據及少年法定代理人姓名等，連同有關卷證資料，一併送交有管轄權的少年法院受理。

另少年保護事件審理細則第3條特別規定：「警察機關之移送書，除應記載前條所規定之事項外，並應一併附送扣押物

及有關資料」，可供參照。

（二）通知

少年如有第3條第1項第2款各目事由時，係處於觸犯刑罰法律邊緣而曝露於危險之中，兒童權利公約第10號一般性意見第16點明白指出，兒童之「成長環境有可滋生參與犯罪活動的加劇或嚴重風險，顯然不利兒童的最高利益。」第17點並藉由引入「聯合國預防少年犯罪準則」（利雅得準則）第4點至第6點及第10點等規定，明確呈現「盡量避免兒童進入少年司法系統」之指導性方針；兒童權利公約第40條第3項（b）亦揭示司法最後手段原則。故國家對於需要特別關照與保護之曝險少年，應積極制定優先以「行政輔導」方式為之，不輕易訴諸司法程序之措施，並整合一切相關資源，盡力輔導，以保障其健全之成長與發展。

我國目前各直轄市、縣（市）政府設有少年輔導委員會，具輔導少年多年實務經驗，有第3條第1項第2款偏差行為之少年，本屬其輔導對象，由少年輔導委員會先行整合曝險少年所需之福利、教育、心理等相關資源，提供適當期間之輔導，可避免未觸法之曝險少年過早進入司法程序，達成保障少年最佳利益之目的，爰訂定第2項，讓司法警察官、檢察官或處理各類型事件之法院於執行職務時，知悉少年有第3條第1項第2款情形者，得通知少年住所、居所或所在地的少年輔導委員會處理。

本條文第3項規定，對於少年有監督權的人、少年之肄業學校、從事少年保護事業之機關或機構，在發現少年有「無正當理由經常攜帶危險器械」、「有施用毒品或迷幻物品之行為而尚未觸犯刑罰法律」、「有預備犯罪或犯罪未遂而為法所

不罰之行為」等3類曝險行為時，為防止其執迷不悟、日益墮落，並使少年能即時獲得保護、輔導和矯治，可以自動通知少年住所、居所或所在地的少年輔導委員會協助處理，以維少年權益。條文所謂「對於少年有監督權人」，指依據法律對於少年有監督權或事實上對少年有監護權的人，包括少年的父母、祖父母、監護人、法定代理人等。

（三）請求

少年如察覺自身有第3條第1項第2款情形而需國家協助時，基於國家保護義務並彰顯少年之主體性，亦應許少年得自行請求協助，本條文第4項規定曝險少年得請求少年住所、居所或所在地的少年輔導委員會處理。

事實上，欲導正曝險少年之偏差行為，須結合多方資源，以提供輔導。例如：現行兒童及少年福利與權益保障法第54條第1至第4項即規定：「醫事人員、社會工作人員、教育人員、保育人員、教保服務人員、警察、司法人員、移民業務人員、戶政人員、村（里）幹事、村（里）長、公寓大廈管理服務人員及其他執行兒童及少年福利業務人員，於執行業務時知悉六歲以下兒童未依規定辦理出生登記、預防接種或兒童及少年家庭遭遇經濟、教養、婚姻、醫療或其他不利處境，致兒童及少年有未獲適當照顧之虞，應通報直轄市、縣（市）主管機關。直轄市、縣（市）主管機關於接獲前項通報後，應對前項家庭進行訪視評估，並視其需要結合警政、教育、戶政、衛生、財政、金融管理、勞政、移民或其他相關機關提供生活、醫療、就學、托育及其他必要之協助。中央主管機關為蒐集、處理、利用前條及第一項業務所需之必要資料，得洽請各目的事業主管機關提供之；受請求者有配合提供資訊之義務。第二項訪

少年事件處理法

視顯有困難或兒童及少年行方不明，經警察機關處理、尋查未果，涉有犯罪嫌疑者，得經司法警察機關報請檢察機關處理。」可資參照。

少年住所、居所或所在地之少年輔導委員會，經結合福利、教育、心理、醫療、衛生、戶政、警政、財政、金融管理、勞政、移民及其他相關資源，對少年施以適當期間之輔導後，如經評估認由少年法院處理，始能保障少年健全之自我成長者，亦宜許其請求少年法院處理，少年輔導委員會並應於少年法院處理期間，持續提供少年所需之資源與協助，以利及時協力挽救、協助曝險少年。

少年輔導委員會，現為任務編組，其幕僚單位大多為各直轄市、縣（市）政府警察局少年隊，所需經費由警察局編列預算支應，運作方式不一；惟本條修正施行後，關於曝險少年之輔導先行措施，應有專責單位負責辦理，該單位並應有充足之相關專業人力及物力資源，始敷所需，而有於修正施行前之準備期間盤整檢討之必要，為此在本條文第7項明定之，並授權行政院會同司法院訂定少年輔導委員會之設置、輔導方式、辦理事務、評估及請求處理等事項之辦法，俾利運作。

然而，在本條文第2項至第7項修正施行前，如遇有第3條第1項第2款情形之曝險少年時，究應如何處理，宜有明文，以避免造成空窗期，為此於第8項規定，在中華民國112年7月1日前，司法警察官、檢察官、法院、對於少年有監督權人、少年之肄業學校、從事少年保護事業之機關或機構，發現少年有曝險行為時，得移送或請求少年法院處理。

小牛與小剛現雖僅為高中一年級學生，但兩人脾氣暴躁、血氣方剛，常常一起欺侮班上女同學，最近更變本加厲，經常在外遊蕩，施用迷幻藥品，甚至騎乘機車，夥同校外不良分子，深夜至臺北市北投區大度路飆車，經其父母多次勸阻無效，此時小牛和小剛的學校，是否可以請求少年法院或少年輔導委員會來處理此一事件？

　　修正前少年事件處理法第18條第2項僅規定「對於少年有監督權人，發現少年有第3條第1項第2款之事件者，亦得請求少年法庭處理之」，所謂對於少年「有監督權的人」，除指少年的法定代理人、現在保護少年的人或其他實際負有監護少年責任的人以外，是否包括少年的肄業學校，頻生爭議，為解決實際困難，實務上採取肯定見解，認為學校係對於「在學少年」有監督權的人，得依前開規定，請求少年法庭處理少年虞犯事件（司法院民國70年2月19日（70）院台廳二字第01646號函）。

　　惟本條文在108年經修正後，除明訂「少年的肄業學校」有通知處理的權限外，對於需要特別關照與保護之曝險少年，在採行「行政輔導先行，以司法為後盾」的原則下，不再請求少年法院處理，而係通知少年住所、居所或所在地的少年輔導委員會處理。故小牛、小剛學校可以斟酌情形，通知少年輔導委員會，由少年輔導委員會整合一切相關資源，盡力輔導，以保障其健全之成長。

第19條（事件之調查）

少年法院接受移送、報告或請求之事件後，應先由少年調查官調查該少年與事件有關之行為、其人之品格、經歷、身心狀況、家庭情形、社會環境、教育程度以及其他必要之事項，於指定之期限內提出報告，並附具建議。

少年調查官調查之結果，不得採為認定事實之唯一證據。

少年調查官到庭陳述調查及處理之意見時，除有正當理由外，應由進行第一項之調查者為之。

少年法院訊問關係人時，書記官應製作筆錄。

解說

少年事件，因其他少年法院的移送、第三人的報告、司法機關的移送或對於少年有監督權人、少年肄業學校或從事少年保護事業的機關或機構等請求後，少年法院應即受理，並調查少年的觸法或曝險行為、少年的人品和性格、經歷、身心狀況、家庭與父母共同居住情形、週遭社會環境、教育程度以及其他必要的事項，以便決定對少年是否應付審理？應否交付保護處分？有無裁定移送檢察官偵查起訴的必要？可見少年法院的審前調查程序，非常重要，關係整個少年法制的成敗。

關於從事少年保護事件的調查機關，除了負責承辦本案的少年法院法官以外，主要為少年調查官。如前所述，少年調查官係隸屬於少年法院，執行保護觀察的司法人員，故少年法院於少年保護事件繫屬後，應即由少年調查官，就非收容的少年，或收容於少年觀護所的少年，其人品、經歷、身心、家庭狀況、行為動機等事項，仔細調查；在調查時，少年調查官可

以與少年個別談話，可以訪問與少年有關的人員，也可以向機關學校抄錄與少年有關的資料，遇有第三人刁難，或無法調查時，得報請少年法院協助處理。

依少年保護事件審理細則第16條規定：「少年調查官依本法第十九條第一項爲調查，須與少年、少年之法定代理人或現在保護少年之人及其他關係人談話時，得現場訪談或以通知書傳喚到院談話，談話時並得錄音及製作筆錄，筆錄由陳述人簽名或按指印。前項錄音、筆錄及調查報告，少年法院於審理時，經踐行證據調查程序後，得爲裁定之依據。第一項情形，少年調查官於必要時，得以電話或其他科技設備談話，並製作談話紀錄或留存談話往來紀錄，少年法院審理時，經踐行證據調查程序並經當事人承認者，得爲裁定之依據。」

爲免少年調查官調查時間過長，延滯少年保護處分輔導措施之展開，民國108年修正少年事件處理法第19條第1項時，增訂少年調查官提出調查報告之期限，以供少年法院法官審理的參考。少年調查官在製作調查報告時，需堅持客觀立場、保護少年、文理與實務兼備等原則，將所取得資料，附錄於少年與非行事件的分析卷證中，同時儘可能擬具應否交付法院審理及該如何保護處分的意見。少年法院對於此項報告，在裁定時應仔細參酌，並採爲審理過程的重要依據，但不可完全以其調查結果，作爲認定事實的唯一依據，仍應依職權調查相關事證。

現行少年事件之處理係採協商式審理程序，依本法第19條第1項規定，先由少年調查官對少年非行行爲之成因等必要事項爲審前調查，於審理時，則由法官主持，在少年調查官、少年、其法定代理人或現在保護少年之人及輔佐人共同參與下，尋求對少年最適合之處遇；依本法第39條規定，少年調查官應

少年事件處理法

於審理期日出庭陳述調查及處理之意見，少年法院不採少年調查官陳述之意見時，並應於裁定中記載不採之理由，故少年調查官出庭時，自應由實際接觸少年之調查官到庭陳述其訪談、觀察及瞭解之調查所得，並藉由法庭上與少年及其法定代理人等之互動，提出適切的處遇建議，為此增訂第3項規定，要求由實際接觸少年之調查官到庭陳述調查結果，以落實協商式審理之旨。

惟考量實務上亦有實施調查之少年調查官因育嬰留職停薪、受訓、調職、傷病等個別原因而未能到庭之情形，為避免少年因此需受重複調查審理，或致使少年事件久懸未決，乃訂定進行調查之少年調查官具有正當事由（不包含少年調查官人力不足之情形）時之除外規定，以兼顧實務及少年權益。

又少年法院法官在踐行少年保護事件的調查時，因以不公開審理為原則，且不拘泥開庭形式，不必穿著制服（參見少保護審理細則第11條），為免事後爭議，所以本條文第4項明定，少年法院訊問少年、法定代理人、報告人、證人等時，書記官應當場製作筆錄；該訊問筆錄應向受訊問人朗讀或令其閱覽，詢問記載有無錯誤；受訊問人請求將記載增、刪、變更者，應將其陳述附記於筆錄；筆錄應命受訊問人緊接其記載的末行簽名、蓋章或按指印（參見刑訴法第41條）。

第20條（審理獨任制）
少年法院審理少年保護事件，得以法官一人獨任行之。

解說

我國現行法院審判權的行使，有由法官一人獨立行使，有由法官數人合議行使，所以法院的組織，可以分為獨任制與合議制兩種，由法官一人獨任審判者，為獨任制；由法官三人或五人合議審判者，為合議制。前者，利在迅速，加強裁判官的責任感；後者，貴在慎重，並具綜合裁判官個性的優點。依法院組織法第3條規定，地方法院審判案件，以法官一人獨任或三人合議行使；高等法院審判案件，以法官三人合議行使；最高法院審判案件，以法官五人行使，在行使合議制案件中，如參與審判的法官為二人或四人，其法院組織即非合法。

由於少年保護事件的審理，其本身較普通刑事案件單純，情節也比較輕微，在案件受理後又可先命少年調查官，調查該少年與事件有關的行為，對案件的進行幫助甚大；加以少年保護事件，貴能迅速，避免少年與其法定代理人多次來回法院奔波，故本條文參照美、日等國的立法意旨，規定少年法院採獨任審理制，由法官一人獨任審判，以期速審速結，保護少年。

第21條（傳喚與通知書之內容）

少年法院法官或少年調查官對於事件之調查，必要時得傳喚少年、少年之法定代理人或現在保護少年之人到場。

前項調查，應於相當期日前將調查之日、時及處所通知少年之輔佐人。

第一項之傳喚，應用通知書，記載左列事項，由法官簽名；其由少年調查官傳喚者，由少年調查官簽名：

一、被傳喚人之姓名、性別、年齡、出生地及住居所。

二、事由。

三、應到場之日、時及處所。

四、無正當理由不到場者，得強制其同行。

傳喚通知書應送達於被傳喚人。

解說

本條文爲少年保護事件傳喚的相關規定。所謂傳喚，指少年法院法官或少年調查官對於少年事件的調查、審理過程中，命少年或其關係人於一定的時日，親赴指定處所接受應訊的強制處分。傳喚的機關爲少年法院法官或少年調查官；傳喚的對象，依本條文第1項規定，爲少年、少年的法定代理人、現在保護少年的人。法定代理人，可解釋爲少年的父母或監護人；現在保護少年的人，則指少年的法定代理人以外，現在對少年擔負監護責任，且仍在繼續執行期間的人。

傳喚的時期，在調查程序，少年法院法官或少年調查官認爲必要時可以傳喚，如果沒有必要，也可以不必傳喚，至於是否「必要」，由獨任法官依自由心證決定，非他人所得置喙。例如少年法院在調查時，非傳喚少年到場，無從瞭解整個觸法行爲的事實、動機及來龍去脈時，即可傳喚少年到場受訊。至於在審理程序，由於我國少年保護事件，係採取直接審理主義，所以在審理期日，應傳喚少年、少年的法定代理人或現在保護少年的人到場，使其能陳述意見，維護少年權益。

又爲配合本法第31條修正，准許少年、少年的法定代理人或現在保護少年的人，得隨時選任輔佐人，以保護少年權益。現行法亦於本條文第2項增訂，不論少年法院法官或少年調查

官在調查時，均應於相當期日前，將調查的日、時及處所通知少年的輔佐人，俾能屆時到庭行使權利。

傳喚的方式，在刑事訴訟法第71條規定，原本應用傳票；而少年保護事件，則摒棄刑事色彩，以通知書來取代。通知書的記載，除依公務員製作文書的一般規定外，應由法官簽名，如係少年調查官傳喚者，則由少年調查官簽名，並記載下列事項：

（一）被傳喚人的姓名、性別、年齡、籍貫及住居所：其目的在於避免張冠李戴，發生錯誤。如姓名記載不符，受傳喚人可以拒絕收受；對於姓名不明，或因其他情形有必要時，應記載足資辨別的特徵，以供查對。

（二）事由：其目的在於使被傳喚人知其受傳喚的事由，俾有所準備。

（三）應到場之日、時及處所：其目的在於使被傳喚人知悉應於何日、何時、在何處接受訊問，以遵守到場義務，如有遺漏，該通知書不生效力。

（四）無正當理由不到場者，得強制其同行。

傳喚通知書，應合法送達於被傳喚人，方能生效；依送達的規定，應向其住所、居所或事務所送達；傳喚在少年觀護所的少年，亦應用通知書，但應通知該監所的長官，囑託其送達。被傳喚人有數人時，應各別作成通知書為送達，分別予以傳喚，始為合法，又依少年保護事件審理細則第24條規定，第一次審理期日的傳喚通知書，應於期日前五日送達，使少年或其法定代理人等有充分的時間，蒐集有利的資料，以保護少年的利益。

傳喚的目的，在使被傳喚人到場，以便訊問，若被傳喚

人經合法通知，無正當理由不到場時，依本條文第3項第4款規定，法院得強制其同行，使其到場應訊。

實例

　　許大寶現年僅十七歲，在麵包店工作，甫於108年6月結婚，同年7月下旬，即被警察發現他參加不良組織，屢屢在外喝酒鬧事，且無正當理由經常攜帶危險器械防身，因而被移送少年法院處理。少年法院在調查、審理時，是否要傳喚許大寶的父母到場？

　　依本法第21條第1、2項規定，少年法院對於事件的調查，必要時得傳喚少年或其法定代理人、輔佐人到場；審理期日則應傳喚少年到場，以維護其本身權利。又少年雖已結婚，而具有行為能力，惟其如因未滿十八歲而為本法第2條所稱的少年，仍需受人保護，此時原為許大寶法定代理人的父母，可以改列為現在保護少年的人名義，加以傳喚，較為周延。

第22條（同行書及其內容）
少年、少年之法定代理人或現在保護少年之人，經合法傳喚，無正當理由不到場者，少年法院法官得依職權或依少年調查官之請求發同行書，強制其到場。但少年有刑事訴訟法第七十六條所列各款情形之一，少年法院法官並認為必要時，得不經傳喚，逕發同行書，強制其到場。
同行書應記載左列事項，由法官簽名：
一、應同行人之姓名、性別、年齡、出生地、國民身分證字
　　號、住居所及其他足資辨別之特徵。但年齡、出生地、

國民身分證字號或住居所不明者，得免記載。

二、事由。

三、應與執行人同行到達之處所。

四、執行同行之期限。

解說

本條文為少年保護事件同行的相關規定。所謂「同行」，指少年法院在少年事件的調查、審理中，為使少年或其關係人到達應訊場所，而於一定時間內，拘束該特定人自由，使其偕同執行人員至受訊場所的強制處分。執行同行的對象，限於少年、少年的法定代理人或現在保護少年的人；執行的目的，在於強制被傳喚人到場應訊，保全證據或確保保護處分的執行。此種情形類似於刑事訴訟法中所規定，被告經合法傳喚未到庭得予以拘提之規定，惟在少年事件處理法中不稱之為「拘提」，另以「同行」取代，以示與刑事訴訟法中對於成年犯罪行為人之拘提，加以區別。

同行對於應同行人之身體、自由有相當的拘束，倘無法定原因，自不可濫用，依本條文第1項規定，執行同行的原因有二：

（一）應同行人經合法傳喚，無正當理由不到場時，少年法院即可發同行書，強制其到場；若被傳喚人有正當理由，如罹患重病、遭遇颱風致交通隔絕而不能到場時，這時少年法院應另定期傳喚，不可逕行強制其同行。又本法第21條增訂少年調查官得傳喚少年、少年法定代理人或現在保護少年之人到場，如傳喚對象無正當理由不到場

者，爲貫徹傳喚目的，自宜賦予少年調查官得請求少年法院法官簽發同行書，強制其到案的權限。故少年調查官，固得爲少年事件的傳喚機關，但並無簽發同行書權責，允宜注意。

（二）少年有刑事訴訟法第76條所列各款情形之一，並認爲必要時，可以不經傳喚，逕發同行書，強制其到場。應注意的是，此種不經傳喚，逕行簽發同行書，強制到場的對象，僅限於少年，且犯罪嫌疑重大，並具有刑事訴訟法第76條所列各款情形中的一款，如：

1. 無一定的住、居所。

2. 逃亡或有事實足認爲有逃亡之虞者。

3. 有事實足認爲有湮滅、僞造、變造證據或勾串共犯或證人之虞者。

4. 所犯爲死刑、無期徒刑或最輕本刑爲五年以上有期徒刑的罪。

執行同行應提出同行書，記載下列事項，由少年法院法官簽名：（一）應同行人姓名、性別、年齡、籍貫、國民身分證字號、住居所及其他足資辨別的特徵，但年齡、籍貫、住居所不明者，得免記載；（二）事由；（三）應與執行人同行到達的處所；（四）執行同行的期限。以上均爲同行書的法定程式，如無此項記載，同行書應屬無效。

第23條（同行書之執行）

同行書由執達員、司法警察官或司法警察執行之。

同行書應備三聯，執行同行時，應各以一聯交應同行人及其

指定之親友，並應注意同行人之身體及名譽。

執行同行後，應於同行書內記載執行之處所及年、月、日；如不能執行者，記載其情形，由執行人簽名提出於少年法院。

解說

關於「同行」之執行，應提出同行書，由少年法院法官簽名後交由執行人員執行。本法修正前，原於本條文第1項規定「同行書由觀護人執行」，惟由於觀護人地位重要，工作忙碌，由其執行同行，多所不宜；且由其執行強制少年到場，難免破壞與少年的信任關係，而不利於輔導；況觀護人若能於執行同行時見到少年，即可當場完成調查工作，而無需同行，故現行法修正為由「執達員、司法警察官或司法警察執行」，在執行過程中發生任何困難，執行人員得按規定，請求其他機關為必要的協助。

執達員、司法警察官或司法警察等，在執行同行時，應備同行書三聯，除一聯附卷外，一聯交予少年，另一聯應交予少年指定的親友，使其親友知所保護少年。又為考量實務運作需要，少年保護事件審理細則第12條規定：「執行同行時，應各以同行書之一聯交付應同行人及其指定之親友。應同行人不願或無法指定親友者，應記明筆錄或於同行書上註記事由」。

在執行過程中，倘同行人有抗拒情事發生時，可以使用強制力，強制其同行，但不可踰越必要程度，並應注意同行人的身體及名譽。又執行時，遇有必要，雖可檢查同行人身體，但檢查婦女的身體，應由婦女來執行；但不能由婦女執行者，不

在此限（參見少保護審理細則第13條）。

　　執行同行後，依本條文第3項規定，應於同行書內記載執行的處所及年、月、日；如不能執行時，記載其情形，由執行人簽名，提出於少年法院。此外，應同行人經執行人員偕同到場後，少年法院法官應即時訊問，同時查驗人別、年齡、住居所有無錯誤，經訊問後，除少年有責付或收容原因外，均應予以請回，以保障少年的身體權益。

第23條之1（協尋）

少年行蹤不明者，少年法院得通知各地區少年法院、檢察官、司法警察機關協尋之。但不得公告或登載報紙或以其他方法公開之。

協尋少年，應用協尋書，記載左列事項，由法官簽名：

一、少年之姓名、性別、年齡、出生地、國民身分證字號、住居所及其他足資辨別之特徵。但年齡、出生地、國民身分證字號或住居所不明者，得免記載。

二、事件之內容。

三、協尋之理由。

四、應護送之處所。

少年經尋獲後，少年調查官、檢察官、司法警察官或司法警察，得逕行護送少年至應到之處所。

協尋於其原因消滅或顯無必要時，應即撤銷。撤銷協尋之通知，準用第1項之規定。

解說

（一）協尋的目的

　　本條文為少年保護事件協尋的相關規定。所謂「協尋」，指少年法院為使行蹤不明的少年能到場應訊，以協尋書通知各地區少年法院、檢察官、司法警察機關協助查尋，並將尋獲的少年逕行護送至應到處所，接受訊問或執行的強制處分。本條文立法目的如下：

1. 以往常有少年的父母，因子女不服從其監督而逃學、逃家，致有觸犯刑罰法律或曝險行為，增訂本條文後，少年法院即得請求有關機關協尋，並依法為適當處理。

2. 少年如有行蹤不明，非協尋到場，常使案件無法進行與終結。

3. 行蹤不明的少年往往易於在外繼續從事不良行為，實有設法促其早日到場接受審訊的必要。

4. 行蹤不明者如係被保護少年，其年滿二十歲後，少年法院應即為裁定不付保護處分，基此，如不儘速使其到場，究屬不妥。

5. 在諭知少年保護處分後，少年逃匿不到案執行，於年滿二十一歲時，依本法第54條規定，即不應執行，此無異鼓勵少年逃避少年法院的處分，實非所宜，故在民國65年修正增訂本協尋條文的規定。

（二）協尋的原因

　　協尋的原因，為少年行蹤不明，即少年離去其父母、法定代理人或監護人的住居所，目前去向為少年法院或其法定代理人、現在保護少年的人所不知悉的情形。少年行蹤不明，包括畏罪逃匿、趁機脫逃、受他人藏匿等，原因不一。

少年行蹤不明，少年法院無法執行傳喚及同行，應即由法官簽發協尋書通知各少年法院、地方檢察署檢察官、司法警察機關協助查尋，但不得公告或登載報紙，或以其他方式加以公開，以保護少年的名譽與自尊心，所以協尋雖與刑事訴訟法第84條通緝的規定類似，但仍具有一定程度的秘密性和保護性，與通緝的本質仍不盡相同。

（三）協尋書

協尋少年，應用協尋書載明：

1. 少年的姓名、性別、年齡、籍貫、出生地、國民身分證字號、住居所及其他足資辨別的特徵：但籍貫、國民身分證字號或住居所不明者，得免記載。

2. 事件的內容。

3. 協尋的理由。

4. 應護送的處所。

協尋的效力與同行相同，均在強制少年至應報到的處所，因此少年經尋獲後，依本條文第3項規定，應由少年調查官、檢察官、司法警察官或司法警察逕行護送至應到處所，護送時，非有必要不得使用械具，並應注意少年的身體及名譽。少年法院得悉少年尋獲後，應即時查驗人別有無錯誤，依法訊問，無責付或收容必要時，立即請回。

（四）協尋的撤銷

本條文第4項規定有以下情況應即撤銷協尋：

1. 協尋的原因消滅：如被協尋的少年已自行到場；或被協尋人已被尋獲，並護送到指定的場所；或少年業已死亡等情形。

2. 協尋已顯無必要：如少年已滿二十歲，少年法院已無權審理；或被協尋的少年已滿二十一歲，依本法第54條規定，不

得再對少年爲保護管束或感化教育的執行等情形。

　　凡有上述兩種原因，應撤銷協尋，撤銷協尋的通知書，也要通知各少年法院、檢察官、司法警察官或司法警察，同時也不可以公告或登載報紙，或以其他公開方法送達。

（五）協尋的實務運作

　　爲提醒法院妥適辦理少年保護事件之協尋及少年刑事案件之通緝，以落實兒童權利公約及少年事件處理法，保障兒童及少年健全之自我成長意旨，司法院已在108年8月30日修正公布「法院辦理少年協尋事件及通緝案件應行注意事項」，以供適用：

1. 依該注意事項第7點規定：法院於協尋少年之前，應先查明少年之姓名、性別、出生年月日、出生地、住居所、特徵、身分證明文件編號，協尋書應依少年事件處理法第23條之1第2項各款規定，查卷逐項詳確填載，不得未經詳查率行協尋。但年齡、出生地、身分證明文件編號或住居所不明者，得免記載。其不知眞實姓名僅知綽號者，不得協尋。

2. 該注意事項第8點規定：少年住居所遷移時，除有事實足認少年行蹤不明者外，應查明其遷移處所再行同行，並應於確實無法同行時，始得予以協尋。

3. 該注意事項第9點規定：責付之少年逃匿，應先切實查尋、請受責付人將少年交案，而少年仍未到案者，始得發布協尋。

4. 該注意事項第10點規定：法院發布協尋時，如少年有特殊情狀或其他應注意事項（包括身心狀況、服藥情形、有自傷或傷人之虞等）或處置相關參考情事（例如協尋原因爲執行社區式處遇，不得收容，調查審理中之到案情形等），宜於協

尋書中備註記載，以促請執行之人員及少年到案時之承辦法官注意。

5. 該注意事項第11點規定：協尋書依法應由法官簽名，並記載協尋終止日期。

6. 該注意事項第12點規定：協尋終止日期，得參考下列情形定之：

(1) 於少年事件調查審理中：

① 十四歲以上少年觸法事件，依調查之結果，已足認少年觸犯刑罰法律者，得以少年滿二十歲時爲協尋終止日期；尚待少年到案始足認定其有無觸犯刑罰法律者，依移送、報告或請求事實，參考所觸犯法律之追訴權時效期間及協尋必要性定其協尋終止日期。

② 十二歲以上未滿十四歲有觸犯刑罰法律行爲或十二歲以上未滿十八歲有少年事件處理法第3條第1項第2款情形之少年，以少年滿二十一歲時爲協尋終止日期。

(2) 少年事件處理法第29條第1項各款所定處分、第42條第1項各款所定保護處分之執行：

① 少年事件處理法第29條第1項各款、第42條第1項第1款之處分，以裁定之日起滿二年之日或少年滿二十一歲時爲協尋終止日期。

② 少年事件處理法第42條第1項第2款、第4款之處分，以應執行之日起滿三年或少年滿二十一歲時爲協尋終止日期；第42條第1項第3款之處分，以應執行日起滿二年或少年滿二十一歲時爲協尋終止日期。

(3) 少年事件處理法第55條第3項或第55條之3所定留置觀察處分，自裁定之日起滿二年之日或少年滿二十一歲時爲

協尋終止日期。

(4) 觀察勒戒或強制戒治處分，依移送、報告或請求事實，參考所觸犯法律之追訴權時效期間及協尋必要性定之。

7. 該注意事項第14點規定：每件協尋書或撤銷協尋書，以列少年一人為限，並分別編號，以連號發文，如有錯誤，則以更正表更正之。

8. 該注意事項第15點規定：協尋書或撤銷協尋書除送內政部警政署、海洋委員會海巡署偵防分署外，並以副本通知臺灣高等檢察署、內政部移民署、少年戶籍所在地之直轄市、縣（市）警察局。對已逃匿少年，如依事件之情節認有扣留或撤銷其護照之必要者，法院得以少年有護照條例第24條第2項第2款所規定之情形，以密件函請外交部辦理，並副知司法院、內政部警政署、移民署及法務部調查局。

9. 該注意事項第16點規定：少年觀護所、少年輔育院或矯正學校之少年脫逃而被協尋或撤銷協尋者，應將協尋書或撤銷協尋書副本送有關所、院、校。

10.該注意事項第17點規定：法院發布協尋少年或撤銷協尋時，不得公告或登載報紙或以其他公開方法為之。

小黑經台灣高雄少年及家事法院保護庭裁處為感化教育處分確定後，拒不到庭執行，經該法院保護庭通知協尋。某日小黑在高雄火車站附近的KTV餐廳內飲酒作樂時，為轄區警察當場查獲，在護送至台灣高雄少年及家事法院時，小黑以強暴方法，毆打警察企圖逃跑，但最後仍為警員制服，則小黑的逃跑行為是否構成刑責？

按刑法第161條第1項所稱依法逮捕、拘禁的人，係指依法律規定被逮捕或被拘禁的人而言，不以刑事案件為限，如民事管收、刑事逮捕、拘提、羈押或執行均包括在內。少年事件處理法第23條之1的協尋規定，由少年法院通知協尋的少年，經司法警察尋獲，護送至應到的處所途中，該少年此時仍不失為被依法逮捕的人。所以小黑被尋獲後，其強暴脫逃未遂的行為，仍可構成刑法第161條第2項、第4項的暴行脫逃未遂罪。

第24條（刑訴法有關證據規定之準用）

刑事訴訟法關於人證、鑑定、通譯、勘驗、證據保全、搜索及扣押之規定，於少年保護事件性質不相違反者準用之。

解說

本條文為少年保護事件，關於調查或保全證據準用刑事訴訟法的相關規定，其內容如下：

（一）人證

以人的知識、經驗或記憶為資料，而透過語言或文字，供述其所知的證據方法，即稱人證，如證人、少年、被害人、鑑定人所為的供述。少年法院在傳喚證人時，應注意給予辯明的機會，訊問方法必須合理，不得刑求；對於證人的陳述，尤須注意是否與實情相符。凡刑事訴訟法第175條至第196條關於人證的規定，於少年保護事件性質不相違反者，都可準用。

（二）鑑定

指少年法院就某一特別事項，委託有特別知識經驗的第三人，本於其所具備的知識經驗，陳述或報告其判斷意見的證據

方法。凡刑事訴訟法第197條至第209條關於鑑定人的選任、拒卻、權利、義務等規定，於少年保護事件性質不相違反者，均可準用。

（三）通譯

指當事人或其他訴訟關係人，不通中國語言，或不通中國文字時，設置通譯，以互通意思。通譯有常設與臨時指定二種，刑事訴訟法第211條關於通譯的規定，也可以視情況予以準用。

（四）勘驗

指少年法院為調查證據及事件的實際情形，而就人的身體、物的形態、地的外狀所為的檢驗處分。勘驗的種類分為：履勘犯罪場所或其他與案情有關係的處所、檢查身體、檢驗屍體、解剖屍體、檢查與案情有關的物件以及其他必要的處分六種。凡刑事訴訟法第212條至第219條關於勘驗的規定，於性質不相違反者，少年法院都可加以準用。

（五）搜索

指少年法院為發現少年、蒐集證物或應扣押的物件，而對於人的身體、物件、住宅或其他處所，實施的搜查檢索強制處分。搜索的種類分為：身體搜索、住宅搜索及物件搜索三種。凡刑事訴訟法第122條至第132條、第144條至第153條關於搜索的規定，少年法院均可斟酌情形予以準用。

（六）扣押

指少年法院為保全證據或得沒收物，而自該物的所有人、持有人或保管人手中，強行取得該物之占有，而實施的強制處分。凡刑事訴訟法第133條至第153條關於扣押的規定，於少年保護事件性質不相違反者，皆可準用。

（七）證據保全

民國94年5月18日修正少年事件處理法時，為因應刑事訴訟法第一編第十二章第五節「證據保全」之增訂，配合修正本條文規定，以符合少年保護事件調查審理程序之需要，關於刑事訴訟法新增訂之證據保全規定，具體內容如下：

1. **證據保全之聲請：**

告訴人、犯罪嫌疑人、被告或辯護人於證據有湮滅、偽造、變造、隱匿或礙難使用之虞時，偵查中得聲請檢察官為搜索、扣押、鑑定、勘驗、訊問證人或其他必要之保全處分。檢察官受理前項聲請，除認其為不合法或無理由予以駁回者外，應於五日內為保全處分。檢察官駁回前項聲請或未於前項期間內為保全處分者，聲請人得逕向該管法院聲請保全證據（刑事訴訟法第219條之1）。

2. **聲請證據保全之裁定：**

法院對於前條第3項之聲請，於裁定前應徵詢檢察官之意見，認為不合法律上之程序或法律上不應准許或無理由者，應以裁定駁回之。但其不合法律上之程序可以補正者，應定期間先命補正。法院認為聲請有理由者，應為准許保全證據之裁定。前二項裁定，不得抗告（刑事訴訟法第219條之2）。

3. **聲請證據保全之管轄機關：**

第219條之1之保全證據聲請，應向偵查中之該管檢察官為之。但案件尚未移送或報告檢察官者，應向調查之司法警察官或司法警察所屬機關所在地之地方法院檢察署檢察官聲請（刑事訴訟法第219條之3）。

4. **聲請證據保全之期日：**

案件於第一審法院審判中，被告或辯護人認為證據有保全之必要者，得在第一次審判期日前，聲請法院或受命法官為保全證據處分。遇有急迫情形時，亦得向受訊問人住居地或證物所在地之地方法院聲請之。檢察官或自訴人於起訴後，第一次審判期日前，認有保全證據之必要者，亦同。第279條第2項之規定，於受命法官為保全證據處分之情形準用之。法院認為保全證據之聲請不合法律上之程序或法律上不應准許或無理由者，應即以裁定駁回之。但其不合法律上之程序可以補正者，應定期間先命補正。法院或受命法官認為聲請有理由者，應為准許保全證據之裁定。前二項裁定，不得抗告（刑事訴訟法第219條之4）。

5. **聲請保全證據書狀：**

聲請保全證據，應以書狀為之。聲請保全證據書狀，應記載下列事項：一、案情概要。二、應保全之證據及保全方法。三、依該證據應證之事實。四、應保全證據之理由。前項第4款之理由，應釋明之（刑事訴訟法第219條之5）。

6. **犯罪嫌疑人於實施保全證據時之在場權：**

告訴人、犯罪嫌疑人、被告、辯護人或代理人於偵查中，除有妨害證據保全之虞者外，對於其聲請保全之證據，得於實施保全證據時在場。保全證據之日、時及處所，應通知前項得在場之人。但有急迫情形致不能及時通知，或犯罪嫌疑人、被告受拘禁中者，不在此限（刑事訴訟法第219條之6）。

7. **保全證據之保管機關：**

保全之證據於偵查中，由該管檢察官保管。但案件在司法警

察官或司法警察調查中，經法院為准許保全證據之裁定者，由該司法警察官或司法警察所屬機關所在地之地方法院檢察署檢察官保管之。審判中保全之證據，由命保全之法院保管。但案件繫屬他法院者，應送交該法院（刑事訴訟法第219條之7）。

8. 證據保全之準用規定：

證據保全，除有特別規定外，準用本章、前章及第248條之規定（刑事訴訟法第219條之8）。

少年謝文因偷竊腳踏車，被警方查獲，移送少年法院。在少年保護事件調查證據中，如證人林念祖經合法傳喚無正當理由不到場，而須強制其到場時，少年法院應如何處理？

依本法第24條規定，刑事訴訟法關於人證的規定，於少年保護事件性質不相違反者，都可以準用。所以在本案例中，少年法院在保護事件調查證據時，如證人經合法傳喚無正當理由不到場，須強制其到庭時，證人林念祖若為成年人，依本法第24條準用刑事訴訟法第178條規定，可予以拘提；但若證人為十二歲以上未滿十八歲的少年時，為保護少年起見，依本法第22條規定採用以同行書強制到場的方式，較為妥當。

第25條（執行職務之協助）
少年法院因執行職務，得請警察機關、自治團體、學校、醫院或其他機關、團體為必要之協助。

解說

依本法第19條規定，少年法院接受移送、請求或報告，而受理少年保護事件後，應調查該少年與事件有關的行為、少年的品格、經歷、身心狀況、家庭情形、社會環境、教育程度以及其他必要事項等，項目繁多，以便決定是否應予審理。同時調查又應力求詳盡、確實，故本條文明定少年法院在執行職務時，可以請求下列單位為必要的協助：

（一）警察機關：如分局、派出所、分駐所等。

（二）自治團體：如鄉鎮公所、縣（市）政府等。

（三）學校：如大專院校、高中（職）、國中、國小等。

（四）醫院：如公立或私立醫院、診所、衛生所等。

（五）其他機關、團體：如軍事單位、部隊、電視台等。

此外，依少年保護事件審理細則第18條規定，少年法院得囑託其他少年法院或相關機關，就繫屬中的少年事件為必要的調查，惟在囑託時，應注意受囑託單位是否有調查的權力，並且應指示調查的必要事項、範圍與期限。

第26條（責付、觀護之處置）

少年法院於必要時，對於少年得以裁定為下列之處置：

一、責付於少年之法定代理人、家長、最近親屬、現在保護少年之人或其他適當之機關（構）、團體或個人，並得在事件終結前，交付少年調查官為適當之輔導。

二、命收容於少年觀護所進行身心評估及行為觀察，並提供鑑別報告。但以不能責付或以責付為顯不適當，而需收容者為限；少年、其法定代理人、現在保護少年之人或輔佐人，得隨時向少年法院聲請責付，以停止收容。

少年事件處理法

解說

本條文爲少年保護事件中，對於少年責付、急速輔導、收容的處置，分述如下：

（一）責付

指少年法院於必要時以裁定，將少年交付其法定代理人、家長、最近親屬、現在保護少年的人或其他適當的人，並囑其於受交付期間，應善盡保護、教養少年的責任。責付的原因，主要在於少年所爲的觸法或曝險行爲，情節尚屬輕微，且其品德、素行並非相當頑劣，爲兼顧少年的就學、就業，對於無收容必要的少年，以責付方式加以保護，使其能獲得妥善的管教和照顧。

受責付的人，依本條文第1款規定，爲少年的法定代理人、家長、最近親屬、現在保護少年的人或其他適當的機關、機構、團體或個人。有關少年的「法定代理人」、「現在保護少年的人」，請參見第21條說明。至於「家長」則指少年家中可以代表所有家屬成員，行使權利、負擔義務的特定人，如少年的父母、祖父母、兄姊等。「最近親屬」，指少年的配偶、直系血親、三親等內旁系血親及二親等內姻親。「其他適當的機關、機構、團體或個人」，指上述以外，素行良好，適宜受責付的人，如少年的師長、鄰居以及相關慈善機構或團體等。

責付，一般由少年法院法官以裁定書，通知受責付人，不必製作責付書；而受責付人應出具保證書，載明如經傳喚，應令少年到庭，並於受責付期間嚴加管教，使少年能眞正改過遷善。

（二）急速輔導

少年法院於必要時，對於少年得在事件終結前，交付少年

調查官作適當輔導，以代替親人行使管教責任，貫徹本法防制少年非行事件發生的精神；此種輔導，因時間短促，常不到一個月，故稱爲急速輔導。少年法院認爲有將少年交付少年調查官爲急速輔導必要時，應立即通知少年調查官進行輔導，其輔導方法，少年法院法官可斟酌少年的需要，爲適當的指示，並得準用有關保護管束的規定。在輔導事件終結前，少年調查官應提出輔導報告，以作爲處理的參考。

依少年保護事件審理細則第14條規定：「少年法院於將少年責付於其他適當之機關、團體或個人前，得通知少年調查官先行聯繫。少年法院於少年責付後，得將少年交付少年調查官爲適當之輔導。前項情形，少年法院得依少年之需要，就輔導方法爲適當之指示，並得準用有關保護管束之規定。第2項事件終結前，少年調查官應提出輔導報告」。

（三）收容

1. 定義：

指少年法院於保護事件進行中，將少年容留於少年觀護所，加以保護，使其免於沾染惡習在外受害，並可對其身心、個案情況，進行調查、鑑定工作，以便作爲輔導、矯治少年非行依據，所實施的強制處分。

2. 原因：

（1）不能責付而需收容：不能責付，指無本條文第1款所列責付的對象（如法定代理人、家長）；或雖有責付對象，但一時聯繫不及，無法及時趕到法院等情形。又除不能責付情形外，並有「應予收容」的必要，才可以收容，如少年犯行輕微，雖不能責付，但無收容必要時，仍不得據以濫行收容。

（2）以責付不適當而需收容：雖有可資責付的對象，但如少年犯罪嫌疑重大、有逃亡之虞、在外湮滅證據、所犯最輕本刑爲五年以上有期徒刑的罪，或少年受責付後再犯可能性高等情形時，即不適宜爲責付的處置，應予以收容於少年觀護所。

　　關於少年事件處理法就經常逃學、逃家虞犯少年，收容感化教育之規定是否違憲？司法院大法官在民國98年7月31日，作出釋字第664號解釋：「少年事件處理法第3條第2款第3目規定，經常逃學或逃家之少年，依其性格及環境，而有觸犯刑罰法律之虞者，由少年法院依該法處理之，係爲維護虞犯少年健全自我成長所設之保護制度，尚難逕認其爲違憲；惟該規定仍有涵蓋過廣與不明確之嫌，應儘速檢討改進。又少年事件處理法第26條第2款及第42條第1項第4款規定，就限制經常逃學或逃家虞犯少年人身自由部分，不符憲法第23條之比例原則，亦與憲法第22條保障少年人格權之意旨有違，應自本解釋公布之日起，至遲於屆滿一個月時，失其效力。」值得參照。

　　民國108年新修正的少年事件處理法，已經按照司法院大法官釋字第664號解釋意旨進行修正，惟鑒於少年觀護所除收容保護少年外，應兼具鑑別之功能，亦即應基於心理學、醫學、教育學、社會學等專門知識及技術，對少年進行身心評估及行爲觀察等鑑別事項，以提供少年法院適當處遇之建議參考。爲釐清少年收容之目的，及強化少年觀護所之功能，在本條文第2款前段規定，命收容於少年觀護所進行身心評估及行爲觀察，並提供鑑別報告。

　　另因少年、其法定代理人、現在保護少年之人或輔佐人對於少年法院所爲收容裁定，現行實務均許其等得聲請責付，以

停止收容，爰在第2款後段明定其聲請權，以維少年權益。

第26條之1（收容書）
收容少年應用收容書。
收容書應記載左列事項，由法官簽名：
一、少年之姓名、性別、年齡、出生地、國民身分證字號、
　　住居所及其他足資辨別之特徵。但年齡、出生地、國民
　　身分證字號或住居所不明者，得免記載。
二、事件之內容。
三、收容之理由。
四、應收容之處所。
第二十三條第二項之規定，於執行收容準用之。

解說

　　本法第21條、第22條、第23條之1，分別規定傳喚少年應
用通知書、強制少年到場應用同行書、協尋少年應用協尋書，
並均詳細規定各該通知書、同行書及協尋書應記載的事項及執
行方法，獨於影響少年身體自由最為嚴重的收容，在修正前規
定至為簡略，顯然輕重失衡、體例不一，為此民國86年10月修
正時，將少年保護事件審理細則中有關收容書的規定，酌予修
正，並補列其內容後增訂本條文。

　　本條文第1項參考刑事訴訟法第102條第1項，規定收容少年
的程式，需用收容書，由少年法院法官簽名，並記載下列事項：
（一）少年之姓名、性別、年齡、出生地、國民身分證字號、
　　　 住居所及其他足資辨別之特徵。但年齡、出生地、國民

身分證字號或住居所不明者，得免記載。

（二）事件之內容。

（三）收容之理由。

（四）應收容之處所。

收容書應備三聯，執行收容時，應各以一聯交應收容人及其指定的親友，並應注意收容少年的身體、名譽。又少年經諭知收容後，應由執達員、司法警察官或司法警察，持收容書將少年送至少年觀護所，進入觀護所後，應即查驗少年身分證件，並檢查其身體、衣物、製作調查表及身分單。

第26條之2（收容期間之計算）

少年觀護所收容少年之期間，調查或審理中均不得逾二月。但有繼續收容之必要者，得於期間未滿前，由少年法院裁定延長之；延長收容期間不得逾一月，以一次為限。收容之原因消滅時，少年法院應依職權或依少年、其法定代理人、現在保護少年之人或輔佐人之聲請，將命收容之裁定撤銷之。

事件經抗告者，抗告法院之收容期間，自卷宗及證物送交之日起算。

事件經發回者，其收容及延長收容之期間，應更新計算。

裁定後送交前之收容期間，算入原審法院之收容期間。

少年觀護所之人員，應於職前及在職期間接受包括少年保護之相關專業訓練；所長、副所長、執行鑑別及教導業務之主管人員，應遴選具有少年保護之學識、經驗及熱忱者充任。

少年觀護所之組織、人員之遴聘及教育訓練等事項，以法律定之。

解說

少年觀護所收容少年的期間，在調查或審理中，修正前本法第26條第2項，原規定不得逾一個月，如有繼續收容必要時，得於期間屆滿前，由少年法庭裁定延長，延長收容期間，不得逾一個月，且以一次為限。民國86年10月修正時，從實務運作上加以考量，發現收容期間在審理中僅有一個月時，如不付保護處分，固應依本條文第1項立即撤銷收容，如諭知保護處分，則裁定宣示後送交繕寫打字約需一週至十日，送達被害人的送達期間約需三日至一週，再加上抗告期間十日，總計約需二十日至一個月。又裁定後送交前的收容期間，通常均算入原審法院的收容期間，其結果使少年法院審理期日僅餘十日左右，甚至已無審理期間，如此將造成審理倉促草率的弊病，當非保護少年之道，故將調查、審理中收容期間由「不得逾一月」，修正延長為「不得逾二月」。

少年有繼續收容之必要者，得於期間未滿前，由少年法院裁定延長之；延長收容期間不得逾一月，以一次為限。少年法院延長收容的裁定，應在收容期間未滿前製作完成，並送達少年，以確保少年的身體自由。故在調查或審理中，收容少年之期間最長為三個月。

又收容的二個月期間，係指連續、無中斷而言，如少年因脫逃再度被收容，其收容期間應重新計算。當事件經抗告時，抗告法院的收容期間，自卷宗及證物送交之日起算；事件經發回者，其收容及延長收容的期間，應更新計算。裁定後送交前的收容期間，應算入原審法院的收容期間。

在收容的原因消滅時（例如：少年的家長已趕到法院，已無不能責付情形），此時少年法院應職權或依少年、其法定

代理人、現在保護少年之人或輔佐人之聲請,將命收容的裁定撤銷,並通知少年觀護所釋放少年;若在少年法院訊問或審理時,亦可當庭諭知釋放。

少年收容之處所為「少年觀護所」,該所係以協助調查依法收容少年之品性、經歷、身心狀況、教育程度、家庭情形、社會環境,及其他必要之事項,供處理時之參考;並以矯治被收容少年之身心,使其適應社會正常生活為目的。惟實務上少年觀護所多由成人監所人員兼任或兼辦,欠缺少年保護之學識、經驗及熱忱,無從發揮鑑別及少年保護之功能,將損害收容少年之權益,故少年觀護所之人員在任職前及任職期間,均應接受少年保護之相關專業訓練,其所長、副所長、執行鑑別及教導業務之主管人員,亦應遴任具有少年保護之學識、經驗及熱忱者之人充任。為此參照兒童權利公約第37條(C)、少年觀護所設置及實施通則第14條等規定,在民國108年修正時,增訂第5項予以明確規定。

前項所稱「少年保護」之相關專業訓練或學識,係指與少年保護相關之法學、心理學、精神醫學、教育學、犯罪學、社會學、家庭動力學、兒童及少年福利、諮商與輔導學、社會政策與社會立法、社會工作、個案研究等專業學識。

本條文第6項規定少年觀護所的組織法源,據此在民國53年9月4日制定公布「少年觀護所條例」,全文34條,經行政院令自60年7月1日施行。施行後先後於61年1月29日、63年12月21日、68年4月4日、69年7月23日歷經四次修正。民國91年1月25日公布「少年觀護所設置及實施通則」,以取代原「少年觀護所條例」,並於96年7月11日修正,而成現行共37條條文。

少年小金偷竊他人存摺並冒領存款，於108年3月15日在基隆地方法院少年法庭調查中，經諭知收容於少年觀護所，嗣由該院依少年事件處理法第15條移送管轄之規定，將少年小金於108年4月10日移送至新竹地方法院少年法庭，經值日法官訊問認為責付不適當予以收容，該新竹地方法院少年法庭調查時認有繼續收容必要，應自何時裁定延長收容？

按少年收容於觀護所的期間，調查或審理中均不得逾二個月，為少年事件處理法第26條之2第1項所明定。本案例中的少年小金，既經基隆地方法院少年法庭，自108年3月15日起收容在案，新竹地方法院少年法庭於調查中，又認為有繼續收容的必要，即應裁定自108年5月15日起延長收容，兩法院調查中的收容期間應合併計算，以符法意。

第27條（移送於檢察官之情形）

少年法院依調查之結果，認少年觸犯刑罰法律，且有左列情形之一者，應以裁定移送於有管轄權之法院檢察署檢察官。

一、犯最輕本刑為五年以上有期徒刑之罪者。

二、事件繫屬後已滿二十歲者。

除前項情形外，少年法院依調查之結果，認犯罪情節重大，參酌其品行、性格、經歷等情狀，以受刑事處分為適當者，得以裁定移送於有管轄權之法院檢察署檢察官。

前兩項情形，於少年犯罪時未滿十四歲者，不適用之。

少年事件處理法

解說

少年法理論發達的結果，對於少年事件固本於「宜教不宜罰」的原則，採保護處分優先主義；但對於有刑事責任能力的犯罪少年，各國立法例仍承認得依一般刑事訴訟程序予以科刑處罰，僅其要件有限制而已。究竟何種事件應以刑事案件處理，何種事件應以保護事件處理，此種保護事件與刑事案件的劃分，即涉及「少年法院先議權行使」的問題。

現行法對於少年保護事件應如何劃分，依本條文規定來看，係以年齡及罪名作為標準。由於我國目前體制，固以滿十八歲為有完全刑事責任能力人，但為兼顧少年之權益，於繫屬少年法院後已年滿二十歲者，不論犯何項罪名，均應移送檢察官，依一般刑事案件處理；至於犯罪時已滿十四歲，而有本條文第1、2項情形時，亦移送檢察官，按少年刑事案件處理。

其次，就罪名來看，少年法院就繫屬中的少年保護事件，經調查後如認為觸法的少年，以受刑事處分為適當者，則以裁定移送於有管轄權的地方法院檢察署檢察官，由其偵查起訴，使少年受適當的處分。惟少年法院在行使此先議權時，應就少年所觸犯罪名實質審查，再決定應否移送檢察官偵辦。依本條文第1、2項規定，有下列兩種情形時，即可移送檢察官處理：

（一）應裁定移送的少年刑事案件

1. 少年犯最輕本刑為五年以上有期徒刑、死刑、無期徒刑的罪，如刑法第221條的強制性交罪、第271條的殺人罪、第278條的使人受重傷罪，以及毒品危害防制條例第4條的販賣毒品罪、第5條第1、2項的意圖販賣而持有第一、二級毒品罪等，因均屬重大刑案，且惡性較重，對社會危害性又大，

若以保護處分予以輔導，恐難收效，故對於此類案件，少年
法院無斟酌權，應一律移送於有管轄權的地方檢察署檢察官
偵辦。

惟檢察官對少年法院依本法第27條第1項第1款規定移送之案
件，經偵查結果，認爲係犯該款規定以外之罪者，應依刑
事訴訟法255條第1項規定爲不起訴處分，並於處分確定後，
將案件移送少年法院（參見少年事件處理法施行細則第11
條）。

2. 少年觸犯刑罰法律，事件繫屬後已滿二十歲者，亦應移送檢
察官處理。此條款爲民國89年修正時所增訂，其立法理由
爲：「少年犯罪時未滿十八歲，但犯罪後行方不明，於年滿
二十歲後到案，已非少年，不宜依第29條或第42條規定爲裁
定，亦不宜收容於少年觀護所。又保護處分最多執行至滿
二十一歲，已滿二十歲之人再受保護處分，極可能未及執行
或執行未畢即已滿二十一歲，將失保護處分之意義，故宜明
文規定滿二十歲爲保護處分調查審理之最高年齡限制。且如
此規定後，有關調查及審理中少年協尋時效及最高收容少年
年齡限制等相關問題將可一併解決」，爲此增訂第27條第1
項第2款規定。

（二）得裁定移送的少年刑事案件

民國86年修正前規定，少年有本法第27條第2項所列各款
罪嫌之一，而依其品行、性格、經歷等情狀，認爲以受刑事處
分爲適當者，得以裁定移送於有管轄權的地方法院檢察署檢察
官：

1. 少年犯前項以外之最重本刑爲五年以上有期徒刑以上之刑之
罪，如刑法第201條的僞造有價證券罪、第211條的僞造文書

93

罪、第336條的業務侵占罪等。

2. 少年犯刑法第135條第1項、第2項的妨害公務罪。

3. 少年犯刑法第149條、第151條、第154條的妨害秩序罪。

4. 少年犯刑法第186條的公共危險罪。

5. 少年犯刑法第231條第1項、第2項、第240條第1項的妨害風化及家庭罪。

6. 少年犯刑法第272條第3項的預備殺人罪；若爲第271條第1項的殺人罪，其最輕本刑爲十年以上有期徒刑、無期徒刑或死刑，屬於前述本條文第1項「應裁定移送的少年刑事案件」範疇。

7. 少年犯刑法第277條第1項、第283條前段的傷害罪。

8. 少年犯刑法第349條第1項的贓物罪。

　　因鑒於原條文第2項採前述列舉規定，過於僵化，使法官容易以少年所犯罪名符合該項各款所列時，即草率裁定移送，而忽略考量少年的品行、性格等情狀因素，故86年10月修正時，不再採硬性規定，允許法官彈性認定，以保障少年的權益。故依現行條文，得裁定移送檢察官的刑事案件，在經過少年法院調查後，以兼具下列情形者爲限，即得移送：

1. **犯罪情節重大**：

　　少年觸法行爲，其情節是否重大，由少年法院法官就調查結果，加以判斷，不得因具有前述修正前第27條第2項所列各款，即將少年裁定移送檢察官偵查。

2. **應參酌其品行、性格、經歷等情狀，認以受刑事處分爲適當**：

　　少年法院對於少年犯罪行爲，運用先議權進行實質審查時，除應就少年的品格、經歷、身心狀況、教育程度及其他必要

事項等情狀詳加調查，斟酌少年調查官的調查報告，並參考刑法第57條各款所列事項，認為以受刑事處分為適當者，如少年犯罪情節重大或濡染惡習已深，或曾受保護管束、感化教育處分執行完畢後再犯，曾受有期徒刑的執行等情形時，自應以裁定移送檢察官處理為宜。若少年係偶發犯，情節尚非重大，且因貧寒或激於義憤致犯罪、因受被害人挑釁而犯罪、犯罪後有悔悟等具體事證、犯罪後已經被害人宥恕、現在就學就業中，或身體殘障、低能，不宜受刑事處分者，均得不移送檢察官，由少年法院逕依保護事件處理。

少年法院於調查或審理中，對於觸犯告訴乃論之罪，而其未經告訴、告訴已經撤回或已逾告訴期間之十四歲以上少年，應逕依少年保護事件處理，毋庸裁定移送檢察官。檢察官偵查少年刑事案件，認有前項情形者，應依刑事訴訟法第252條第5款規定為不起訴處分，並於處分確定後，將案件移送少年法院依少年保護事件處理。其因未經告訴或告訴不合法而未為處分者，亦同（少年事件處理法施行細則第10條）。

本條文第3項另規定，前開二項應移送檢察官或得移送檢察官偵查之情形，於少年犯罪時未滿十四歲時，不適用之。此係因刑法第18條第1項規定，未滿十四歲人之行為不罰，故未滿十四歲之人並無刑事責任能力，自不得移送檢察官偵查或提起公訴。

少年阿標先於去年7月31日夜晚，無故侵入他人住宅內竊盜，再於同年8月5日因丟擲菸蒂不當，致引發大火，燒燬鄰居部分住宅，經少年法院調查結果，認為失火罪部分非屬少年事

件處理法第27條第1、2項的事件,而加重竊盜部分則為第27條第2項的事件,此時少年法院就加重竊盜部分移送檢察官時,得否就失火罪(即保護處分部分)併案移送?

阿標的行為,分別構成刑法第321條第1項第2款的加重竊盜罪與第173條第2項的失火罪,兩罪之間並無方法結果牽連關係,故少年法院就加重竊盜罪部分,固得依本法第27條第2項規定,移送檢察官處理;對於失火罪部分,因犯罪情節並非重大,應由少年法院以保護事件裁定開始審理,不得併案移送,惟為免重複調查,有失訴訟經濟,並防止與檢察官認定事實歧異,故可依少年保護事件審理細則第17條第1項規定,在刑事案件處分或裁判確定前,停止少年保護事件的審理。

實例二

李大寶、林文進均為十六歲少年,民國108年5月1日下午,在某捷運車站前,兩人因細故發生爭執,李大寶一時氣憤,拔刀刺傷林文進的肩膀,案經新北市政府警察局某分局將李大寶以殺人未遂罪移送台灣士林地方法院少年法庭處理,於少年法庭調查中雙方成立和解,被害人林文進表示自始即不願告訴,少年法庭調查結果認為少年李大寶無殺人故意,此時應如何處理?

依少年事件處理法第27條第1項、第2項規定,少年法院有先議權,對於少年所犯是否為最輕本刑五年以上有期徒刑之罪,少年法院有實質審查權。本件經台灣士林地方法院調查結果,認為少年李大寶並無殺人故意,所犯已非最輕本刑五年以上有期徒刑的罪,自毋庸以裁定移送檢察官偵查,應即就其傷害犯行(未據告訴),裁定開始審理,依保護處分辦理。

第28條（應不付審理之裁定）

少年法院依調查之結果，認為無付保護處分之原因或以其他事由不應付審理者，應為不付審理之裁定。

少年因心神喪失而為前項裁定者，得令入相當處所實施治療。

解說

少年保護事件，經少年法院調查結果，認為無付保護處分的原因，或以其他事由不應付審理者，應為不付審理的裁定（本條文）；如認為情節輕微，以不付審理為適當者，得為不付審理的裁定（少年事件處理法第29條），所以不付審理的裁定，有「應不付審理」與「得不付審理」兩種，茲先說明應不付審理的原因，依本條文規定有二：

（一）無付保護處分的原因：指特定少年並不構成刑事犯罪或並無本法第3條第1項第2款各目曝險行為等事實。

（二）其他事由不應付審理：指無付保護處分原因以外的事由，如少年保護事件審理細則第21條規定，少年法院經調查結果，認為有左列情形之一者，應諭知不付審理之裁定：

1.報告、移送或請求之要件不備，而無法補正或不遵限補正者。

2.本法第3條第1項第1款之事件，如屬告訴乃論之罪未經告訴或其告訴已經撤回或已逾告訴期間，而於裁定前已滿二十一歲者。

3.本法第3條第1項第2款之事件，裁定前少年已滿

二十一歲者。

4. 同一事件，業經有管轄權之少年法院爲實體上之裁定確定者。

5. 少年因另受感化教育處分之裁判確定，無再受其他保護處分執行之必要者。

6. 少年現居國外，於滿二十一歲前無法回國，事實上無法進行調查，或罹疾病，短期內顯難痊癒，無法受保護處分之執行，或已死亡者。

7. 其他不應或不宜付審理之事由。

又依少年保護事件審理細則第17條規定，同一少年同時有本法第3條第1項第1款、第2款之二件以上事件繫屬，少年法院依調查或審理結果，將第1款之事件裁定移送檢察官者，在少年刑事案件處分或裁判確定前，少年法院得停止少年保護事件之調查或審理。前項情形，少年經受有期徒刑以上刑之宣告確定，少年法院除認有另付保護處分之必要者外，得依本法第28條第1項以其他事由不應付審理或依第41條第1項以事件不宜付保護處分爲由，裁定諭知不付審理或不付保護處分。

關於不付審理的裁定，有無一事不再理的效力，應就不付審理的裁定內容決定，如無證據、罪嫌不足或罪質輕微，認以不付審理爲適當而裁定不付審理時，因業已就實體上加以審認，應有一事不再理的適用；倘以少年所在不明、無審判權，或以程序上的其他事由諭知不付審理者，既未踐行實體調查程序，則無一事不再理的效力。

此外，刑法第19條第1項規定：「心神喪失人之行爲，不罰」，故少年心神喪失時的非行，亦應裁定不付審理，但修正前本法並無參照刑法第87條第1項，令其入相當處所施以治療

的規定，對保護少年顯屬不週，爲此在民國86年修正時予以增訂。第2項規定：「少年因心神喪失而爲前項裁定者，得令入相當處所實施治療」。至於少年非行時精神耗弱者，本法第42條第2項第2款已明定「少年身體或精神狀態顯有缺陷者，令入相當處所實施治療」，可資援用。

第29條（得不付審理之裁定）

少年法院依少年調查官調查之結果，認爲情節輕微，以不付審理爲適當者，得爲不付審理之裁定，並爲下列處分：

一、告誡。

二、交付少年之法定代理人或現在保護少年之人嚴加管教。

三、轉介福利、教養機構、醫療機構、執行過渡性教育措施或其他適當措施之處所爲適當之輔導。

前項處分，均交由少年調查官執行之。

少年法院爲第一項裁定前，得斟酌情形，經少年、少年之法定代理人及被害人之同意，轉介適當機關、機構、團體或個人進行修復，或使少年爲下列各款事項：

一、向被害人道歉。

二、立悔過書。

三、對被害人之損害負賠償責任。

前項第三款之事項，少年之法定代理人應負連帶賠償之責任，並得爲民事強制執行之名義。

解說

本條文即爲「得不付審理裁定」的具體規定，凡少年法院

少年事件處理法

依少年調查官的調查結果，認為少年的觸法或曝險行為，案情甚為輕微，值得原諒，為愛惜少年，使其免於心理、學業或職業上發生不良影響，得由法官依職權審酌，而為不付審理的裁定。此項裁定乃實體上裁定，其要件有二：即（一）事件的情節輕微，且（二）以不付審理為適當。

少年法院在為不付審理的裁定時，對前開情節輕微，需要保護性較低的事件，為避免造成標籤傷害，得參酌少年調查官的調查內容，而分別諭知：

（一）告誡處分

即由少年調查官以言詞對少年加以訓諭告誡，指明少年的不良行為，使其心生警惕，改過遷善。

（二）交付管教

交付少年的法定代理人或現在保護少年的人嚴加管教；少年法院於不付審理裁定時，可以一併諭知交付管教，以免再犯。少年的法定代理人或監護人仍忽視教養，致少年再有觸犯刑罰法律的行為，而受保護處分或刑罰宣告者，少年法院得裁定命其接受八小時以上，五十小時以下的親職教育輔導；如有拒不接受前開親職教育輔導或時數不足者，處新台幣六千元以上三萬元以下罰鍰，經再通知仍不接受者，得按次連續處罰至其接受為止。其經連續處罰三次以上者，並得裁定公告法定代理人或監護人之姓名（少年事件處理法第84條第1項、第5項）。

（三）轉介輔導

即轉介福利、教養機構、醫療機構、執行過渡性教育措施或其他適當措施之處所為適當的輔導。在實務上，對於父母無力管教的少年，或過於放任少年為非作歹者，經常以轉介輔

導的方式處理。關於轉介輔導的機構，民國108年修正時，參照現行條文第52條第1項法院得依少年行為性質、身心狀況、學業程度及必要事項，分類交付適當之福利、教養機構執行輔導之規定意旨，將修正前本條第1項第1款所定之「福利或教養機構」範圍，認為應不以兒童及少年福利機構為限，而需擴及其他適當之福利機構或安置處所，例如身心障礙福利機構等；復考量少年或有身心狀況違常之情事，須接受專業醫療照顧，宜由醫療機構輔導。又教育部國民及學前教育署現行針對高級中等以下學校涉毒學生多元輔導安置措施，除依據教育部「各級學校特定人員尿液篩檢及輔導作業要點」啟動春暉輔導機制外，亦正研擬「過渡性教育輔導措施」，為提供受司法輔導安置之涉毒學生能在教育機構（處所）接受多元處遇措施，俾利銜接回到正規學校教育，並呼應兒童權利公約第40條處遇多樣化意旨，而將轉介輔導的機構，況擴大至福利、教養機構、醫療機構、執行過渡性教育措施或其他適當措施之處所，俾能因應未來更多元安置處所之發展；條文所謂「執行過渡性教育措施之處所」係指中途學校、中介教育及戒毒學園等教育機關（構）或教育處（所），併予敘明。

　　轉介輔導、交付管教或告誡處分三者，究以何種方式為當，均由少年法院依調查結果，本於自由心證加以斟酌；其執行依本條文第2項規定，均交由少年調查官依法執行。少年保護事件審理細則第19條規定：「少年法院對於少年調查官提出之處遇意見之建議，經徵詢少年、少年之法定代理人或現在保護少年之人及輔佐人之同意，依本法第二十九條第一項為不付審理之裁定並當場宣示者，得僅由書記官將主文記載於筆錄，不另作裁定書。前項筆錄正本或節本之送達，準用本法第

四十八條之規定，並與裁定正本之送達，有同一之效力。」

關於修復式司法（Restorative Justice），係提供犯罪或衝突相關當事人對話之機會，藉以表達自身感受，修復傷害，並共同處理犯罪或衝突後果的過程。關注於療癒創傷、復原破裂關係，在尋求真相、道歉、撫慰、負責與復原中伸張正義。而少年事件運用修復式司法，將促使少年事件之當事人或其他社區成員在專業且安全之環境中進行充分對話，期能使少年瞭解所致生之傷害，從而引發自我反省並改善性格之動力；對相對人或社區則能達到尋求真相、療癒創傷之效。各方均能恢復平衡與復原破裂關係，達到保障少年健全之自我成長與矯治性格之目的，我國自99年9月起，由法務部試辦修復式司法迄今。

民國105年司法改革國是會議決議及我國兒童權利公約首次國家報告國際審查結論性意見第97點均指出，少年司法體系應有修復機制，為貼近國際社會思潮，為此在本條文第3項明定「少年法院為第一項裁定前，得斟酌情形，經少年、少年之法定代理人及被害人之同意，轉介適當機關、機構、團體或個人進行修復」之程序。

此外，為減輕被害人的精神痛苦及財物損失，並防止少年因姑息而產生驕縱心理，在不違反少年權益保護原則之前提下，使其得循少年保護事件程序獲得回復，本條文第3項後段規定，少年法院在不付審理裁定前，法官可斟酌情形，經少年、少年之法定代理人及被害人同意，命少年為下列行為：

（一）向被害人道歉

可於調查時命少年當庭以口頭道歉，請求被害人原諒，不宜以公開或登報道歉方式，以促使雙方恢復和睦，兼顧少年名譽。

（二）立悔過書

即由少年以文字載明，對其非行表示悔悟，許諾邇後不再發生等語；悔過書應附卷，亦得交付影本予被害人。

（三）對被害人的損害負賠償責任

被害人因少年的非行，侵害其生命、身體、財產、自由、名譽等法益，致其財產或精神受損害，故少年法院得斟酌被害人的損害和精神痛苦程度，以及雙方的身分、地位、經濟情況等，命少年對被害人的損害負賠償責任。

鑒於少年大都缺乏經濟能力，爲使被害人的損害賠償債權獲得滿足，故本條文第4項規定，少年的法定代理人就該損害應負連帶賠償責任，並得爲民事強制執行名義，可據以向法院民事執行處聲請強制執行。

另修正前本條文第3項原尚列有「現在保護少年的人」，亦應負連帶賠償責任，惟因現在保護少年的人，或爲學校，或爲少年福利機構，或爲榮譽觀護人等第三人，與少年原無任何親屬關係，亦無民法規定的監護責任，純因道德感而保護少年，如令其對少年的行爲負連帶賠償責任，實乏法律依據，故民國86年10月修正時，將其刪除，以求妥適。

對於少年之侵權行爲，民法第187條雖明文規定：「無行爲能力人或限制行爲能力人，不法侵害他人之權利者，以行爲時有識別能力爲限，與其法定代理人連帶負損害賠償責任。行爲時無識別能力者，由其法定代理人負損害賠償責任。前項情形，法定代理人如其監督並未疏懈，或縱加以相當之監督，而仍不免發生損害者，不負賠償責任。如不能依前二項規定受損害賠償時，法院因被害人之聲請，得斟酌行爲人及其法定代理人與被害人之經濟狀況，令行爲人或其法定代理人爲全部或一

部之損害賠償。前項規定，於其他之人，在無意識或精神錯亂中所爲之行爲致第三人受損害時，準用之。」惟民事訴訟程序往往曠日廢時，爲此，本條文第4項特別規定，少年的法定代理人就前開損害賠償除應負連帶責任外，該損害賠償並得爲民事強制執行名義，可據以向法院民事執行處聲請強制執行，以減輕被害人需另循民事訴訟之勞費，併予敘明。

第30條（開始審理之裁定）
少年法院依調查之結果，認為應付審理者，應為開始審理之裁定。

解說

　　少年法院依本法第19條規定調查結果，無前三條所述移送檢察官或裁定不付審理等情形時，如認爲應付審理者，應爲開始審理的裁定，以使少年保護事件，進入審理程序。

　　依少年保護事件審理細則第22條規定：「少年法院開始審理之裁定，得於調查時以言詞爲之，並由書記官記明筆錄。其經到場之少年及其法定代理人或現在保護少年之人同意者，得及時開始審理。前項及時開始審理情形，於少年輔佐人聲請檢閱卷宗及證物時，少年法院應另行指定審理期日。」目前實務上，少年法院經調查結果，認爲應開始審理者，均分原股辦理，其開始審理的裁定與指定期日應同時處理，亦即法官於製作開始審理裁定原本時，同時填具保護事件進行單，以簡化程序，提高辦案效率。

第31條（選任輔佐人及公設輔佐人）
少年或少年之法定代理人或現在保護少年之人，得隨時選任少年之輔佐人。
犯最輕本刑為三年以上有期徒刑之罪，未經選任輔佐人者，少年法院應指定適當之人輔佐少年。其他案件認有必要者亦同。
前項案件，選任輔佐人無正當理由不到庭者，少年法院亦得指定之。
前兩項指定輔佐人之案件，而該地區未設置公設輔佐人時，得由少年法院指定適當之人輔佐少年。
公設輔佐人準用公設辯護人條例有關規定。
少年保護事件中之輔佐人，於與少年保護事件性質不相違反者，準用刑事訴訟法辯護人之相關規定。

解說

現行刑事訴訟法，基於發現眞實、保障人權目的，而在審判中有辯護人的設置，以保護被告的正當利益。至於少年保護事件，其立法精神固與刑事訴訟程序有別，而無設置辯護人的必要，但因少年涉世未深、學識尚淺，對於事實的陳述，或法律的答辯，恐有無法自我保護合法權益等情事，故本法遂規定輔佐人的設置，以輔助少年使在法庭能適當陳述意見。

少年輔佐人的種類，有選任輔佐人與指定輔佐人兩種，分述如下：

（一）選任輔佐人

少年輔佐人的選任，其選任權人爲少年或少年的法定代理

人或現在保護少年的人，但少年法院認為被選任人不適當時，可加以禁止。

選任輔佐人的時期，修正前舊法，僅規定少年事件於開始審理後，始得選任少年的輔佐人，但審理前的調查程序並非即無保障少年權益的必要；而刑事訴訟法第27條已修改為「被告得隨時選任辯護人」，包括偵查中亦得選任，則基於保護少年的立法精神，更應准其於調查中亦得選任輔佐人，否則對少年的保護反不若對成年刑事被告的保護來得週密，自不符立法精神；而少年保護事件中的輔佐人，既相當於成人刑事被告案件中的辯護人，除調查審理程序得選任外，凡其他不違反少年保護事件性質者，為保障少年權益，均應準用刑事訴訟法規定，故少年事件處理法在民國86年第五次修正時，大幅擴大輔佐人選任的時期，及其權限範圍。

（二）指定輔佐人

1. 對於強制輔佐案件，即少年所犯最輕本刑為三年以上有期徒刑的罪，如強制性交罪、殺人罪、強盜罪等，其未經選任輔佐人時，少年法院應指定適當的人輔佐少年；又雖非最輕本刑為三年以上有期徒刑案件，少年法院法官認為有輔佐人到庭必要，而少年或其法定代理人，或現在保護少年的人未為選任輔佐人者，法院亦得指定輔佐人。所謂「有必要者」，乃斟酌案件及少年的情狀，由法官認定，如少年智識低落、精神耗弱，或有瘖啞狀況，不能陳述及自行防禦等情形，均有必要指定輔佐人。

2. 除前述情形外，本條文第3項另規定，選任輔佐人無正當理由不到庭者，少年法院亦可依法指定，以充分保護少年的權益。

　　在司法實務上，依少年保護事件審理細則第9條規定：「本法第三十一條第二項之事件，如未選任輔佐人，或其選任之非律師爲少年法院所不同意者，少年法院應於調查及審理程序中指定適當之人輔佐少年。少年法院依前項或本法第三十一條第三項規定指定適當之人時，得指定法院公設辯護人或律師輔佐少年」。

　　至選任輔佐人的方式，應由選任人提出選任書狀於少年法院，且每一審級分別提出，解任時也相同。輔佐人的資格，本法未作積極規定，理論上選任律師充任，並無不可；若選任非律師爲輔佐人者，依本條文第6項準用刑事訴訟法第35條第1項的結果，應與少年具有配偶、直系或三親等內旁系血親或家長、家屬或少年的法定代理人等身分關係。

　　又司法機關對成年犯罪設有公設辯護人制度，對少年案件亦應逐步建立公設輔佐人制度，但在未及全面建立時，應明訂可先由法院指定適當的人暫時替代爲輔佐人，俟日後設立公設輔佐人，再加以規範，故本條第4、5項規定，指定輔佐人案件，而該地區未設置公設輔佐人時，得由少年法院指定適當的人輔佐少年；該公設輔佐人，準用公設辯護人條例的有關規定。

　　少年的輔佐人，其權限依本條文第6項，準用刑事訴訟法及相關條文規定，有下列六項：

（一）輔佐人於審理中，得檢閱卷宗及證物，並得抄錄或攝影。

（二）輔佐人得接見少年及收容中的少年，並互通書信，但有事實足認其有湮滅、偽造、變造證據或勾串共犯或證人之虞時，可加以限制。

（三）輔佐人得在少年法院陳述意見。

（四）輔佐人得於訊問證人、鑑定人或通譯時在場。

（五）依本法第61條規定，輔佐人對於移送檢察官、不付審理、保護處分、留置觀察、撤銷保護管束執行感化教育處分、命負擔教養費用等裁定，得提起抗告；但其抗告的提起，不得與選任人明示的意思相反。

（六）依本法第64條之1規定，少年的輔佐人對於諭知保護處分的裁定確定後，認為有適用法規錯誤、發現新證據，或有刑事訴訟法第240條第1項第1、2、4、5款原因者，得聲請為保護處分的少年法院，重新審理，使少年免受無謂保護處分。

　　吳小萍現年十七歲，其國中畢業後，不思向上，竟連續多日在桃園市中壢區各賓館、飯店等地，非法吸用搖頭丸、K他命，被警察查獲，吳小萍在警察局調查時，通知其父親到場。此時吳小萍的父親，是否可委任律師為其辯護？如吳小萍已被移送少年法院，該辯護人得否繼續執行職務？

　　本案中的少年吳小萍，在警察局調查階段，為犯罪嫌疑人，依刑事訴訟法第27條規定，其法定代理人可以獨立為少年選任辯護人，以保護少年權利。

　　如少年已被移送少年法院，在調查階段，依民國86年修正前本法第31條第1項規定，僅於開始審理後，始可選任輔佐人，惟現行法已修正為「少年或少年之法定代理人或現在保護少年之人，得隨時選任少年之輔佐人」，故調查階段，吳小萍父親亦得為少年選任輔佐人為其辯護，如委任律師在警察局調

查時，爲少年辯護，自無不可；且少年在被移送至少年法院後，該辯護人仍得以輔佐人身分，繼續執行職務。

第31條之1（選任非律師爲輔佐人之情形）
選任非律師爲輔佐人者，應得少年法院之同意。

解說

本條文係參酌刑事訴訟法第29條：「辯護人應選任律師充之。但審判中經審判長許可者，亦得選任非律師爲辯護人」，所爲增訂。在刑事訴訟程序中，設置辯護制度之目的，在於保護被告利益，故辯護人自須具有豐富的法律知識方能勝任；且律師並以曾於該法院登錄執行職務者，方得於該法院管轄區內，被選爲辯護人，此因我國採取登記主義，使律師執行職務，受有一定區域的限制。至於選任非律師爲辯護人，應具有何種資格，法律並無明文規定，應由審判長斟酌決定。

基於相同法理，輔佐人的選任，應選任律師充任之；如選任非律師爲輔佐人者，不論在審前調查程序或審理時，均應獲得少年法院的同意，通常以具有法律專業素養者爲佳。

目前少年保護事件審理細則第10條規定：「選任輔佐人應以書面爲之，除律師外，並應記載受選任人與少年之關係。前項選任之輔佐人，除律師外，少年法院認爲被選任人不適當時，得禁止之。輔佐人之選任，應於每審級爲之。輔佐人於審理中得檢閱卷宗及證物，並得抄錄或攝影。調查中經法官同意者，亦同」。

第31條之2（輔佐人之任務）
輔佐人除保障少年於程序上之權利外，應協助少年法院促成少年之健全成長。

解說

　　如前所述，輔佐人在少年事件中，除得檢閱卷宗、證物、抄錄或攝影、接見少年、在少年法院審理時出庭陳述意見、提起抗告、聲請重新審理等，於程序上監督司法機關有無考慮少年的健全發展，為少年的權益行使法定職權外，其本身亦具有處遇功能，得獨自或與法院協力，以幫助少年更生，因而於本條文，明確界定輔佐人的任務，俾供遵行。

第32條（審理期日之傳喚、通知及就審期間）
少年法院審理事件應定審理期日。審理期日應傳喚少年、少年之法定代理人或現在保護少年之人，並通知少年之輔佐人。
少年法院指定審理期日時，應考慮少年、少年之法定代理人、現在保護少年之人或輔佐人準備審理所需之期間。但經少年及其法定代理人或現在保護少年之人之同意，得及時開始審理。
第二十一條第三項、第四項之規定，於第一項傳喚準用之。

解說

　　少年保護事件，經少年法院調查結果，如認為應付審理者，應為開始審理的裁定。在審理前法官應預先指定審理期

日，傳喚少年、少年的法定代理人或現在保護少年的人到場；如有選任輔佐人時，並應通知該輔佐人，以利事件的審理。

少年法院指定審理期日時，依本條文第2項規定，應考慮少年、少年的法定代理人、現在保護少年的人或輔佐人準備審理所需的期間；其立法理由，係為避免少年保護事件，直接從調查轉入審理階段，致少年及其法定代理人倉促間無法保護少年本身權益，故增訂有關指定審理期日的規定。此項期間少年事件處理法雖未明定，惟少年保護事件審理細則第24條已規定：「第一次審理期日之傳喚通知書，至遲應於五日前送達」，可供參照。

本條文第2項但書規定，如調查結果業已臻明確，亦得經由少年及其法定代理人或現在保護少年的人同意，而及時開始審理，以符實際需要。在實務上，依少年保護事件審理細則第22條規定：「少年法院開始審理之裁定，得於調查時以言詞為之，並由書記官記明筆錄。其經到場之少年及其法定代理人或現在保護少年之人同意者，得及時開始審理。前項及時開始審理情形，於少年輔佐人聲請檢閱卷宗及證物時，少年法院應另行指定審理期日。」

審理期日的傳喚，依本條文第3項規定應用通知書，記載左列事項，由法官簽名：

（一）被傳喚人的姓名、性別、年齡、出生地及住居所。

（二）事由。

（三）應到之日時及場所。

（四）無正當理由不到場者，得強制其同行。

審理期日的傳喚通知書，應送達於少年、少年的法定代理人或現在保護少年的人，方能發生效力；如被傳喚的少年在少

年觀護所收容時，應通知該監所長官，囑託其送達；被傳喚人經合法通知，無正當理由不到場時，法院得強制其同行，使其到場應訊。

第33條（審理筆錄之製作）

審理期日，書記官應隨同法官出席，製作審理筆錄。

解說

　　書記官掌理記錄，故審理期日，應隨同法官出席，以製作審理筆錄。書記官出庭的人數，並無一定限制，如由二個人分別擔任，亦無不可；但為免記錄的文句不同起見，通常多由一人擔任。又記錄的書記官，並不限於始終出庭，故如有二人先後分任記錄者亦可；然如無書記官出庭，而為審判，則屬違法，此與刑事訴訟偵查程序中，檢察官得自行記錄的情形不同。

　　至於審理之法官則應始終出庭，如有更易者，應更新審理程序；且審理非一次期日所能終結者，除有特別情形者外，應於次日連續開庭；如下次開庭因故間隔至十五日以上者，應更新審理程序（參見少年保護事件審理細則第28條、第29條）。

　　依少年保護事件審理細則第30條規定，審理期日，書記官應製作筆錄，記載下列事項，及其他一切審理程序：

（一）審理的少年法院及年、月、日。

（二）法官、少年調查官、書記官、通譯的姓名。

（三）少年、少年的法定代理人、現在保護少年的人，或輔佐人的姓名。

（四）少年不出庭者，其事由。

（五）訊問證人、鑑定人或其他關係人事項。

（六）少年調查官、少年的法定代理人、現在保護少年的人、
　　　輔佐人陳述的要旨。

（七）當庭宣讀或告以要旨的文書。

（八）當庭出示的證據。

（九）當庭實施的扣押或勘驗。

（一○）法官命令記載或關係人聲請經法官許可記載的事項。

（一一）最後與少年陳述的機會。

（一二）裁定的宣示。

　　受訊問人就前項筆錄中，關於其陳述的部分，得請求朗讀
或交其閱覽，如請求將記載增、刪、變更者，應附記其陳述。

　　審理筆錄，應於每次開庭後兩日內整理；審理筆錄整理
後，交由法官簽名，法官有事故時，僅由書記官簽名，書記官
有事故時，僅由法官簽名，並分別附記其事由。有關審理期日
的審理程序已否踐行，專以審理筆錄為證；審理筆錄內，引
用附卷的文書，或表示將文書附卷者，其文書所記載的事項與
記錄筆錄者，有同樣效力（參見少年保護事件審理細則第31、
32、33、34條）。

第34條（秘密審理與旁聽人員）
調查及審理不公開。但得許少年之親屬、學校教師、從事少
年保護事業之人或其他認為相當之人在場旁聽。

少年事件處理法

解說

　　法院的審理程序，有公開主義與密行主義兩種。依法院組織法第86條規定：「訴訟之辯論及裁判之宣示，應公開法庭行之。但有妨害國家安全、公共秩序或善良風俗之虞時，法院得決定不予公開。」故一般法院的訴訟程序，採公開主義。至於得不公開情事的認定，在合議制，應由合議庭法官共同決定；在獨任制，則由該法官自行決定。法庭不公開時，審判長應將不公開的理由宣示，但仍得允許無妨礙的人旁聽，如被告或被害人的家屬，理論上都可到場旁聽。

　　本法就少年保護事件，原則採取密行主義，故調查及審理時均不公開，此因若公開審理，易使少年產生個人英雄主義，故意表現，致少年法院無法探求真實；同時在公開審理過程中，透過新聞媒體的渲染，而公開暴露少年及其家庭的私生活，會使少年因恐丟臉而不肯認錯；或者由於眾人指摘，使少年情緒受到過度刺激，減少法院對少年的改造力，故本條文前段有「調查及審理不公開」的規定。

　　至於本條文但書，例外准許少年的親屬、學校教師、從事少年保護事業的人或其他認為相當的人（如醫師、在校學生、少年犯罪研究專家）在場旁聽，其理由在於：

（一）少年的親屬在場旁聽，可使其信服法院的審理程序，並提供他們未來教養子女的借鏡。

（二）學校教師在場旁聽，有助於他們瞭解少年事件的處理方法，增進預防少年犯罪的知識。

（三）從事少年保護事業的人或其他認為相當的人在場旁聽，因他們的職責在於防止及處遇非行少年，使其在場，不但有益無害，更能加強他們保護少年的決心。

第35條（審理態度）
審理應以和藹懇切之態度行之。法官參酌事件之性質與少年之身心、環境狀態，得不於法庭內進行審理。

解說

少年的年紀尚輕，因觸犯刑罰法律或有第3條第1項第2款各目行為，而被移送法院後，在少年法院審理時，難免產生恐懼、緊張、不安的心理，此時審理案件的法官，應注意少年的心理、情緒變化，以和藹懇切的態度，訊問少年，使其暢所欲言，解除敵對及防衛態度，以期發現事件的真實，早日給予輔導、矯正的機會。

關於審理時的「和藹懇切」態度，依相關法規及實務經驗，可以下列作法來處理：

（一）少年法院的法官、書記官在開庭時，不拘形式、不穿制服，其他人員，例如選任律師為輔佐人，在少年法院執行職務時，也不穿制服（參見少年事件保護審理細則第11條），以使氣氛融洽。

（二）訊問少年，不得用強暴、脅迫、利誘、詐欺或其他不正當方法，如疲勞訊問、催眠術，或刺激神經等設備（刑事訴訟法第98條）。

（三）訊問少年時，應考量少年的學識、教育程度，使用少年容易明瞭的詞句，減少隔閡。

（四）訊問少年時，應態度誠懇，避免傷害其自尊心；與事件無關的隱私，儘量避免訊問。

（五）訊問少年時，應沉著聆聽其連續的陳述，有誇大或虛偽陳述時宜適時禁止。

　　另由於少年法院的法庭設施，對於少年仍有威嚇作用，故如考慮無須對少年威嚇即可產生效果時，本條文後段授權法官參酌事件的性質，與少年的身心、環境狀態，有選擇不於法庭內進行審理的裁量權。

第36條（法定代理人之陳述意見）
審理期日訊問少年時，應予少年之法定代理人或現在保護少年之人及輔佐人陳述意見之機會。

解說

　　審理期日，除有特別規定外，少年不到庭時不得審理，所以一般少年都會到庭應訊。而少年法院在踐行保護處分程序時，因審理的對象，以保護事件的少年為主體，所以法院在證據調查完畢後，應就少年觸法或曝險行為等事實，或其他有關的事項訊問少年，並給予少年陳述意見的機會。如少年拒絕陳述，或未受許可而退庭時，少年法院不必等少年的陳述，即可逕行為審理裁定。

　　在審理期日，少年法院應傳喚少年的法定代理人、現在保護少年的人到庭，並於訊問少年完畢後，使其有陳述意見的機會，其陳述的方法，可以用書面陳述，也可以用言詞陳述；意見的內容，包括事實上或法律上意見，兩者皆可提出。本條文所以與一般刑事訴訟程序不同，特別賦予少年的法定代理人或現在保護少年的人，可以陳述意見，其立法理由在於他們日常生活與少年朝夕相處，瞭解少年的個性、資質好壞，經由他們的陳述，有助於少年法院對少年的認識，及查明事實真相。

按現行少年保護事件審理細則第27條規定，審理期日，少年、少年之法定代理人或現在保護少年之人經合法傳喚無正當理由不到場者，少年法院認為應依本法第27條第1項、第2項、第41條或第42條第1項第1款裁定之事件，得不待其陳述，逕行審理及裁定。依上開規定，除有需裁定移送檢察官或不付保護處分、或裁定訓誡並得予以假日生活輔導外，在審理期日應有少年、少年之法定代理人或現在保護少年之人在場，否則不得進行。

至於少年的輔佐人，因其責任重在保護少年的權益，並為少年、少年的法定代理人或現在保護少年的人所選任，自應協助少年就事實的來龍去脈或法律的適用情形，為有利於少年的陳述；同時在審理期日，到場為少年的利益陳述意見，以補充少年陳述的不足。

李小軒為某國民中學三年級學生，平時品學兼優，最近模擬考試更獲得全校第三名，深獲學校師長的喜愛。某日因受同班同學方志鵬的引誘，一起到學校附近的滿天星電動玩具店賭博金撲克，被警察查獲，移送高雄少年及家事法院審理。因李小軒的父親已死亡，母親又不識字，其導師許老師可否在少年法院審理時在場旁聽？能否陳述李小軒在校的一切情況？

按少年保護事件，本身即含有教育、輔導與矯治的功能，必須結合與少年有關人員，配合少年法院相互合作，才能發揮功效。為此本法第34條規定，少年保護事件之審理過程雖不公開，但可准許少年的親屬、學校老師在場旁聽，所以李小軒的導師許老師，可以在少年法院審理時在場旁聽。不過依本法第

36條規定，審理期日訊問時，只有少年或少年的法定代理人、現在保護少年的人及輔佐人才可以陳述意見，許老師既非上述人員，自不可當庭就少年李小軒在校情況陳述意見。

第37條（調查證據）

審理期日，應調查必要之證據。

少年應受保護處分之原因、事實，應依證據認定之。

解說

　　證據，乃係判斷事理使臻明確的依據，少年法院就移送、請求或報告的事實，詳細訊問後，進一步依本條文第1項規定於「審理期日，應調查必要的證據」，以符直接審理主義的精神。

　　調查證據的方式，如訊問證人、鑑定人、履勘現場、相驗屍體、辨認證物、交閱文件、朗讀文書、命有關機關提出報告等均可。關於證據的調查與取捨，雖可由法官以自由心證決定，但如有違反法定證據主義原則，如少年調查官依本法第19條第1項為調查，並與少年或其法定代理人談話，製作筆錄，該筆錄若未於審理時，踐行證據調查程序，即不得作為少年法院裁定的根據。

　　本條文第2項規定「少年應受保護處分之原因、事實，應依證據認定之」，其立法意旨與刑事訴訟法第154條規定「犯罪事實應依證據認定之，無證據不得推定其犯罪事實」相符，故少年應受保護處分的裁定書內，應將認定的觸法或曝險行為事實所憑的證據，於理由內詳為記載，若無證據，則不得推定

少年有應受保護處分的原因、事實。

　　少年法院法官在依職權調查證據時，應注意下列幾項原則：

（一）所採證據須經過合法調查程序，因此證物應令少年辨認，書證應向少年宣讀或告以要旨。

（二）無證據能力者，不得作為判斷的依據。

（三）證據不得顯與事理有違。

（四）證據不得與所認定的事實不符合。

（五）少年的自白，非出於強暴、脅迫、利誘、詐欺、違法收容或其他不正當的方法，且與事實相符者，才可採為證據。

（六）證人於審理外的陳述，除法律另有規定外，不得作為證據。

（七）訊問證人或鑑定人後，應賦予少年詰問的機會，或詢問有無意見。

第38條（陳述時之處置）

少年法院認為必要時，得為下列處置：

一、少年為陳述時，不令少年以外之人在場。

二、少年以外之人為陳述時，不令少年在場。

前項少年為陳述時，少年法院應依其年齡及成熟程度權衡其意見。

解說

　　本條文為少年法院審理時「隔離訊問」的規定。法官在運用隔離訊問方式時，應以「必要時」為限。所謂「必要時」，

指少年法院基於客觀情況或需要，非以此種訊問方式，不足以發現眞實或避免損傷少年或其他人的自尊或權益時，即可採行。

隔離訊問的處置有二：

（一）少年爲陳述時，不令少年以外的人在場：此因本法雖採審理不公開主義，但在審理時，少年的法定代理人、現在保護少年的人、輔佐人、少年調查官、學校老師仍可在場，致使少年有所顧忌，爲使少年能坦白供述觸法事實或第3條第1項第2款各目行爲等事實，此時應令少年以外的人暫時退場，以使少年能盡情陳述。

（二）少年以外的人爲陳述時，不令少年在場：爲防止少年因知悉他人所爲陳述的內容，進而企圖串通、欺騙、捏造或隱瞞行爲的事實，少年法院亦可採取同樣措施，使少年以外的人在陳述時，令少年暫時退場，俟其陳述完畢後，再命雙方共同在場，針對各人供述相互矛盾之處，詰問追究，以查明眞相。

參酌兒童權利公約第10號一般性意見與第12號一般性意見第1點，少年應於司法程序中享有陳述意見之權利，且其意見應依其年齡及成熟程度獲得適當考慮，民國108年修正增訂第2項，明定少年法院應依少年年齡及成熟程度權衡其意見，俾作爲裁判之參考。

第39條（調查官之陳述）

少年調查官應於審理期日出庭陳述調查及處理之意見。

少年法院不採少年調查官陳述之意見者，應於裁定中記載不採之理由。

解說

依本法第19條第1項規定，少年調查官承少年法院命令，於法院審理前先調查少年或收容中的少年相關事項，並提出「少年個案調查報告」，附具意見，以供法院決定是否應予審理之參考。在少年法院依調查結果，認為應付審理，並為開始審理的裁定後，基於：（一）職務上需要；（二）使在場的少年法定代理人、現在保護少年的人、輔佐人等瞭解少年觸法或曝險行為的情況，及實施何種保護處分始可收效有所認識；（三）以專業觀點提出報告，作為少年法院法官裁定的依據，因而再於本條文明確規定，少年調查官應於審理期日出庭陳述調查及處理意見。

少年調查官，在少年法院審理期日陳述的內容，應包括少年與事件有關的行為、少年的品格、經歷、身心狀況、家庭生活、社會環境、教育程度、其行為後的改善情形，以及應以何種處遇較為適當等；其所陳述的意見，不以有利於少年者為限，即不利於少年者亦可陳述；除事實陳述外，也可以表示法律意見，以使法官能夠參考其調查報告及陳述，對少年作最適當的處分，這是一般成年犯所沒有的。

一般少年法院受理少年事件後，應即通知少年調查官為必要之調查，並得指示應調查之事項、範圍與期限。少年調查官除有特殊情事經陳明法官外，應如期完成調查，提出報告，並附具對少年處遇之具體建議（參見少年保護事件審理細則第15條）。對於少年調查官調查的結果，少年法院本於職權進行主義，仍應調查相關證據，不得採為認定事實的唯一證據；且為尊重少年調查官的專業，法院不採納其意見者，應於裁定中記載不採納的理由，以免重蹈目前部分法院，調查報告流於形

式，及法官不尊重專業的弊病。

第40條（移送之裁定）

少年法院依審理之結果，認為事件有第二十七條第一項之情形者，應為移送之裁定；有同條第二項之情形者，得為移送之裁定。

解說

　　本條文為少年法院在審理後移送檢察官的規定。原本少年法院於受理少年事件後，在為開始審理的裁定前，認為少年的觸法行為，以受刑事處分為適當者，應即依本法第27條規定，裁定移送有管轄權的檢察官偵查起訴。惟有時因少年法院在實施調查時不夠詳盡，致依少年保護事件裁定開始審理；或因少年隱瞞年齡已滿二十歲的事實等，迨進入審理階段才發現，此時即應依本條文規定，裁定移送有管轄權的地方檢察署檢察官偵查處理。

　　本條文前段所稱「少年法院依審理之結果，認為事件有第27條第1項之情形者」，指少年法院經審理後，由證據資料認定少年所犯最輕本刑為五年以上有期徒刑之罪；或者少年的觸法行為，在事件繫屬後，年齡已滿二十歲，均應移送檢察官，由其依少年刑事案件的程序來處理。例如：少年小龍在少年法院調查中原認定是構成普通傷害罪，並無受刑事處分的必要，經裁定開始審理後，始發現少年所犯為刑法第271條第2項的殺人未遂罪，其法定刑為死刑、無期徒刑或十年以上有期徒刑，屬於本法第27條第1項應裁定移送有管轄權地方檢察署檢察官

的案件，自應爲移送的裁定。

　　惟檢察官對少年法院依本法第27條第1項第1款規定移送之案件，經偵查結果，認爲係犯該款規定以外之罪者，則應依刑事訴訟法第255條第1項規定爲不起訴處分，並於處分確定後，將案件移送少年法院（參見少年事件處理法施行細則第11條）。

　　本條文後段所稱「少年法院依審理之結果，認爲事件有第27條第2項之情形者」，指少年法院經審理後，由證據資料認定，少年的犯罪情節重大，而從其品行、性格、經歷等情況來看，以受刑事處分較爲適當者，得以裁定移送於有管轄權的地方檢察署檢察官，由檢察官依法偵查、起訴，按少年刑事案件的公訴程序處理。

　　應特別注意者，少年法院於調查或審理中，對於觸犯告訴乃論之罪而其未經告訴、告訴已經撤回或已逾告訴期間之十四歲以上少年，應逕依少年保護事件處理，毋庸裁定移送檢察官。檢察官偵查少年刑事案件，認有前項情形者，應依刑事訴訟法第252條第5款規定爲不起訴處分，並於處分確定後，將案件移送少年法院依少年保護事件處理。其因未經告訴或告訴不合法而未爲處分者，亦同。少年法院審理少年刑事案件，認有第1項情形者，應依刑事訴訟法第303條第3款之規定諭知不受理判決，並於判決確定後，依少年保護事件處理。其因檢察官起訴違背本法第65條第1項、第3項規定，經依刑事訴訟法第303條第1款之規定諭知不受理判決確定，而應以少年保護事件處理者，亦同。前三項所定應依保護事件處理之情形，於少年超過二十一歲者，不適用之（參見少年事件處理法施行細則第9條）。

少年事件處理法

小凱為十七歲在學少年，平日不知求學上進，時常與閒雜人士交往，某天晚上11點多鐘，因經常攜帶童軍刀，在地下舞廳被台北市政府警察局少年隊臨檢時，趁機脫逃，行方不明，二年半後始遭到查獲，惟警方誤為移送檢察官，檢察官亦未即時發覺，俟移送少年法院處理時，小凱已滿二十歲，少年法院應否就該事件續為實體上的審究？

少年法院調查或審理的對象，依本法第27條第1項第2款規定，以未滿二十歲的人為限，如於事件繫屬後少年已滿二十歲，該事件在法律上即不再容許為保護處分，其為犯罪事件，依少年事件處理法第40條規定，應移送檢察官偵辦；其為曝險事件，則應依同法第41條裁定諭知不付保護處分。

小凱進出地下舞廳，且無正當理由經常攜帶刀械，屬於本法第3條第1項第2款第1目規定的曝險行為，因在事件繫屬後已滿二十歲，故此時少年法院毋庸就該事件續為實體上的審究，應逕以程序上的理由終結，裁定諭知不付保護處分。

實例二

少年方家豪犯贓物罪，少年法院依調查結果，認為有少年事件處理法第27條第2項情形，以裁定移送有管轄權的地方檢察署檢察官；然依偵查結果，檢察官認為案件不屬該條範圍，為不起訴處分確定後，又依同法第18條規定，移送少年法院依保護事件審理。少年法院審理結果，復認為案件有第27條第2項情形，此時能否依同法第40條規定，再為移送檢察官的裁定？

按檢察官不起訴處分確定後，在一般刑事偵查案件，縱然

高等檢察署檢察長命令發回續行偵查，若無發現新事實、新證據的情形，即不得再行起訴，對此司法院院解字第223號著有解釋，故經檢察官處分不起訴確定的案件，少年法院依保護事件審理的結果，縱認有少年事件處理法第27條第2項情形，非有確實的新事實、新證據，仍不得依同法第40條規定，再將少年方家豪移送有管轄權的地方檢察署檢察官偵查。

第41條（不付保護處分之裁定）
少年法院依審理之結果，認為事件不應或不宜付保護處分者，應裁定諭知不付保護處分。
第二十八條第二項、第二十九條第三項、第四項之規定，於少年法院認為事件不宜付保護處分，而依前項規定為不付保護處分裁定之情形準用之。

解說

　　少年保護事件，經審理結果，認為有不應付保護處分的原因，或不宜付保護處分的情形發生時，應裁定諭知不付保護處分，以終結事件。

　　所謂事件有「不應付保護處分」的原因，指少年法院由審理所獲致的證據資料，顯示該特定少年無付保護處分的法律上容許性。例如：少年的觸法事件或曝險事件，無確切的事實或證據可以證明；或者少年的觸法事件，有阻卻違法的原因；或者少年本人已死亡、長期所在不明，以及少年行為時有心神喪失等，少年法院均應依本條文第1項，為不付保護處分的裁定。

少年事件處理法

　　所謂事件有「不宜付保護處分」的情形，其性質與本法第29條「認為以不付審理為適當」的情形類似，係指少年法院經調查後，認為該特定少年在事實上已無再付保護處分的必要。例如：少年雖有曝險行為，但經少年法院交付少年調查官為一定期間的觀察後，發現少年已改悔向上，重新做人，故已無再付保護處分的必要；或者同一少年同時有本法第3條第1項第1、2款的行為，其觸法事件部分，業經受有期徒刑以上刑的宣告確定，此時就其餘的曝險行為部分，已無必要再為保護處分的諭知，故少年法院應依本條文裁定諭知不付保護處分（參見少年事件保護審理細則第17條）。

　　少年法院認為事件不宜付保護處分，而為不付保護處分裁定時，如發現少年有心神喪失情形時，依本條文第2項規定，得準用第28條第2項，使令入相當處所實施治療；同時並得斟酌情形，經少年、少年之法定代理人及被害人同意，轉介適當機關、機構、團體或個人進行修復之程序，或命少年為下列各款行為：

（一）向被害人道歉。

（二）立悔過書。

（三）對被害人之損害負賠償責任；該損害負賠償責任少年的法定代理人應負連帶賠償的責任，並得為民事強制執行程序的執行名義。

　　少年何守義觸犯恐嚇罪，經少年法院裁定開始審理後，始知悉少年於行為時，罹患精神分裂症，有精神耗弱現象，現住院治療中，短期內恐難痊癒，無法受保護處分的執行。此時得

否對於少年何守義的行為，諭知不付保護處分？

　　少年事件處理法第41條第1項所謂「認為事件不應或不宜付保護處分」，係指事件無付保護處分的法律上容許性與事實上的必要性而言。前者指少年行為不成立、裁定時已滿二十歲或少年已死亡等情形；後者如少年經交付觀察而改善行狀，認無諭知保護處分的必要等是。

　　本案例中的少年何守義所罹患精神疾病，尚未達心神喪失程度，固非不應付保護處分原因；惟因本條文在民國86年10月修正時，認為少年法院對於少年事件具體個案的審理，如認不付保護處分對於少年更具正面效果者，自宜賦予少年法院彈性處理的權責，殊無強使少年受保護處分的必要，故增訂「不宜付保護處分者」，亦可裁定諭知不付保護處分，俾能使法院作最妥適處理。基此，少年所患精神分裂症，雖只達精神耗弱程度，少年法院仍得依本法第41條第1項後段，諭知不付保護處分。法院在為該裁定時，應儘可能一併諭知少年令入相當處所實施治療，以保護、輔導有精神疾病的少年。

第42條（保護處分及禁戒治療之裁定）
少年法院審理事件，除為前二條處置者外，應對少年以裁定諭知下列之保護處分：
一、訓誡，並得予以假日生活輔導。
二、交付保護管束並得命為勞動服務。
三、交付安置於適當之福利、教養機構、醫療機構、執行過渡性教育措施或其他適當措施之處所輔導。
四、令入感化教育處所施以感化教育。

少年有下列情形之一者，得於為前項保護處分之前或同時諭知下列處分：

一、少年施用毒品或迷幻物品成癮，或有酗酒習慣者，令入相當處所實施禁戒。

二、少年身體或精神狀態顯有缺陷者，令入相當處所實施治療。

第一項處分之期間，毋庸諭知。

第二十九條第三項、第四項之規定，於少年法院依第一項為保護處分之裁定情形準用之。

少年法院為第一項裁定前，認有必要時，得徵詢適當之機關（構）、學校、團體或個人之意見，亦得召開協調、諮詢或整合符合少年所需之福利服務、安置輔導、衛生醫療、就學、職業訓練、就業服務、家庭處遇計畫或其他資源與服務措施之相關會議。

前項規定，於第二十六條、第二十八條、第二十九條第一項、第四十一條第一項、第四十四條第一項、第五十一條第三項、第五十五條第一項、第四項、第五十五條之二第二項至第五項、第五十五條之三、第五十六條第一項及第三項情形準用之。

解說

（一）少年保護事件，經少年法院審理結果，認為少年的觸法或虞犯行為，事實與證據明確，但並無移送檢察官偵查起訴的必要時，應將該少年交付保護處分，以保障及矯正少年。

（二）依少年保護事件審理細則第40條第1項規定，保護處分之裁定書，應分別記載主文、事實與理由；又第42條規定，少年法院在諭知保護處分時，應於裁定書理由欄內分別記載下列事項：

1. 認定應付保護處分事實所憑之證據及其認定之理由。

2. 對於少年有利之證據不採納者，其理由。

3. 依本法第42條第1項各款諭知保護處分及其執行方式所審酌之理由。

4. 對於少年調查官到庭陳述意見不採納者，其理由。

5. 諭知沒收或附隨處分者，其理由。

6. 適用之法律。

（三）少年保護處分的種類，依本條文規定，共有下列七種：

1. **訓誡：**

指訓斥告誡的處置，為保護處分中最輕的一種，通常由少年法院法官，逐向少年指明其不良行為，曉諭以將來應遵守的事項，並可命其書立悔過書，使其改過遷善、預防再犯。

2. **訓誡及假日生活輔導：**

指少年法院對少年諭知訓誡處分時，得併諭知將少年交付少年保護官，於少年的假日，對其施以品德教育、輔導學業，並得命為勞動服務，使其養成勤勞守法習慣的一種附隨處分。假日生活輔導的次數為3到10次，其次數由少年保護官視其輔導成效而定，並非由法官在為保護處分裁定時，一併諭知。又假日生活輔導的方式，少年法院得依少年保護官的意見，將少年交付適當的機關、團體或個人加以輔導，但應受少年保護官的指導。

129

3. 保護管束：

指於一定期間內，將不適宜刑事處分，又不宜訓誡、假日生活輔導，或令入感化教育處所施以感化教育的少年，將其交付少年保護官，加以監督、管束、輔導的保護處分；其處分期間，不得逾三年，且至多執行至滿二十一歲爲止（少年事件處理法第53、54條）。保護管束處分，爲少年保護事件中，非收容性處分最嚴重的一種，目的在藉由監督受處分少年，是否遵行「應遵守事項」，並由少年保護官常與其接觸，注意行爲舉止，隨時加以糾正；同時對其教養、醫治、疾病、謀求職業及改善環境，予以相當輔導，命其爲勞動服務，期能促使少年改悔向上，培養守法、勤勞的習性。

4. 交付安置於適當福利、教養機構、醫療機構、執行過渡性教育措施或其他適當措施之處所輔導：

保護處分能否發揮功能及達到矯治目標，其種類及實施具體處遇的內容，俱爲應注意者。不但應取得民間社會團體及機構的參與，且對特殊類型的少年，宜採特別的保護處分，因此，保護處分多樣化，已成爲時代需求。爲此，在本法修正時，乃增訂交付安置輔導處分，使少年法院依少年行爲性質、身心狀況、學業程度及其他必要事項，分類交付適當的福利、教養機構、醫療機構、執行過渡性教育措施或其他適當措施之處所來執行，其期間爲二月以上，二年以下（少年事件處理法第55條之2），受少年法院的指導。條文中所稱「執行過渡性教育措施之處所」係指中途學校、中介教育及戒毒學園等教育機關（構）或教育處（所），併予敘明。

另依少年保護事件審理細則第41條規定，諭知安置輔導處分之裁定書，應於主文中指明受交付之機構名稱。前項情形，

如受交付機構無法接受少年，應由少年法院另以裁定指定之。

5. **實施感化教育：**

指將少年交付感化教育處所，如少年輔育院（或少年矯治學校），施以一定期間的感化教育，以矯正少年不良習性，使其悔過自新；授予生活智能，俾能自謀生計；並按其實際需要，實施補習教育，使其得有繼續求學機會的保護處分。感化教育的處分期間，少年法院在裁定時，依本條之第3項規定，雖毋庸諭知，但不得逾三年。

6. **禁戒處分：**

即少年染有煙毒癮癖，吸用麻醉或迷幻物品成癮，或有酗酒習慣時，令入相當處所，例如煙毒勒戒所、公私立醫院，實施禁戒的保護處分。禁戒處分，本身並非一種獨立的保護處分，需附隨前開五種保護處分，於裁定前或同時諭知。

7. **強制治療：**

即少年身體或精神狀態顯有缺陷，少年法院除就其非行選擇適合的訓誡，並予假日生活輔導、交付保護管束、交付安置輔導、令入感化教育處所施以感化教育等處分外，並得將其交付適當的場所，實施治療，以協助治癒其身心缺陷的急要措施。強制治療與前款禁戒處分相同，法院固可於裁定保護處分時一併諭知，惟少年如吸食迷幻物品成癮，或有缺陷待醫，往往於裁定保護處分前，即需急速加以禁戒或治療，故本條文第2項規定，於裁定保護處分前，亦得先行諭知禁戒或治療的處分。

經少年法院以裁定諭知第42條各項保護處分時，基於強化被害人保障的考量，本條文第4項有關準用第29條第3、4項等

規定，使少年法院並得斟酌情形，經少年、少年之法定代理人及被害人同意，轉介適當機關、機構、團體或個人進行司法修復之程序，或命少年為下列各款行為：

（一）向被害人道歉。

（二）立悔過書。

（三）對被害人之損害負賠償責任；該損害負賠償責任少年的法定代理人應負連帶賠償的責任，並得為民事強制執行程序的執行名義。

　　另為落實兒童權利公約第40條處遇多樣化，及我國首次國家報告國際審查會結論性意見第96點，建議政府「依兒童及少年福利與權益保障法而非少年事件處理法處理十四歲以下觸法兒少，並通過必要的立法程序讓其生效」、「透過兒童及少年福利與權益保障法提供有偏差行為之兒童必要的支持與保護」、「確保剝奪自由之刑罰為最後手段」等意旨，民國108年修正本法時，參照本法第25條、兒童及少年福利與權益保障法第23條、第24條、第34條至第37條、第46條、第52條至第57條、第60條至第65條、第67條、第68條、第71條至第75條等規定，新增第5項，明定：「少年法院為第一項裁定前，認有必要時，得徵詢適當之機關（構）、學校、團體或個人之意見，亦得召開協調、諮詢或整合符合少年所需之福利服務、安置輔導、衛生醫療、就學、職業訓練、就業服務、家庭處遇計畫或其他資源與服務措施之相關會議。」

　　新增第5項有關徵詢適當之機關（構）、學校、團體或個人之意見，或召開協調、諮詢或整合會議等規定，於少年法院依本法第26條為責付或收容、第28條或第29條第1項為不付審理、第41條第1項為不付保護處分、第44條第1項為交付觀察、

第51條第3項將少年交付適當之福利或教養機構等執行保護管束、第55條第1項免除保護管束之執行、第4項撤銷保護管束、第55條之2第2項至第5項免除、延長或撤銷安置輔導、變更安置機構、第55條之3核發勸導書、第56條第1項免除或停止感化教育之執行時,亦可準用。

　　劉小明係民國年90年9月1日出生,為未滿十八歲的少年,其於108年1月底至同年3月20日止,連續在台北市各賓館、飯店、電動遊樂場等地,非法吸用K他命,迄同年3月21日凌晨1時30分許,為警方查獲,嗣經移送少年法院後責付予其父母,但劉小明猶不知自我約束,仍繼續吸用K他命,此時少年法院究應如何處置較為恰當?

　　劉小明一再非法吸用K他命,由於K他命為第三級毒品,雖不構成毒品危害防制條例的施用毒品罪名。但少年的此項曝險行為,與吸食K他命成癮的情況,應諭知令入相當處所實施禁戒處分;同時密切觀察、追蹤禁戒的成效,並可責由專人予以長期輔導,故可併予宣付保護管束。此時少年法院可以在裁定書主文欄內諭知「劉小明交付保護管束,並令入相當處所實施禁戒」的保護處分。

第43條（沒收規定之準用）

刑法及其他法律有關沒收之規定,於第二十八條、第二十九條、第四十一條及前條之裁定準用之。

少年法院認供本法第三條第一項第二款各目行為所用或所得之物不宜發還者,得沒收之。

少年事件處理法

解說

　　本條文為刑法及其他法律有關沒收條文的準用規定。按沒收，為國家剝奪與犯罪有密切關係之物的所有權，以強制方法，收歸國庫的一種強制處分。因此，在少年保護事件中，本條文第1項，僅限於少年觸犯刑罰法律時，才可以依本條文規定，以裁定諭知沒收的處分。應注意的是，不論本法第28條的應不付審理裁定、第29條的宜不付審理裁定、第41條的不付保護處分裁定，或者第42條的保護處分裁定，只要少年有本法第3條第1項第1款的觸法行為，均可宣告沒收，並不以少年應受刑事有罪判決為必要。且裁定沒收處分，由少年法院自行執行，與一般刑事案件的沒收，由檢察官執行者不同。

　　關於少年保護事件準用沒收的規定有：

（一）刑法有關沒收的規定

1. 第38條：「違禁物，不問屬於犯罪行為人與否，沒收之。供犯罪所用、犯罪預備之物或犯罪所生之物，屬於犯罪行為人者，得沒收之。但有特別規定者，依其規定。前項之物屬於犯罪行為人以外之自然人、法人或非法人團體，而無正當理由提供或取得者，得沒收之。但有特別規定者，依其規定。前二項之沒收，於全部或一部不能沒收或不宜執行沒收時，追徵其價額。」

2. 第38條之1：「犯罪所得，屬於犯罪行為人者，沒收之。但有特別規定者，依其規定。犯罪行為人以外之自然人、法人或非法人團體，因下列情形之一取得犯罪所得者，亦同：一、明知他人違法行為而取得。二、因他人違法行為而無償或以顯不相當之對價取得。三、犯罪行為人為他人實行違法行為，他人因而取得。前二項之沒收，於全部或一部不能沒

收或不宜執行沒收時，追徵其價額。第一項及第二項之犯罪所得，包括違法行為所得、其變得之物或財產上利益及其孳息。犯罪所得已實際合法發還被害人者，不予宣告沒收或追徵。」

3. 第38條之2：「前條犯罪所得及追徵之範圍與價額，認定顯有困難時，得以估算認定之。第三十八條之追徵，亦同。宣告前二條之沒收或追徵，有過苛之虞、欠缺刑法上之重要性、犯罪所得價值低微，或為維持受宣告人生活條件之必要者，得不宣告或酌減之。」

4. 第38條之3：「第三十八條之物及第三十八條之一之犯罪所得之所有權或其他權利，於沒收裁判確定時移轉為國家所有。前項情形，第三人對沒收標的之權利或因犯罪而得行使之債權均不受影響。第一項之沒收裁判，於確定前，具有禁止處分之效力。」

5. 第40條：「沒收，除有特別規定者外，於裁判時併宣告之。違禁物或專科沒收之物得單獨宣告沒收。第三十八條第二項、第三項之物、第三十八條之一第一項、第二項之犯罪所得，因事實上或法律上原因未能追訴犯罪行為人之犯罪或判決有罪者，得單獨宣告沒收。」

6. 刑法分則第121條不違背職務的受賄罪、第122條違背職務受賄罪、第200條偽造變造貨幣罪、第205條偽造有價證券罪、第219條偽造印章印文罪、第266條賭博罪等，所規定的沒收，均可準用。

（二）其他法律有關沒收的規定

如毒品危害防制條例第18條第1項前段、第19條，貪污治罪條例第10條、妨害國幣懲治條例第6條、通訊保障及監察法

第26條、洗錢防制法第15條等有關沒收的規定，在少年保護事件的不付審理裁定、不付保護處分裁定或保護處分裁定，均可予以準用。

對於少年有第3條第1項第2款各目行為時所用或所取得物品，因少年並未觸犯刑罰法律，故無從依本條第1項規定併予宣告沒收，惟少年所持有的強力膠、水果刀等物品，法院欲沒收時，常嫌於法無據，如發還少年又有所不宜，致引發實務處理上之困擾，在民國86年10月修正本法時，增訂第2項規定，俾在處理少年非行扣押、沒收物品時有法律依據。

少年李小展無正當理由，經常無故攜帶小刀，進出公共場所，某晚在夜店飲酒作樂時，經警察查獲，該被扣案的小刀，如係李小展所有，又非屬違禁物時，少年法院可否以裁定宣告沒收？

依修正前少年事件處理法，因少年李小展無故攜帶危險刀械，並非觸法行為，僅係曝險行為的構成要件，其所攜帶的小刀，與供犯罪所用的物品有別，舊法第43條的規定，於少年觸犯刑罰法令時始有適用，不包括曝險少年所攜帶的刀械，故不得依該條文準用刑法第38條第1項第2款，比照供犯罪所用之物予以裁定沒收。當時實務上在調查或審理時，往往由少年法院曉諭少年拋棄，並出具拋棄書；或由書記官記明筆錄，俟案件確定後，將小刀加以銷燬。

本法在修正後，業於第43條第2項增訂：「少年法院認供第三條第一項第二款各目行為所用或所得之物，不宜發還者，得沒收之。」已明文規定就曝險行為所用或所得之物，得加以

扣押，故少年法院自得以裁定宣告沒收該小刀。

第44條（交付觀察之裁定）

少年法院為決定宜否為保護處分或應為何種保護處分，認有必要時，得以裁定將少年交付少年調查官為六月以內期間之觀察。

前項觀察，少年法院得徵詢少年調查官之意見，將少年交付適當之機關、學校、團體或個人為之，並受少年調查官之指導。

少年調查官應將觀察結果，附具建議提出報告。

少年法院得依職權或少年調查官之請求，變更觀察期間或停止觀察。

解說

本條文為審理中交付觀察的規定。所謂「交付觀察」，指少年法院於審理少年保護事件時，對於少年是否應付保護處分，或應為何種保護處分，尚需試驗察看其一切情狀，因而暫以裁定將少年交付少年調查官，為相當期間的觀護處置。交付觀察制度如運用得宜，可以發揮診斷作用、治療作用和調適作用，不但毋庸再利用保護處分，即可促使少年及時改善言行；同時由於少年調查官的深入調查、分析和鑑別，尤可促使法官諭知最適當的保護處分，所以是一個相當值得採行的制度。

交付觀察的對象，宜以情節較為輕微、少年行為動機不明、智力較低或偶發犯的少年為主，對於惡性重大的少年，恐不宜以此交付觀察方式，促其自新。

少年事件處理法

　　依少年保護事件審理細則第23條規定：「少年法院依本法第四十四條規定以裁定將少年交付少年調查官為觀察者，應於裁定內指定其觀察期間，並得就應觀察事項為適當之指示。少年經依本法第四十四條第二項交付適當之機關、學校、團體或個人為觀察時，少年調查官應與各該受交付者隨時保持聯繫，並為適當之指導。前兩項觀察之執行，除另有規定外，得準用有關執行保護管束之規定。少年調查官應於觀察期滿後十四日內，就觀察結果提出報告，並附具對少年處遇之具體建議。」因此，將少年交付觀察，應製作裁定書，記載下列事項：

（一）交付觀察的少年姓名。

（二）少年的法定代理人或現在保護少年的人姓名。

（三）交付觀察的意旨。

（四）觀察的期間。

（五）指定少年應遵守的事項，並命其履行。

（六）指定關於監督少年的必要事項，命少年的法定代理人或現在保護少年的人注意。

　　交付觀察的裁定，屬於審理程序中所為的裁定，故不可提起抗告；但為使少年調查官、少年、法定代理人或現在保護少年的人，獲悉裁定內容以利觀察的實施，故應為裁定正本的送達。

　　交付觀察，由少年調查官負責實施觀察，其期間依本條文第1項規定，不得超過六個月。少年調查官，在法院指定的期間，應儘速釐定觀察計畫、實施觀察，提出觀察報告並附具意見。在執行過程中，少年調查官可以隨時輔導少年履行法院指定其應遵守的事項，矯正不良習性，必要時亦可建議少年的法定代理人或現在保護少年的人，對少年嚴加管教，經由三方面

的配合，以改善少年的非行。

　　另為針對少年的行為、性格、心態為個案的輔導，宜視個案特性妥適選擇輔導、觀察少年的人，故本條文第2項增訂，對於交付觀察，少年法院得徵詢少年調查官的意見，將少年交付適當的機關、學校、團體或個人來負責觀察少年，並受少年調查官的指導。

　　又少年調查官應將調查結果，附具建議提出報告，以供少年法院決定保護處分及應為何種保護處分的參考依據。在觀察期間，如有情事變更或停止觀察必要時，少年法院得依職權或應少年調查官的請求，變更觀察期間或停止觀察；例如原定觀察期間為五月，但因少年表現良好，反躬自省，切實悔悟，此時自得由少年調查官請求少年法院，停止觀察；相反地，如交付觀察期間僅二月，但少年在該期間內小錯不斷，此時宜由少年調查官，請求法院變更觀察期間為五月，以深入瞭解診斷和治療少年，調整偏差觀念，儘早導入正途。

　　陳小銘係民國91年3月5日生，現就讀台北市某國民中學三年級。因受另案處理少年胡小寶的引誘，參與該少年所組織的松山區十三太保不良組織，經常深夜在外游蕩，攜帶危險器械出入少年不當進入之場所，經其法定代理人陳文賢報請台北市政府警察局少年隊，移送台北地方法院少年法庭調查後，裁定開始審理，為決定應否予以保護處分，認有交付觀察必要時，其裁定主文應如何撰寫較為適當？

　　本案例中陳小銘的行為，屬於少年事件處理法第3條第1項

第2款第1目的曝險行為，經少年法庭調查後，裁定開始審理。為決定應否為保護處分，認有必要時，法官自可裁定交付觀察，其裁定主文可以記載為：

「陳小銘交付少年調查官觀察三個月。

觀察期間陳小銘每日放學後應按時回家，不得在外游蕩或攜帶危險器械並應書寫日記，記載上課或幫助家務情形，字數不得少於八百字；不得敷衍、抄襲，字跡應工整；每週應至少向少年調查官處報到一次，接受少年調查官的指導。

法定代理人陳文賢應注意監督陳小銘放學後有無按時回家，並應督導其在家自修及分配適當工作，養成該少年勤勉的習慣。」

第45條（另有裁判處分之撤銷）
受保護處分之人，另受有期徒刑以上刑之宣告確定者，為保護處分之少年法院，得以裁定將該處分撤銷之。
受保護處分之人，另受保安處分之宣告確定者，為保護處分之少年法院，應以裁定定其應執行之處分。

解說

本條文為規定保護處分的撤銷與定應執行的處分。少年法院就保護事件的少年，以裁定諭知訓誡、假日生活輔導、交付安置輔導、保護管束或感化教育等處分，其目的無非在藉由保護處分的執行，以矯治及輔導少年，並非含有懲罰的意味。惟少年法院對於同一少年先後所為的數保護事件，未為併案處理，或為停止審理的處置；或者同一少年同時觸犯本法第3條

第1項第1、2款的觸法行為或曝險行為時，觸法部分經移送檢察官偵查起訴，而曝險部分少年法院未停止審理，仍為保護處分的裁定，造成保護處分與刑事處分併存，保護處分無法執行的現象，為此本條文第1項即規定「受保護處分的人，另受有期徒刑以上刑之宣告確定者」，少年法院即得將該保護處分撤銷。可見得撤銷的保護處分，有下列二個要件：

（一）須同一少年，既受保護處分，又受有期徒刑以上刑之宣告確定，而非基於同一事件者。

（二）須該有期徒刑以上刑罰的執行，與保護處分的執行，無法併存或無併存的必要者，例如：受感化教育保護處分的少年，另受有期徒刑三年的宣告確定，自無再執行保護處分的必要，應以裁定將該處分撤銷。

　　本條文第2項為定其應執行處分的裁定。我國司法制度，對於少年除依本法規定諭知保護處分外，並得依刑事訴訟程序，予以處刑及宣告保安處分。因此同一少年先後所為數事件，即可能會發生因分別繫屬不同審判機構，致審理結果，某些事件屬於保護事件，經少年法院以裁定為保護處分的諭知；某些事件屬於刑事事件，經刑事庭或少年法院為感化教育、監護、禁戒、強制工作、強制治療、感化教育等保安處分宣告確定，使保護處分與保安處分呈現併存的情形，為免適用上困難，故本條文第2項規定「為保護處分之少年法院，應以裁定定其應執行之處分」，而無須重複執行或逐一執行。

　　目前少年事件處理法施行細則第12條亦配合規定，少年受保安處分之保護管束宣告，並另受保護處分之保護管束宣告，依本法第45條第2項定其應執行處分者，少年法院得裁定執行其一，或併執行之，可供參照。

少年事件處理法

　　少年張明忠因傷害案件，經少年法院依保護事件，裁定交付保護管束確定；嗣又因竊盜刑事案件，經法院判處有期徒刑三個月，緩刑二年，緩刑中交付保護管束確定，此時應如何執行？

　　本案件不得引用少年事件處理法第45條規定，將保護處分撤銷，因本法第45條所規定宣告刑，不包括併受緩刑宣告的情形在內。且緩刑中的保護管束為二年，而受保護處分的保護管束最長可達三年，裁定執行較短的保安處分中的保護管束，並非允當。此時可以由執行機關依「保安處分執行法」第4條之1第1項第6款規定：「宣告多數保護管束，期間相同者，執行其一；期間不同者，僅就其中最長期間者執行之。但另因緩刑期內或假釋中付保護管束者，同時執行之。」將兩案保護管束同時執行，不必另為裁定。

> **第46條**（定應執行之處分與處分之撤銷）
> 受保護處分之人，復受另件保護處分，分別確定者，後為處分之少年法院，得以裁定定其應執行之處分。
> 依前項裁定為執行之處分者，其他處分無論已否開始執行，視為撤銷。

解說

　　本條文為關於數保護處分併存時，法院應如何定其應執行處分的規定。由於同一少年先後為多數觸法或曝險行為，分別繫屬於不同管轄、不同地區的少年法院，經審理結果，各

依本法第42條規定，先後諭知相同（如同爲交付保護管束）或不相同保護處分（如前者爲訓誡並得予以假日生活輔導，後者爲令入感化教育處所施以感化教育），若各該處分均已確定，且已生執行力時，爲免少年因頻受保護處分，造成就學、就業困難，並解決實際上的法律爭議，故於本條文第1項規定，由「後爲處分之少年法院，得以裁定定其應執行之處分」。即授權由最後諭知保護處分的少年法院，依職權或少年、法定代理人、現在保護少年的人、保護處分執行機關的聲請，擇定一項最適當的保護處分來執行，而不需要重複執行或逐一執行。

此外，本條文第1項所規定的「以裁定定其應執行之處分」，其法律效果與第45條第1項「得以裁定將該處分撤銷」的情形不同。當最後諭知保護處分的少年法院，綜觀少年所有行爲事實的全部，按其人格與品行、經歷、身心狀況、家庭情形、社會環境等一切情況，而選擇矯正能力較強，且適合少年所需的某一處分，爲應執行之處分時，其他處分無論已否開始執行，依本條文第2項規定，均「視爲撤銷」，即不必再以裁定加以撤銷。例如：少年某甲因案件先經少年法院諭知訓誡處分；接著再受另件少年法院裁定保護管束處分，皆分別確定，後爲處分的少年法院，得以裁定定其應執行的處分爲保護管束處分，則前已確定的訓誡處分，無論已否開始執行，均應視爲撤銷，不必再爲執行。

少年王添喜因違反毒品危害防制條例及連續竊盜罪，分別經新竹、桃園地方法院少年法庭，各諭知感化教育處分確定。後爲裁定的桃園地方法院少年法庭，業已將少年王添喜交付桃

園少年輔育院執行逾一年後，認為無繼續執行必要，即將免除其執行時，新竹地方法院少年法庭始將少年感化教育裁定，囑託桃園地方法院執行，此時桃園地方法院究應如何處理？

依本法第46條規定，受保護處分人，復受另件保護處分，分別確定者，後為處分的少年法院，得以裁定定其應執行的處分。故少年王添喜的違反毒品危害防制條例和連續竊盜行為，應即由後為裁定的桃園地方法院少年法庭裁定定其應執行的處分。

茲因現在兩法院的保護處分，均為感化教育，所以桃園地方法院在裁定時，應具體指明係執行何案件裁定諭知的處分。又依少年及兒童保護事件執行辦法第30條規定：「宣告多數保護管束或感化教育處分時，除依本法第四十五條、第四十六條或本法施行細則第十三條規定處理外，準用保安處分執行法第四條之一之有關規定執行之；保護處分與保安處分併存時，亦同。」及第24條第1項「感化教育處分執行之期間，自交付執行之日起算」。故法院所定應執行的處分，為桃園地方法院少年法庭的感化教育處分，而王添喜執行又已超過一年，若無繼續執行必要，桃園地方法院少年法庭即可依本法第56條第1項規定，裁定免除少年的執行，以啓自新。

第47條（無審判權時之處置）
少年法院為保護處分後，發見其無審判權者，應以裁定將該處分撤銷之，移送於有審判權之機關。
保護處分之執行機關，發見足認為有前項情形之資料者，應通知該少年法院。

解說

本條文所謂的審判權，指少年法院對於所受理的少年保護事件，有無審理的權限而言；與管轄權係劃定各法院可得行使審判權的界限者不同，故各法院對於案件必先有審判權，而後始生管轄權有無的問題。為此學者有稱，審判權為抽象的管轄權，管轄權為具體的審判權；法院受理案件，必先有審判權，再審查該案件是否屬其管轄範圍，所以法院對於少年無審判權的案件，當然無管轄權。

基於前述說明，少年法院對於少年保護事件的審理，也應以有審判權存在為前提，倘無審判權，而將少年諭知保護處分，自屬違法，應即依本條文第1項規定，將該處分撤銷，並移送有審判權的機關處理。

事實上，本法對於保護處分的裁定至為慎重，在少年法院調查時，發現無審判權者，可以依第27條第1項規定移送有管轄權的地方檢察署檢察官偵查處理；在審理終結時，如認為無管轄權者，亦可依第41條規定，就該事件裁定諭知不付保護處分；迨至少年法院為保護處分後，始發現其無審判權，或者少年於法院為保護處分裁定時，發現事件繫屬後，其現在年齡已滿二十歲時，仍得依本條文第1項規定，將該保護處分撤銷，並將案件移送於有管轄權的地方法院檢察署檢察官，或其他有審判權的機關處理。

少年法院對於少年保護事件審判權的有無，除應由審理的法官依職權調查外，保護事件的執行機關，如執行假日生活輔導的少年保護官，執行保護管束的福利或教養機構、警察機關，執行少年感化教育的少年輔育院（少年矯正學校）等，在執行職務過程中，如發現少年具有治外法權，或依法應受軍事

審判等無審判權情事時，亦應立即通知少年法院。少年法院收受通知後，應即依所通知的資料，據以認定是否應裁定撤銷原諭知的保護處分。

　　至於少年、法定代理人或現在保護少年的人、輔佐人，如發現少年法院所爲的保護處分有上述應撤銷情形，理論上也可以通知少年法院，以供核辦。

　　少年李英豪所犯刑法第254條毀損罪，已據告訴人撤回告訴，由少年法院裁定開始審理，於事件繫屬及審理終結前，李英豪業已屆滿二十歲，然而少年法院一時疏忽未發現，竟裁定諭知保護處分並已確定，此時應如何救濟？

　　本法第47條第1項規定：「少年法院爲保護處分後，發見其無審判權者，應以裁定將該處分撤銷之，移送於有審判權之機關」。所謂少年法院無審判權，除指少年爲享有治外法權的人或依法應受軍事審判等情形外，少年在事件繫屬後，已滿二十歲亦包括在內。因此，少年法院於裁定諭知李英豪保護處分確定後，發現其在事件繫屬後已滿二十歲，應依前開規定，以無審判權爲由，將原處分撤銷，並移送有管轄權的地方法院檢察署檢察官偵辦。

　　因少年所犯刑法第254條毀損罪，爲告訴乃論之罪，本件已據告訴人撤回告訴，故檢察官應依法爲不起訴處分，併予敘明。

第48條（裁定之送達）
少年法院所為裁定，應以正本送達於少年、少年之法定代理人或現在保護少年之人、輔佐人及被害人，並通知少年調查官。

解說

　　少年保護事件，經少年法院於審理期日踐行法定程序後，應依少年個別的情狀與處遇需要，分別為移送檢察官、不付保護處分或保護處分等裁定，並於裁定後以正本送達於少年、少年之法定代理人或現在保護少年的人、輔佐人及被害人，使知悉法院裁判的內容，並於不服時可依法提出抗告來救濟。又少年調查官於調查、審理中均有所參與，則少年法院的裁定結果，亦有通知少年調查官的必要。

　　裁定書的原本由法官製作，書記官依照該原本製作正本，通常由書記官照原本複繕，於其上註明「本件證明與原本無異」字樣，具名蓋章，並蓋用法院的印信。法官應於裁定或宣示後三日內，將裁定書原本交付書記官，書記官應於裁定書原本記明接收的年、月、日並簽名，裁定書的製作正本，自接受原本當日起，至遲不得逾七日應送達於前述有關的人員。

　　裁定得為抗告者，其抗告期間及提出抗告狀之法院，應於宣示時一併告知，並應記載於送達之裁定正本、筆錄正本或節本。不得抗告之裁定經當庭宣示者，得僅命記載於筆錄；未經當庭宣示者，應以適當方法通知受裁定人（參見少年事件保護審理細則第44、45條）。

實例

少年李大成早年喪父，母親為了家計，遠至高雄工作，因此李大成隨其祖母居住台中市烏日區。嗣因李大成觸犯竊盜罪，經裁定諭知感化教育，其感化教育正本業經向李大成及其祖母送達後確定在案。李大成的母親以在外工作，未收受裁定正本為由，提出本件的抗告，其抗告是否合法？

依據少年事件處理法第48條規定，少年法院所為裁定應以正本送達於少年、少年的法定代理人或現在保護少年的人及被害人，可見只要對其中與少年有關的人員送達或其本人親自收受，均屬適法，本件既經少年及現在保護少年的人（即其祖母）送達後確定在案，少年的母親以未收受裁定正本為由，提出抗告，其抗告應認為不合法。

第49條（送達方法）

文書之送達，除本法另有規定外，適用民事訴訟法關於送達之規定。

前項送達，對少年、少年之法定代理人、現在保護少年之人、輔佐人，及依法不得揭露足以識別其身分資訊之被害人或其法定代理人，不得為公示送達。

文書之送達，不得於信封、送達證書、送達通知書或其他對外揭示之文書上，揭露足以使第三人識別少年或其他依法應保密其身分者之資訊。

解說

本條文為文書送達方法及其限制的準用規定。依民事訴訟

法規定，文書送達的方法有：

（一）直接送達

　　即將應送達的文書，直接送達應受送達的本人。此種送達，除由法院書記官於法院內直接將文書付與應受送達人外，須於應受送達人的住居所、事務所，或營業所送達。

（二）間接送達

　　於住居所、事務所或營業所不獲會晤應受送達人時，得將文書付予有辨別事理能力的同居人、受僱人。

（三）寄存送達

　　送達不能依本人送達方法，又不能交付其同居人或受僱人時，若因而使送達遲緩，或受送達人及其同居人或受僱人故意避不見面，意圖拖延訴訟，可以用寄存送達來取代。所謂寄存送達，即係將應送達的文書寄存於送達地的自治或警察機關，並作通知書黏貼於應受送達人住居所、事務所或營業所門首，以為送達。

（四）留置送達

　　應受送達人拒絕收領而無法律上理由時，應將文書置於送達處所，以為送達。

（五）囑託送達

　　囑託其他機關代為送達，可分為：

1. 法院相互間的囑託送達。

2. 於有治外法權人的住居所或事務所為送達者，得囑託外交部代為送達。

3. 於外國為送達者，應囑託該國管轄機關或駐在該國的中華民國大使、公使或領事送達。

4. 對於駐在外國的中華民國大使、公使或領事為送達時，應囑

託外交部送達。

5. 對於出戰或駐在外國的軍隊或軍艦的軍人為送達時，得囑託該管軍事機關或長官送達。

（六）郵政送達

即不依通常送達方式辦理，於付郵後即視為送達，其文書何時由應受送達人收領，或根本未能收領，均生送達的效力。

（七）公示送達

即將應送達的文書，依一定的程序公示後，經過一定期間，與實際交付應受送達人本人有同一效力的送達。

依本條文規定，在少年保護事件中，有關文書的送達，可以準用前述民事訴訟法所規定的直接送達、間接送達、寄存送達、留置送達及囑託送達等方法；其送達機關可以由法院書記官交執達員、郵政機關來送達，也可以交付少年所在的矯正機關來送達。

因鑒於公示送達，乃法律上視為已送達，並非真正送達，雖曾以公示通告、登報等方法而為文書的送達，但少年智慮有限，不見得能知悉該內容，同時為避免被害人或其法定代理人行方不明時，因現行規定不得對其等為公示送達，常致少年事件無法確定，延滯保護處分輔導措施之展開，反而不能保護少年，為此於本條文第2項規定：「前項送達，對少年、少年之法定代理人、現在保護少年之人、輔佐人，及依法不得揭露足以識別其身分資訊之被害人或其法定代理人，不得為公示送達」，以利適用。

另為落實送達程序中對於少年或其他依法應保密其身分者之保護，民國108年修正時，參考本法第83條保密規定及實務運作，增訂第3項，明文規定少年事件文書之送達，不得於信

封、送達證書、送達通知書或其他對外揭示之文書上，揭露足以使第三人識別少年或其他依法應保密其身分者的資訊，以保護少年，免於人格、自尊心受損，對司法體系產生更大的反抗心理。

少年李小萍因過失傷害行為，致被害人王美華右腳骨折，少年法院經調查後，認為情節輕微，以不付審理為適當，而依本法第29條規定，諭知不付審理的裁定。若法院送達時，被害人王美華不在，由樓下房東或寄居的朋友代收，其送達是否合法？

依少年事件處理法第49條規定，文書的送達，適用民事訴訟法關於送達的規定。而民事訴訟法雖於第137條第1項規定，送達於住居所、事務所或營業所不獲會晤應受送達人者，得將文書付與有辨別事理能力的同居人或受僱人，惟所謂同居人，係指與應受送達人居處一起，共同為生活者而言。本案例中被害人王美華的房東，並非與其居於一處共同為生活，自不發生合法送達的效力。至於寄居的朋友如有繼續性者，應認為合法送達；其無繼續性者（如來台北參加考試，暫住友人家裡），則不能認為已有合法送達。

第二節　保護處分之執行

第50條（訓誡之執行及假日生活輔導）
對於少年之訓誡，應由少年法院法官向少年指明其不良行為，曉諭以將來應遵守之事項，並得命立悔過書。

少年事件處理法

行訓誡時，應通知少年之法定代理人或現在保護少年之人及輔佐人到場。

少年之假日生活輔導為三次至十次，由少年法院交付少年保護官於假日為之，對少年施以個別或群體之品德教育，輔導其學業或其他作業，並得命為勞動服務，使其養成勤勉習慣及守法精神；其次數由少年保護官視其輔導成效而定。

前項假日生活輔導，少年法院得依少年保護官之意見，將少年交付適當之機關、團體或個人為之，受少年保護官之指導。

解說

少年法院審理保護事件，經審理結果，應斟酌少年本身的情形與需要，就單純訓誡、訓誡並得予以假日生活輔導、交付保護管束、交付安置輔導、令入感化教育處所施以感化教育、實施禁戒、治療等七種處分，選擇適於少年的處分，以符合少年事件處理法個別處遇的精神。本法對保護處分的執行，規定於第三章第二節，自第50條至第60條，共計14條條文，本條文即規定訓誡及假日生活輔導的執行。

先就訓誡來說，訓誡是以言詞對少年加以訓諭告誡。一般對於少年的觸法或曝險行為，情節較輕微時，可以諭知訓誡處分。其執行由少年法院法官，以口頭方式，指明少年的不良行為，曉諭以將來應遵守的事項，如有必要，也可以命令少年書立悔過書，使其心生警惕，改過遷善，重新做人。在執行訓誡時，應通知少年的法定代理人或現在保護少年的人及輔佐人到場，俾對少年的不良行為及其改善方法，亦有相當瞭解，而能配合法官的保護處分，預防少年再犯。

在實務上，執行訓誡時，書記官應隨同法官到庭，並製作筆錄，由少年及其到場的法定代理人或現在保護少年的人與輔佐人簽名；在少年法院法官為訓誡處分的宣示時，如少年及其法定代理人或現在保護少年的人到庭，並捨棄抗告權者，得於宣示後當庭執行；又執行訓誡處分時，少年法院法官應以淺顯易懂之言語加以勸導，並將曉諭少年應遵守之事項，以書面告知少年及其法定代理人或現在保護少年之人（參見少年及兒童保護事件執行辦法第4條）。少年的法定代理人，於少年法院依本條文第1項執行訓誡處分時，曾受到場的通知，惟因忽視教養，致少年再有觸犯刑罰法律的行為時，可依本法第84條第1、2項規定，命其接受八小時以上，五十小時以下的親職教育輔導；拒不接受前述親職教育輔導或時數不足者，處新台幣六千元以上，三萬元以下罰鍰，經再通知仍不接受者，得按次連續處罰，至其接受為止。其經連續處罰三次以上者，並得裁定公告法定代理人或監護人之姓名。

假日生活輔導，係附隨於訓誡處分的一種非收容性處分，其次數為三次至十次，為尊重專業，少年法院法官在為保護處分時，並不諭知其次數，而於訓誡處分執行完畢後，將少年交由少年保護官；或者參酌其意見，將少年交付其他具有社會、教育或心理學專門知識的適當機關、團體或個人，於假日利用適當場所來進行。

執行假日生活輔導，應以改正少年不良習性的必要方法，對少年施以品德教育，輔導其學業或其他作業，並得命為勞動服務，使能養成勤勉習慣及守法精神；惟在執行時，應注意維護少年名譽及自尊心。又假日生活輔導的實施，每次以三小時為限，其次數多寡，由少年保護官視所輔導成效而決定。

少年事件處理法

　　爲使假日生活輔導發揮效用，在少年法院核定後，可以集體輔導或以育樂方式，來啓發少年心智；也可以交付予其他適當之機關、團體，利用學生的週末、禮拜天、寒暑假、春假來實施，不必侷限於國定例假日。又假日生活輔導，不論少年保護官實施的次數多少，均應自裁定後二年內執行完畢，逾越二年即不可再執行，以免因時間拖延過久，降低保護處分的成效（少年事件處理法第57條）。

　　依少年及兒童保護事件執行辦法第5條規定：「假日生活輔導處分由少年法院法官於訓誡處分執行後，將少年交付少年保護官或依少年保護官之意見，交付其他具有社會、教育、輔導、心理學或醫學等專門知識之適當機關（構）、團體或個人，於假日利用適當場所行之。前項所稱假日，不以國定例假日爲限，凡少年非上課、非工作或無其他正當待辦事項之時間均屬之。假日生活輔導交付適當機關（構）、團體或個人執行時，應由少年保護官指導，並與各該機關（構）、團體或個人共同擬訂輔導計畫，並保持聯繫；其以集體方式辦理者，應先訂定集體輔導計畫，經少年法院核定後爲之。少年於假日生活輔導期間，無正當理由遲到、早退且情節重大者，該次假日生活輔導不予計算。」

　　少年無正當理由拒絕接受假日生活輔導，少年保護官得依本法第55條之3規定，聲請少年法院核發勸導書，經勸導無效者，少年保護官得聲請少年法院裁定留置少年於少年觀護所中，予以五日內之觀察。

少年丁昌明經少年法院裁定諭知訓誡，並予以交付少年保護官或其他適當的機關、團體予以假日生活輔導以後，如逃匿行蹤不明，或因另案被收容於少年觀護所，或因故遷往其他地方法院轄區時，應如何處理？

按少年法院對少年裁定諭知假日生活輔導的本旨，依本法第50條第3項規定，乃在促使受裁定的少年改過遷善、勵德修業，養成勤勉習慣及守法精神。因此，少年拒不到場接受輔導，或因其他情事致實施輔導顯有困難時，執行者得報請少年法院處理。少年法院對於逃匿行蹤不明的少年，可以依本法第59條規定，予以協尋；對於因案被收容於觀護所的少年，如已逾本法第57條第1項所規定的二年執行期間，則不必予以輔導，逕行報結；對於因故遷往其他地方法院轄區者，應囑託該法院代為執行。

第51條（保護管束之執行）
對於少年之保護管束，由少年保護官掌理之；少年保護官應告少年以應遵守之事項，與之常保接觸，注意其行動，隨時加以指示；並就少年之教養、醫治疾病、謀求職業及改善環境，予以相當輔導。
少年保護官因執行前項職務，應與少年之法定代理人或現在保護少年之人為必要之洽商。
少年法院得依少年保護官之意見，將少年交付適當之福利或教養機構、慈善團體、少年之最近親屬或其他適當之人保護管束，受少年保護官之指導。

少年事件處理法

解說

　　保護管束，係由少年法院將少年交付予特定的機關、團體或個人，消極的監視其有無違反應遵守的事項，積極的輔導其回歸正常的社會生活，使少年能自律自制、敦品勵行，不再違犯刑罰規定的處遇措施。

　　保護管束的執行，由少年法院簽發執行書，交付少年保護官執行；少年法院為前述指揮時，除應以書面指定日期，命少年前往執行保護管束者的處所報到，並告知其應遵守的事項外，另應以書面通知少年的法定代理人或現在保護少年的人；少年無正當理由未依指定日期報到時，得由執行保護管束者限期通知其報到，如有逾期不報到者，應報請簽發同行書或前往受保護管束少年住居所查訪，其有協尋必要者，應報請少年法院協尋。

　　少年法院執行保護管束處分，應交由少年保護官掌理，少年保護官應依少年個別情況告知應遵守的事項，輔導其行為或就學、就醫、就業、就養及改善環境等事項，並應就輔導內容詳為記錄。同時應常與少年保持接觸，每月至少訪談二次，執行逾三個月頗有成效時，得酌減至一次，其訪談的處所，可以在少年法院以外的其他地方，但應儘可能維護少年的名譽，並與其法定代理人或現在保護少年的人為必要的磋商。

　　受保護管束少年，在保護管束期間內，應遵守下列事項：
（一）保持善良品行，不得與素行不良的人交往。
（二）服從少年法院及執行保護管束者的命令。
（三）不得對被害人、告訴人或告發人尋釁。
（四）將身體健康、生活情況及工作環境等情形報告執行保護
　　　管束者。

（五）非經執行保護管束者許可，不得離開受保護管束地七日
　　　以上。

（六）經諭知勞動服務者，應遵照執行保護管束者之命令，從
　　　事勞動服務。

（七）其他經少年保護官指定必須遵守之事項。

　　　受保護管束少年，違反上開應遵守事項，少年保護官可以
聲請少年法院，依本法第55條第3項或第4項規定，裁定留置於
少年觀護所中，予以五日以內的觀察；或者撤銷保護管束，將
所餘的執行期間，交付感化教育。

　　　對於少年的保護管束，原則上固由少年保護官負責掌理，
但依本條文第3項規定，少年法院得依少年保護官的意見，將
少年交付少年福利機構、教養機構、慈善團體、少年的最近親
屬或其他適當的人予以保護管束。少年法院為前述交付執行
時，應將關於受保護管束少年的裁定書類以及其他有關資料，
交付執行保護管束者。該執行保護管束者，應依照本法、少年
及兒童保護事件執行辦法、保安處分執行法和辦理保護管束注
意事項等有關法令，切實執行，並受少年保護官的指導，按月
將應受保護管束人的狀況函知少年保護官，以期能隨時掌握少
年保護管束的執行情形，達到矯正少年不良習性的目標。

　　　另少年及兒童保護事件執行辦法第7條亦明確規定：「保
護管束處分交由適當之福利或教養機構、慈善團體、少年之最
近親屬或其他適當之人執行時，應由少年保護官指導，並與各
該執行者共同擬訂輔導計畫，及隨時保持聯繫。少年有前條第
三項或本法第五十五條規定情事時，執行者應即通知指導之少
年保護官為適當之處置。」

　　　保護管束處分之執行期間，自少年報到之日起算，至期間

屆滿或免除、撤銷執行之日終止。

在執行保護管束時，應依少年個別情狀告知其應遵守之事項，輔導其行為或就學、就醫、就業、就養及改善環境等事項，並應將輔導內容詳為記錄。少年保護官每三個月應將執行或指導執行保護管束之少年輔導案卷，送調查保護處組長、處長檢閱後轉少年法院法官核備。組長、處長應詳細檢閱少年輔導紀錄，並提供少年保護官必要之指導。調查保護處處長每三個月應召開個案研討會一次，請少年法院庭長、法官列席指導，召集全體少年保護官討論執行或指導執行之特殊個案。必要時，並得隨時召開之。前項個案研討會，得邀集與討論個案有關之社政、教育、輔導、衛生醫療等機關（構）、團體或個人參加（少年及兒童保護事件執行辦法第9、10、11條）。

第52條（安置輔導及感化教育之執行）
對於少年之交付安置輔導及施以感化教育時，由少年法院依其行為性質、身心狀況、學業程度及其他必要事項，分類交付適當之福利、教養機構、醫療機構、執行過渡性教育措施、其他適當措施之處所或感化教育機構執行之，受少年法院之指導。
感化教育機構之組織及其教育之實施，以法律定之。

解說

本條文為交付安置輔導及施以感化教育的執行規定，性質上均屬收容性的處分。所謂「交付安置輔導」，係指少年法院斟酌少年的行為性質、身心狀況、學業程度及其他必要事項，

分類交付適當的福利、教養機構、醫療機構、執行過渡性教育措施、其他適當措施之處所，予以輔導。

安置輔導處分由少年法院法官簽發執行書，連同裁判書及其他相關資料，交付少年保護官執行之。少年保護官應通知少年依執行書指定之日期報到，轉付福利、教養機構、醫療機構、執行過渡性教育措施、其他適當措施之處所執行；對於前項執行，少年法院法官另應以書面通知少年之法定代理人或現在保護少年之人。少年無正當理由未依指定日期報到，經少年保護官限期通知其報到，屆期仍不報到者，少年保護官得前往受執行少年住居所查訪，或報請少年法院法官簽發同行書，強制其到場；其有協尋之必要者，並應報請協尋之（參見少年及兒童保護事件執行辦法第19條）。

安置輔導期間為二月以上，二年以下，至多執行至滿二十一歲為止（少年事件處理法第54條）；其執行期間，自少年報到之日起算，至期間屆滿或免除、撤銷執行之日終止。前項執行已逾二月，著有成效，認無繼續執行必要者，或有事實上原因以不繼續執行為宜者，負責安置輔導的福利或教養機構、少年、少年的法定代理人或現在保護少年的人得檢具事證，聲請少年法院免除其執行。

少年保護官與執行安置輔導者，應共同訂定輔導計畫，並保持聯繫。前項計畫，宜使少年有重返家庭、學校及參加社會活動之機會，期能達成安置輔導之目的（參見少年及兒童保護事件執行辦法第21條）。執行安置輔導，應提供適當之居住處所，並予安善之生活照顧，對少年施以個別或群體之品德教育，輔導其學業或其他作業，使其養成勤勉習慣及守法精神。執行安置輔導，應按月將少年安置輔導紀錄函報少年法院，並

應於輔導結束後十日內,將結束日期連同執行情形相關資料,通知原發交執行之少年法院(參見少年及兒童保護事件執行辦法第22條)。

安置輔導期滿,負責安置輔導的福利、教養機構、醫療機構、執行過渡性教育措施、其他適當措施之處所、少年、少年的法定代理人或現在保護少年的人,認有繼續安置輔導的必要者,得聲請少年法院裁定延長,延長執行的次數以一次為限,其期間不得逾二年。如少年在安置輔導期間,違反應遵守事項,情節重大,或曾受本法第55條之3留置觀察處分後,再違反應遵守事項,足認安置輔導難收效果者,負責安置輔導的福利、教養機構、醫療機構、執行過渡性教育措施、其他適當措施之處所、少年的法定代理人或現在保護少年的人,得檢具事證,聲請少年法院裁定撤銷安置輔導,將所餘的執行期間令入感化教育處所施以感化教育,其所餘的期間不滿六月者,應執行至六月為止。

感化教育,則係指對於不適宜刑事處分,而具有犯罪危險性的少年,為袪除其惡習,培養重新適應社會生活的能力,將少年收容於特定場所,施以有效改善其人品氣質的特殊教育。對於少年應依照其非行性質,如經常與有犯罪習性之人交往而犯罪、或無正當理由經常攜帶危險性刀械鬥毆、或有施用毒品等情況;以及其學業程度,如國小、國中、高中等不同體制,分類施以感化教育。

少年法院交付執行感化教育處分,由少年法院法官簽發執行書,連同裁判書及其他相關資料,交付感化教育機關(構)執行。依本法第55條第4項、第55條之2第5項及第56條第4項規定將所餘之執行期間交付感化教育時,並應附送保護管束或安

置輔導期間執行紀錄及相關資料。目前台灣設有桃園、彰化少年輔育院，依少年的戶籍區域、性別而收容被諭知感化教育的少年；其中女性少年一律集中於彰化少年輔育院。

感化教育處分之執行期間，自交付執行之日起算，至期間屆滿或免除、停止執行之日終止。前項處分確定前，經少年法院裁定命收容或羈押於少年觀護所者，得以收容與羈押期間折抵感化教育處分執行之期間；少年觀護所並應將少年在所期間實施矯治之成績，移送感化教育執行機關（構），作為執行成績之一部（參見少年及兒童保護事件執行辦法第24條）。在執行感化教育處分時，少年法院得指派少年保護官與感化教育執行機關（構）隨時保持聯繫，並得指派適當之人共同輔導少年（參見少年及兒童保護事件執行辦法第26條）。

至於本條文第2項規定「感化教育機構之組織，以法律定之」，據此，在民國56年8月28日由總統令制定公布「少年輔育院條例」，全文共52條，民國60年11月1日由行政院令施行，68年4月4日、70年1月12日、96年7月11日及99年5月26日經四度修正。依該條例第2條規定：「少年輔育院，依法執行感化教育處分，其目的在矯正少年不良習性，使其悔過自新；授予生活智能，俾能自謀生計；並按其實際需要，實施補習教育，得有繼續求學機會」。基於此，少年輔育院已成為實務上執行感化教育處分的完善機構。

茲就「少年輔育院條例」適用情形，說明如下：

（一）在院接受感化教育之少年稱為學生，男女學生分別管理。但為教學上之便利，得合班授課（第3條）。

（二）學生入院時，應告以應遵守之事項，並應將院內各主管人員姓名及接見、通訊等有關章則，通知其父母或監護

人（第26條）。

（三）少年輔育院對於新入院學生，由有關各組聯合組織接收小組，根據少年法庭移送之資料，加以調查分析，提經院務委員會決定分班、分級施教方法。前項個案分析，應依據心理學、教育學、社會學及醫學判斷之（第34條）。

（四）少年輔育院應隨時訪問學生家庭及有關社會機關、團體，調查蒐集個案資料，分析研究，作為教育實施之參考。對於調查分析期間內之學生，應予以表現個性之機會，其生活之管理，應在防止脫逃、自殺、暴行或其他違反紀律之原則下行之（第36條、第37條）。

（五）在院學生生活之管理，應採學校方式，兼施童子軍訓練及軍事管理；對於未滿十四歲之學生，併採家庭方式（第38條）。

（六）在院學生，為促其改悔向上，適於社會生活，應劃分班級，以積分進級方法管理之。前項積分進級規則，由法務部定之（第39條）。

（七）少年輔育院應以品德教育為主，知識技能教育為輔：

1.品德教育之內容，應包括公民訓練、童子軍訓練、軍事訓練、體育活動、康樂活動及勞動服務等項目。

2.入院前原在中等以上學校肄業，或已完成國民教育而適合升學之學生，應在院內實施補習教育；尚未完成國民教育之學生，應在院內補足其學業，其課程應按教育行政機關規定之課程標準實施。

3.技能教育應按學生之性別、學歷、性情、體力及其志願分組實施（第40條）。

除少年感化教育機構組織外，對其教育的實施內容，也

有以法律規定的必要，以作為矯治教育學制的法源依據，為此民國86年修正本法時，於本條文第2項增訂「其教育之實施，以法律定之」，嗣經立法院制定「少年矯正學校設置及教育實施通則」，在民國86年5月28日由總統令公布，全文共86條，並自87年4月10開始施行。民國92年1月22日、99年5月19日經二度修正。依該通則第85條規定：「少年輔育院條例於法務部依本通則規定就少年輔育院完成矯正學校之設置後，不再適用」，值得注意。

少年矯正學校的設置目的，乃為使少年受刑人及感化教育受處分人，經由學校教育矯正不良習性，促其改過自新，以適應社會生活，故性質上為兼具行刑矯治及學校教育雙重特質的一個創新機構。為能兼顧教育理念及行刑感化鵠的，特置校長、副校長各一人，採聘、任用雙軌制之設計，並明定其中一人應來自教育系統而為聘任，以確立矯正學校踐行教育之理念。

矯正學校收容對象因涵括十二歲以下兒童及二十一歲以下各級教育階段年齡層之少年，為因應此特殊性，矯正學校爰以中學方式設置，必要時並得附設職業類科、國民小學部，校名則以某某中學稱之；我國目前分別於新竹及高雄設有誠正中學及明陽中學等二所少年矯正學校。

至於收容之學生，分為一般教學部及特別教學部雙軌接受教育。其中一般教學部係依循教育法令辦理高級中等以下之教育及國民中、小學教育，使少年課業步入正軌；特別教學部則針對短期收容之學生，施以強化輔導之教學，以增進其社會適應能力。矯正學校之其他重點規劃如下：

少年事件處理法

（一）矯正學校之教學目標

矯正學校之教學，應以人格輔導、品德教育及知識技能傳授為目標，並應強化輔導工作，以增進其社會適應能力。一般教學部應提供完成國民教育機會及因材適性之高級中等教育環境，提昇學生學習及溝通能力。特別教學部應以調整學生心性、適應社會環境為教學重心，並配合職業技能訓練，以增進學生生活能力。

（二）加強學生之輔導

少年矯正學校採每班二十五人為原則之小班制教學，但一班之人數過少，得行複式教學；男女學生應分別管理，但教學時得合班授課，俾使教師能全心致力教學工作，照顧學生。少年矯正學校特設輔導處辦理輔導教學相關事宜，並配置較高編制之專任輔導教師，以發揮專業輔導效能。

（三）充實師資水平

少年矯正學校依教育人員任用條例及教師法之相關規定進用教師，突破原少年監獄、少年輔育院辦理補校教學之困境，並依照教師相關規定辦理其敘薪、待遇、遷調、成績考核、退休、資遣、撫卹等事宜，以維教育人員之權益。

（四）課程彈性設計

配合少年矯正學校一般教學部與特別教學部之特性，相關課程、教材及教法均採彈性設計，以適合學生需要，提高學生學習成果。

（五）採行適性教育

為增強學生之工作實務技能，增加學習空間，少年矯正學校得視實際需要辦理國中技藝教育班及實用技能班。於高級中等教育階段並得依學生興趣及需要，辦理轉讀職業類科或學習輔導。

（六）延續學習方式

少年矯正學校之學生，若於學期或學年終了前符合出校條件而須離校，除可向學校申請轉學證明書以便轉學外，亦可以住校方式繼續就讀至學期或學年終了為止，以求其學業之連貫。

（七）加強保護追蹤

少年矯正學校對學生出校後之保護事項採預先籌劃方式，並於學生出校後一年內定期追蹤，以充分掌握學生動態。為銜接相關輔導措施，將少年矯正學校出校學生納入教育部規劃之全國輔導網路，以結合必要之輔導力量並可預防再犯。

（八）預防保護措施

為免學生沾染不良之生活習性，少年矯正學校明文禁用菸、酒及檳榔，以維其基本身心健康。

（九）獎勵重於懲罰

為激發少年之自律心及責任感，宜採多獎少罰原則，對於少年如有具體事實足證其已有顯著改善者，即予以獎勵。

（十）運用社會資源

將少年矯正學校出校學生納入全國輔導網路，結合教育體系、政府相關部門及民間之輔導力量，使社會輔導資源得以充分運用，防範少年再陷罪惡淵藪。

感化教育的執行，除本法規定外，依少年及兒童保護事件執行辦法第25條規定，可以適用保安處分執行法第二章感化教育有關規定，併予敘明。

第53條（保護管束及感化教育之期間）

保護管束與感化教育之執行，其期間均不得逾三年。

少年事件處理法

解說

少年交付保護管束的原因，有由於少年法院依本法第42條第1項第2款而為裁定者，亦有因少年在緩刑或在假釋中應付保護管束者（少年事件處理法第82條）。如為後者，其保護管束即以緩刑期間或假釋期間為其執行期間，並無問題；若為前者，則因少年法院在裁定時，並未諭知處分期間，為免執行時間漫無限制，故本條文明定，保護管束的執行期間，不得超過三年。另參照本法第55條第1項規定，保護管束的執行，需逾六個月，著有成效，才可以聲請法院免除其執行來看，保護管束的執行期間，應為六個月以上，三年以下，其執行久暫視成效而定，係採相對不定期主義。

保護管束處分執行期間之計算，依少年及兒童保護事件執行辦法第8條規定，自受保護管束少年報到日開始起算。在執行中，少年另受有期徒刑或感化教育等收容性保護處分諭知，並未依本法第45條第1項或第46條第1項規定撤銷，而執行徒刑或感化教育處分，致保護管束處分的執行中斷者，其中斷的期間，不得計入保護管束的執行期間；又執行保護管束滿三年後，不論已否收效，均不得再予以執行，此時由執行保護管束者報知少年法院備查即可。

感化教育的執行，依本條文的規定，亦不得逾三年；參照本法第56條第1項，執行感化教育已逾六個月，認為無繼續執行之必要者，可以聲請少年法院裁定免除或停止其執行來看，感化教育的執行期間，也是六個月以上，三年以下。

至於感化教育的執行期間，依少年及兒童保護事件執行辦法第24條規定，自交付執行之日起算；前項處分確定前，曾經少年法院裁定命收容或羈押於少年觀護所者，得以其收容與羈

押期間折抵感化教育處分執行期間；少年觀護所並應將少年在
所期間，依少年觀護所條例第2條規定，實施矯治的成績，移
送感化教育的執行機關，作為執行成效的一部分。

　　因本法對於感化教育的執行，採用學校方式，兼施童子軍
訓練及軍事管理，並使少年學業程度分類施以品德教育與學業
輔導，故感化教育期滿時，得由所在地教育行政機關檢定其學
業程度，並發給證明書，以作為其學力的證明；此外，對於受
感化教育執行的少年，矯正學校對於其出校後，應通知地方主
管教育行政機關，並應將少年人別資料由主管教育行政機關納
入輔導網路，優先推介輔導；主管教育行政機關對於少年之相
關資料，應予保密。矯正學校對於出校後就業之少年，應通知
地方政府或公立就業服務機構協助安排技能訓練或適當協助或
輔導。且矯正學校對於出校後未就學、就業之少年，應通知其
戶籍地或所在地之地方政府予以適當就業機會。矯正學校對於
出校後因經濟困難、家庭變故或其他情形需要救助之少年，應
通知更生保護會或社會福利機構協助；該等機構對於出校之少
年請求協助時，應本於權責盡力協助（參見少年矯正學校設置
及教育實施通則第45條）。由此可見政府在矯治非行少年過程
中，仍重視少年、愛護少年的決心。

第54條（轉介輔導及保護處分之限制）
少年轉介輔導處分及保護處分之執行，至多執行至滿二十一
歲為止。
執行安置輔導之福利及教養機構之設置及管理辦法，由兒童
及少年福利機構之中央主管機關定之。

少年事件處理法

解說

本條文爲關於少年保護處分，包括：假日生活輔導、保護管束、安置輔導或感化教育處分最高年齡的強行規定。由於前述四者，均屬少年保護處分，其年齡自應儘量符合本法第2條所規定的少年最高、最低年齡範圍，以免發生爭議，爲此本條文即針對少年在執行過程的年齡予以適當限制；即不論少年在開始執行前或執行中，是否已滿十八歲，至多均執行至滿二十一歲爲止。

按依本法第53條規定，保護管束與感化教育的執行期間不得逾三年；而交付安置輔導依第55條之2，爲二月以上，二年以下，遇有必要得延長一次，但不得逾二年。若據此執行，如少年自案件繫屬時，未逾十八歲，但經少年法院調查、審理，裁定保護處分，以迄交付執行時，倘已滿十九歲，就保護管束及感化教育而言，須執行至二十二歲；就延長安置輔導，最多則至二十三歲，已遠超出少年事件處理法適用的年齡範圍；惟如定爲「至多執行至滿二十歲爲止」，又可能造成年幼者執行期間長，年長者執行期間過短的不公平現象，爲此本法將其定爲二十一歲，以求公允。

凡遇有上述屆滿二十一歲情形，不問執行成效如何，因自然人業已成年，心智較趨成熟，不宜再受少年保護處分的執行，均應免除執行。在執行保護管束中者，應由少年保護官檢具事證資料，報請少年法院核准；在執行安置輔導者，由被交付少年的福利、教養機構、醫療機構、執行過渡性教育措施、其他適當措施之處所，向少年法院聲請；如在執行感化教育者，應由執行的少年輔育院，報請上級主管機關（即法務部）核准，並通知原爲感化教育處分的少年法院備查後，免除其執

行。至於在少年事件處理法修正前，依其他法律規定諭知感化教育處分確定者，如受處分人現在執行中，年逾二十一歲，而無再犯之虞者，於執行滿六個月後得依少年事件處理法第56條第1項規定，免除或停止執行；其尚未執行者，亦同。

本條文第2項規定：「執行安置輔導之福利及教養機構之設置及管理辦法，由兒童及少年福利機構之中央主管機關定之」，據此，在民國91年3月28日由內政部訂定發布「少年安置輔導之福利及教養機構設置管理辦法」（以下簡稱少年安置管理辦法），全文共11條，民國94年11月1日修正；108年7月11日，改由衛生福利部修正發布。依該辦法第2條規定：「本辦法所稱少年安置輔導之福利及教養機構（以下簡稱安置機構）為依兒童及少年福利與權益保障法及其相關法規許可設立辦理安置及教養業務之兒童及少年福利機構」。安置機構收容之對象為少年法院依本法第42條第1項第3款裁定交付安置之少年或兒童。

又依該辦法第6條規定：「安置機構受託辦理安置輔導業務時，應與法院訂定契約。前項契約內容，應包括委託期間、費用基準、個案管理及其他相關事項。法院交付安置個案時，安置機構應以資訊管理系統、電信傳真或其他科技設備傳送方式，通知主管機關、安置機構所在地及個案戶籍地之直轄市、縣（市）政府；安置輔導結束時，亦同。」

安置機構應與法院指定之少年保護官，自個案交付安置之日起三十日內，依個案最佳利益、健全自我成長及輔導之需求，共同擬訂安置輔導計畫，並隨時為必要之調整。安置機構執行前項安置輔導計畫，應按月將安置輔導紀錄函報法院及個案戶籍地之直轄市、縣（市）政府，並應於輔導結束後十日

內，將執行情形相關資料，通知原發交執行之法院及個案戶籍地之直轄市、縣（市）政府。安置機構執行安置輔導計畫時，就涉及司法、教育、衛生、勞工、警政、戶政或其他各目的事業主管機關職掌事項，得主動或請求法院、主管機關協調各目的事業主管機關配合辦理（參見少年安置管理辦法第7、10條）。

安置機構執行安置輔導期間，得視個案輔導情形，依本法第55條之2第2項、第3項或第5項規定，聲請法院裁定免除、延長其執行或撤銷安置輔導，或依本法第55條之3規定，聲請法院核發勸導書；其經勸導無效者，並得聲請法院裁定留置少年於少年觀護所予以五日內之觀察（參見少年安置管理辦法第8條）。

主管機關（衛生福利部）應依兒童及少年福利與權益保障法及其相關法規，輔導、監督、檢查安置機構業務之執行及財務之管理。前項機構辦理不善者，主管機關除應依兒童及少年福利與權益保障法及其相關法規處理外，並應通知各法院（參見少年安置管理辦法第9條）。

實例

張大健係未滿十八歲少年，因犯竊盜罪情節重大，經台北地方法院判決免刑後，令入感化教育處所，施以感化教育確定，未及執行時，該少年張大健的父母認為兒子一再不學好，故要其申請提前入伍服役，俟役滿退伍時，張大健已逾二十一歲，則少年感化教育究應如何執行？

依本法第54條規定，少年感化教育處分，至多執行至滿二十一歲為止，故感化教育的執行，以二十一歲為最高年齡限

制，本案例中的少年張大健，於役滿退伍時已逾二十一歲，依
法不必再予執行其感化教育。

第55條（保護管束之考核）

保護管束之執行，已逾六月，著有成效，認無繼續之必要
者，或因事實上原因，以不繼續執行為宜者，少年保護官得
檢具事證，聲請少年法院免除其執行。

少年、少年之法定代理人、現在保護少年之人認保護管束之
執行有前項情形時，得請求少年保護官為前項之聲請，除顯
無理由外，少年保護官不得拒絕。

少年在保護管束執行期間，違反應遵守之事項，不服從勸導
達二次以上，而有觀察之必要者，少年保護官得聲請少年法
院裁定留置少年於少年觀護所中，予以五日以內之觀察。

少年在保護管束期間違反應遵守之事項，情節重大，或曾受
前項觀察處分後，再違反應遵守之事項，足認保護管束難收
效果者，少年保護官得聲請少年法院裁定撤銷保護管束，將
所餘之執行期間令入感化處所施以感化教育，其所餘之期間
不滿六月者，應執行至六月。

解說

　　本條文為保護管束執行的成效和考核等規定。其中第1、2
項明定少年法院免除保護管束執行的原因及其程序：

（一）免除保護管束執行的原因

1. 保護管束的執行，已逾六個月，著有成效，認為無繼續執行
　 的必要：按保護管束的執行，目的在改善受保護少年的品

行，革除不良習性，消弭其反社會危險性格，倘少年經六個月以上的執行，已能循規蹈矩、洗心革面、奮發向上，由客觀上考察，績效顯著，即得免除其繼續執行。

2. 保護管束的執行，因事實上原因，以不繼續執行為宜者；如少年有下列情形而不合於本條第1項前段規定者，即可認為有事實上的原因而免除執行：

（1）已入軍事院校就讀，認為不宜囑託其所屬院校執行時。

（2）已入營服兵役，認為不宜囑託其所屬部隊執行時。

（3）需長期在國外工作（如擔任船員），無其他適當的機關可囑託其執行時。

（二）免除保護管束執行的程序

少年免除保護管束的程序，由少年保護官依職權檢具事證，聲請少年法院裁定。又保護管束的免除，有利於少年回歸社會正常生活，除少年保護官外，少年、少年的法定代理人及現在保護少年的人，對於少年能否適應社會，應亦知悉，故本條文第2項賦予其請求少年保護官發動免除聲請的權利；除其聲請顯無理由外，少年保護官不得拒絕。少年法院對於少年保護官前開聲請在裁定時，應慎重審酌免除的條件是否已足，查核輔導紀錄及有無再犯的危險性等相關事證，以確實評估執行的成效。

另依少年及兒童保護事件執行辦法第16條規定，受保護管束少年應徵集、志願入營服役或入軍事學校就讀時，除依本法第55條第1項規定認為以不繼續執行為宜者外，少年法院得交由其服役部隊或就讀學校之長官執行之。但退役離營或離校時，原保護管束期間尚未屆滿，又無免除執行之事由者，應由

原少年法院繼續執行之，允宜注意。

（三）本條文第3項為「留置觀察」的規定

1. 其要件必須少年在保護管束執行期間，違反下列應遵守的規定：

 （1）保持善良品行，不得與素行不良的人交往；

 （2）服從少年法院及執行保護管束者的命令。

 （3）不得對被害人、告訴人或告發人尋釁。

 （4）將身體健康、生活情況及工作環境等情形報告執行保護管束者。

 （5）非經執行保護管束者許可，不得離開受保護管束地七日以上。

 （6）經諭知勞動服務者，應遵照執行保護管束者之命令，從事勞動服務。

 （7）其他經少年保護官指定必須遵守之事項。

2. 除違反上述規定外，並且不服從勸導達二次以上而有觀察必要者，少年保護官得聲請少年法院裁定留置於少年觀護所中，予以五日以內的觀察。

 其立法理由在於，少年於保護管束期間，雖有違反應遵守事項，如情節並不嚴重，卻概予直接以感化教育取代，稍嫌過於嚴苛；在無屢次違反的情形下，又無從予以處分，嗣經少年保護官建議，增加中間處分，以供實務上需要，因此本條文第3項特別規定對不服從少年保護官勸導者，可予以五日以內的留置觀察，以示懲儆，並發揮觀護效果。

 本條文所規定留置觀察處分的對象，以受保護管束執行中的少年為限；與同法第55條之3的留置觀察，兼及於無故拒絕接受福利或教養機構輔導、無故拒絕接受法定代理人管教、

法院的訓誡及假日生活輔導的少年，兩者適用對象，顯不相同；又留置地點，通常爲少年觀護所。至於留置觀察期間，修正前規定爲二十四小時，論者常批評時間太短，難以爲詳細觀察與輔導，且無警惕少年的作用，故現行法已修正爲「五日以內」，由法官視個案情節，裁量觀察期間的長短，彈性運用，以收觀察輔導的具體績效。

在實務上，留置觀察處分，以利用休假日留置爲原則，由少年法院簽發通知書傳喚，少年經合法通知無正當理由不到場者，應發同行書強制其到場。在少年觀護所內的留置觀察，其實施方法應以糾正受處分人不良習性的必要方法爲限，內容則以品德教育、命爲勞動服務或其他作業爲主，惟應注意維護其名譽及自尊心，並應將留置觀察的輔導紀錄報知少年法院（參見少年及兒童保護事件執行辦法第14條）。

（四）本條文第4項規定保護管束執行的撤銷，改付感化教育處分，其情形有二

1. 少年違反應遵守的事項，情節重大：如情節輕微，以留置觀察處分取代即可；又情節是否重大到足認保護管束難收效果的認定，可以依據少年保護官所提供的有關紀錄，斟酌個案具體情形加以判斷，至於不服勸導次數多寡，並非重要依據。

2. 少年曾受留置觀察處分後，再違反應遵守的事項，足認爲保護管束難收效果者。

遇有上開事由，少年保護官即可檢具保護管束期間的紀錄及其他相關事證，聲請少年法院裁定撤銷保護管束，將所餘的執行期間交付感化教育；但所餘的期間不滿六個月，應執行至六個月。

少年林輝德經法院裁定保護管束後，執行時法官簽發執行通知書，該少年雖收受，但拒不報到，進而擅自離家出走數月，離家前未告知家人，離家後也迄未與家人連絡，其家長無法管教，無奈之餘乃報請少年保護官向少年法院聲請逕送感化教育，是否可行？

不可以，依本法第55條第4項規定，少年在執行保護管束期間，違反應遵守的事項，情節重大；或曾受過留置觀察處分後，再違反應遵守的事項，足認為保護管束難收效果時，才可以由少年保護官聲請撤銷保護管束，改付感化教育的執行。本案例中的少年林輝德既未報到，執行期間尚未開始，自無從考核其保護管束執行的成效，故少年法院不得逕依少年保護官的聲請，裁定撤銷保護管束，改為交付感化教育；此際可依本法第59條規定，改發同行書或請有關機關協尋。

第55條之1（勞動服務）
保護管束所命之勞動服務為三小時以上五十小時以下，由少年保護官執行，其期間視輔導之成效而定。

解說

為矯正少年因循怠惰的習慣，以養成勤勉美德，本法第42條第1項第2款規定，少年法院在裁定交付保護管束時，並得命為勞動服務。至於勞動服務的時間，本條文明定為三小時以上，五十小時以下，由少年保護官負責執行，其期間究應多長，視個案輔導成效而定，非由法官以裁定諭知，俾使執行者

靈活運用，期能貫徹少年處遇個別化的立法旨趣。

　　勞動服務處分之執行期間，自少年開始勞動服務之時起算，至服務時間屆滿之時終止。前項執行期間，少年未依指示從事勞動服務者，其時間不予計算（參見少年及兒童保護事件執行辦法第12條）。

　　少年於保護管束及勞動服務處分執行中，遷往他少年法院管轄區域者，原少年法院得檢送有關資料，移轉該少年住居所或所在地之少年法院繼續執行（參見少年及兒童保護事件執形辦法第15條）。

第55條之2（安置輔導之執行）
第四十二條第一項第三款之安置輔導為二月以上二年以下。
前項執行已逾二月，著有成效，認無繼續執行之必要者，或有事實上原因以不繼續執行為宜者，少年保護官、負責安置輔導之福利、教養機構、醫療機構、執行過渡性教育措施或其他適當措施之處所、少年、少年之法定代理人或現在保護少年之人得檢具事證，聲請少年法院免除其執行。
安置輔導期滿，少年保護官、負責安置輔導之福利、教養機構、醫療機構、執行過渡性教育措施或其他適當措施之處所、少年、少年之法定代理人或現在保護少年之人認有繼續安置輔導之必要者，得聲請少年法院裁定延長，延長執行之次數以一次為限，其期間不得逾二年。
第一項執行已逾二月，認有變更安置輔導之福利、教養機構、醫療機構、執行過渡性教育措施或其他適當措施之處所之必要者，少年保護官、少年、少年之法定代理人或現在保

護少年之人得檢具事證或敘明理由，聲請少年法院裁定變更。

少年在安置輔導期間違反應遵守之事項，情節重大，或曾受第五十五條之三留置觀察處分後，再違反應遵守之事項，足認安置輔導難收效果者，少年保護官、負責安置輔導之福利、教養機構、醫療機構、執行過渡性教育措施或其他適當措施之處所、少年之法定代理人或現在保護少年之人得檢具事證，聲請少年法院裁定撤銷安置輔導，將所餘之執行期間令入感化處所施以感化教育，其所餘之期間不滿六月者，應執行至六月。

解說

　　本條文規定安置輔導的執行期間、免除執行、延長、變更和撤銷等情形。

　　安置輔導係由少年法院依少年行為性質、身心狀況、學業程度及其他必要事項，分類交付適當福利、教養機構、醫療機構、執行過渡性教育措施或其他適當措施之處所。例如：身心障礙福利機構等。目前教育部國民及學前教育署針對高級中等以下學校涉毒學生多元輔導安置措施，除依據教育部「各級學校特定人員尿液篩檢及輔導作業要點」啟動春暉輔導機制外，亦正研擬「過渡性教育輔導措施」，為提供受司法輔導安置之涉毒學生能在教育機構（處所）接受多元處遇措施，俾利銜接回到正規學校教育，至於「執行過渡性教育措施之處所」，係指中途學校、中介教育及戒毒學園等教育機關（構）或教育處（所）。

安置輔導執行的期間，爲二個月以上，二年以下。至於執行的免除、延長、撤銷或變更安置輔導機構，分項說明如後：

（一）免除安置輔導執行

其原因有二：

1. 安置輔導的執行已逾二月，著有成效，認爲無繼續執行的必要：例如少年經二個月以上福利、教養機構、醫療機構、執行過渡性教育措施或其他適當措施之處所的輔導，確有改過遷善的事證，足資證明，在客觀上已無再犯之虞時。

2. 安置輔導的執行，因事實上原因，以不繼續執行爲宜者：譬如被安置少年應徵召、志願服役或入軍事院校就讀等情形時，認應以不繼續執行爲適當。

依少年及兒童保護事件執行辦法第19條第1項及第21條第1項規定，少年保護官應積極參與安置輔導之執行，宜賦予少年保護官聲請免除、停止、延長執行或變更安置機構等之權限，因此在108年修正本法時，於第2項至第5項之聲請人均增列少年保護官。

所以少年免除安置輔導的程序，除需具備前述原因外，並需由少年保護官、負責安置輔導之福利、教養機構、醫療機構、執行過渡性教育措施或其他適當措施之處所、少年、少年之法定代理人或現在保護少年的人，檢具事證，聲請少年法院裁定。

（二）延長安置輔導期間

安置輔導期間已滿，惟成效不彰，少年仍不知悔悟，一再滋事，而認爲有繼續安置輔導必要時，少年法院得依少年保護官、負責安置輔導之福利、教養機構、醫療機構、執行過渡性教育措施或其他適當措施之處所、少年、少年的法定代理人或

現在保護少年的人聲請，裁定延長一次，其期間不得逾二年，故安置輔導最多可以執行四年。

（三）變更安置輔導機構

　　少年經交付福利、教養機構、醫療機構、執行過渡性教育措施或其他適當措施之處所，執行逾兩個月後，如認為該安置機構的執行方法、成效未盡妥適，或人員、設備配置不足，無法就少年個別情況加以輔導，而認為有變更安置輔導機構必要時，少年保護官、少年、少年的法定代理人或現在保護少年的人，得檢具事證，說明理由，依本條文第4項規定，聲請少年法院裁定變更。

（四）撤銷安置輔導

　　改付感化教育處分，其情形有二：

1. 少年在安置輔導期間，違反應遵守的事項，情節重大時；情節是否重大，法院應依據安置輔導機構提供的有關資料、紀錄等具體情形，加以判斷，不得僅因其不服勸導或糾正，即遽認為情節重大，足認安置輔導難收效果。至於本條文第5項所謂受安置輔導少年「應遵守的事項」，可分為法定應遵守的事項，及特定應遵守的事項：

（1）法定應遵守的事項，包括：

　①保持善良品行，不得與素行不良的人交往；

　②服從少年法院及執行安置輔導者的命令。

　③不得對被害人、告訴人或告發人尋釁。

　④將身體健康、生活情況及工作環境等情形報告執行安置輔導者。

　⑤非經執行安置輔導者許可，不得離開受安置輔導的場所。

（2）特定應遵守的事項，包括：

①不得涉足妨害身心健康之場所或少年不當進入之場所
（如茶室、酒家及賭場等）。

②不得於深夜在外遊蕩。

③不得參加不良組織活動。

④不得吸食或施打麻醉或迷幻物品。

⑤不得穿著奇裝異服、儀容不整或男性蓄留長髮。

⑥不得侮辱師長及尊長或態度傲慢不聽管教。

⑦不得加暴行於人或互相鬥毆威脅他人。

⑧不得賭博，調戲婦女或滋擾住戶恐嚇他人。

2. 少年曾受本法第55條之3留置觀察處分後，再違反應遵守事
項，足認安置輔導難收效果時；此際只要再有違反情事，不
問情節是否重大，認為安置輔導無法達成效果者，即得聲請
撤銷安置輔導。

　　遇有上開事由，少年保護官、負責安置輔導之福利、教
養機構、醫療機構、執行過渡性教育措施或其他適當措施之處
所、少年的法定代理人或現在保護少年的人，得檢具事證，依
本條文第5項規定，聲請少年法院裁定撤銷安置輔導，將所餘
的執行期間令入感化處所施以感化教育，其所餘的期間不滿六
月者，應執行至滿六月為止。

第55條之3（聲請核發勸導書）

少年無正當理由拒絕接受第二十九條第一項或第四十二條第
一項第一款、第三款之處分，少年調查官、少年保護官、少
年之法定代理人或現在保護少年之人、福利、教養機構、醫

療機構、執行過渡性教育措施或其他適當措施之處所，得聲
請少年法院核發勸導書，經勸導無效者，各該聲請人得聲請
少年法院裁定留置少年於少年觀護所中，予以五日內之觀
察。

解說

本條文亦為留置觀察的規定，其與本法第55條第3項留置
觀察最大不同有三：

（一）適用範圍不同

本條文留置觀察，適用於：

1. 少年法院轉介兒童或少年福利、教養機構、醫療機構、執行
過渡性教育措施或其他適當措施之處所為適當的輔導，少年
無正當理由，拒絕接受。

2. 少年法院交付少年的法定代理人或現在保護少年的人嚴加管
教，少年無正當理由，拒絕接受。

3. 少年法院對於少年，予以告誡，少年無正當理由，拒絕接
受。

4. 對於少年法院裁定訓誡，並得予以假日生活輔導處分，少年
拒絕接受。

5. 對於少年法院交付安置於適當的福利、教養機構、醫療機
構、執行過渡性教育措施或其他適當措施之處所輔導，少年
拒絕接受。

至於本法第55條第3項的留置觀察，則限於少年在保護管
束執行期間，違反應遵守的事項。

（二）要件不同

本條文留置觀察的要件，除前述少年有拒絕接受輔導、管教、告誡、訓誡、假日生活輔導或安置輔導情形外，並需經由少年法院核發勸導書，經勸導無效者，始得留置於少年觀護所內，其留置觀察之期間，不得逾五日。

而第55條留置觀察的要件，必須少年在保護管束期間，違反規定仍與素行不良的人交往、不服從法院或少年保護官的命令、對於被害人或告訴人尋釁、未將其生活、身體或工作情況報告少年保護官、未經許可離開受保護管束地七日以上或經諭知勞動服務者，未遵照執行保護管束者之命令，從事勞動服務；並且不服從勸導達二次以上，而有觀察必要者，即得加以留置於少年觀護所中。

（三）聲請人不同

本條文留置觀察的聲請，得由少年調查官、少年保護官、少年的法定代理人或現在保護少年的人、福利、教養機構、醫療機構、執行過渡性教育措施或其他適當措施之處所，向少年法院聲請裁定，將少年留置觀察五日以內，以收輔導效果。

第55條留置觀察的聲請人，則由少年保護官據以向少年法院聲請，其他人不得為之。

第56條（感化教育之免除或停止執行）

執行感化教育已逾六月，認無繼續執行之必要者，得由少年保護官或執行機關檢具事證，聲請少年法院裁定免除或停止其執行。

少年或少年之法定代理人認感化教育之執行有前項情形時，

得請求少年保護官為前項之聲請，除顯無理由外，少年保護官不得拒絕。

第一項停止感化教育之執行者，所餘之執行時間，應由少年法院裁定交付保護管束。

第五十五條之規定，於前項之保護管束準用之；依該條第四項應繼續執行感化教育時，其停止期間不算入執行期間。

解說

本條文規定感化教育執行中的免除或停止執行。對於感化教育的執行，本法採相對不定期主義，如少年保護官或執行機關（如矯正學校），認為執行已收實效，目的既達，自可免予繼續執行。為此本條文第1項即以執行已逾六個月，認無繼續執行必要，作為感化教育免除或停止執行的要件。

所謂「無繼續執行必要」，參酌保安處分累進處遇規程第17條之1規定，應審酌下列事項加以認定：

（一）出院後有適當的職業（或就學）。

（二）出院後有謀生的技能。

（三）出院後有固定的住居所。

（四）出院後社會對其無不良觀感等情事。

又少年或少年的法定代理人，對於少年經感化教育後，能否適應社會，亦相當知悉，故本條文第2項賦予其請求少年保護官發動免除或停止執行聲請的權利，除顯無理由外，少年保護官不得拒絕。

免除執行，通常指感化教育執行已具成效，無繼續執行的必要，而將所餘執行期間，免除執行而言。實務上受處分人

在少年矯正學校以積分進級方式來管理，當少年執行逾六個月，已晉入第一等，而其第一等成績最近三個月內，每月得分在四十二分以上，執行機關認為無繼續執行之必要者，得檢具事證，聲請原為感化教育處分之少年法院或地方法院少年法庭裁定免除執行（參見保安處分累進處遇規程第17條第1項第5款）。

少年法院受理本法第56條第1項免除或停止感化教育之聲請，得命感化教育執行機關（構）提供該少年在感化教育期間之紀錄及相關資料，並得指派少年保護官實地查證，瞭解詳情。前項規定，於少年保護官受理本法第56條第2項規定之請求時，準用之（參見少年及兒童保護事件執行辦法第27條）。

所謂「停止執行」，則指感化教育執行已逾六個月後，雖具成效，惟未達免除的程度，即受處分人執行逾六個月，已晉入第二等，而其第二等成績最近三個月內，每月得分在四十二分以上，執行機關（少年矯正學校）認為無繼續執行之必要者，得檢具事證，聲請原為感化教育處分之少年法院或地方法院少年法庭裁定停止執行，停止期間，應裁定交付保護管束（參見保安處分累進處遇規程第17條第2項第5款）。

至於保護管束的成效、考核，可以準用本法第55條的規定。目前執行感化教育處分的少年矯正學校等機關，對於核准停止感化教育的少年，雖應即將案件移送少年法院裁定命交付保護管束，並通知其家長來院領回，告知其領回後應向執行保護管束的少年保護官報到，惟毋須俟收受命交付保護管束的裁定正本後始准出院，同時以少年離開感化教育機關（構）當日，作為保護管束開始執行日。

少年經依本法第56條第1項及第3項規定交付保護管束者，

感化教育機關（構）應將該少年感化教育期間之紀錄及相關資料函送少年法院，並應將預定移出之日期，與執行保護管束之少年保護官密切聯繫。感化教育機關（構）已依前條規定將少年之紀錄及相關資料函送少年法院者，如無其他新紀錄、資料，得免再函送（參見少年及兒童保護事件執行辦法第28條）。

此外，停止感化教育並裁定諭知保護管束的少年，如有本法第55條第4項應繼續執行感化教育的情形發生時，其停止期間不算入執行期間，自不待言。

少年吳進勇因觸犯公共危險罪，經少年法院諭知保護管束，在執行中多次違反應遵守的事項，情節重大，經少年保護官聲請少年法院裁定撤銷保護管束，將所餘的執行期間，交付感化教育。如其執行感化教育期間已滿一年，著有成效，認為無繼續執行的必要時，究應由少年矯正學校檢具事證報請法務部核准免除感化教育的執行，並將吳進勇交由原執行機關（少年保護官）執行原保護管束處分？或仍由原處分少年保護官，聲請為保護處分的少年法院裁定撤銷以感化教育代保護管束的處分，仍執行原處分？

依少年事件處理法第55條第4項，以感化教育代替保護管束的執行，其實質上既為感化教育的執行，即應適用執行感化教育的有關規定。又本法第56條第1項規定，必須執行感化教育已逾六個月，認為無繼續執行必要，始得免除或停止其執行。如係「停止感化教育」的執行者，所餘的執行期間應予交付保護管束；但如係「免除感化教育」的執行者，自不得再交

付繼續執行原保護管束。

　　因此，本案例中的少年吳進勇，如其執行期間已滿一年，著有成效，得免除或停止感化教育的執行，此時應先由少年矯正學校，檢具事證，聲請原為感化教育處分之少年法院或地方法院少年法庭裁定免除執行。至停止感化教育的執行時，亦應由執行機關檢具事證，聲請為裁定保護處分的少年法院，另行裁定諭知少年於停止感化教育所餘的執行期間內，交付保護管束，以符法理。

第57條（保護處分等之執行）
第二十九條第一項之處分、第四十二條第一項第一款之處分及第五十五條第三項或第五十五條之三之留置觀察，應自處分裁定之日起，二年內執行之；逾期免予執行。
第四十二條第一項第二款、第三款、第四款及同條第二項之處分，自應執行之日起，經過三年未執行者，非經少年法院裁定應執行時，不得執行之。

解說

　　本條文為少年轉介處分和保護處分執行時效的規定。因前開處分的執行，均有其時間性，如不能即時執行期滿，則或難收效果，或已無執行必要，故參酌刑法第99條而作類似規定。茲分別敘明其時效內容：

（一）轉介處分，其情形有三

1. 轉介兒童或少年福利、教養機構、醫療機構、執行過渡性教育措施或其他適當措施之處所為適當的輔導。

2. 交付兒童或少年的法定代理人或現在保護少年的人嚴加管教。

3. 告誡。

　　無論何種轉介處分，均應自處分裁定之日起，二年內執行，逾期免予執行。

（二）留置觀察

　　保護管束期間的留置觀察（少年事件處理法第55條第3項），或經少年法院核發勸導書，勸導無效的留置觀察（少年事件處理法第55條之3），亦應自裁定日起，二年內執行，逾期免予執行。

（三）訓誡處分

　　應自保護處分裁定日起，二年內執行，逾期免予執行。所謂「裁定日」，指少年法院法官作成該訓誡處分裁定的日期，以該日作為起算日，而不論現在保護少年的送達或確定的日期為何。通常少年法院法官在宣示訓誡處分時，如少年及其法定代理人在場並捨棄抗告權，且無被害人者，法官可以隨後當庭執行該處分；倘若少年或其法定代理人當庭依法提出抗告者，應延後執行該處分，但至遲應自裁定後，二年內執行，逾二年仍未執行，不論係法律上或事實上原因，均應免予執行。

（四）假日生活輔導處分

　　與訓誡處分相同，應自裁定日起二年內執行，逾期免予執行。因此，少年法院於法定的三至十次內，由少年保護官執行假日生活輔導，如逾二年全部未執行，固然應依本條文第1項免予執行；即使已執行若干次，其餘未執行次數已逾二年者，亦不得再執行。

（五）保護管束處分

自應執行日起，經過三年未執行者，非經少年法院裁定應執行時，不得執行。所謂「應執行日」，亦指少年法院為該保護處分裁定的日期，並非自法官簽發執行書或者裁定確定日才開始起算。

（六）安置輔導處分

與保護管束相同，自應執行日起，經過三年未執行者，非經少年法院裁定，不得執行。

（七）感化教育處分

與保護管束相同，自應執行日起，經過三年未執行者，非經少年法院裁定不得執行。

（八）禁戒或治療處分

自應執行日起，經過三年未執行者，非經少年法院裁定應執行時，不得執行。

又本條文第2項所稱「經過三年未執行」，指自應執行日起，連續經歷三年迄未執行而言。此乃因時間經過已久，少年或已改過遷善或無再予執行必要，故非經少年法院裁定應執行時，不得執行。

實例

少年呂文雄受法院保護管束處分後，隨其家人暫赴國外，經對其國外居所合法傳喚，無正當理由不到場，致案件無法執行，應如何處理？

對於本件在國外少年呂文雄保護管束的執行，可以援用部隊或其他團體代為執行的方式，由使領館人員代為執行；亦可因事實上無從執行，在行政上先予報結，俟事實上可執行，且未逾本法第57條第2項所定三年執行期間時，再予執行。

第58條（禁戒治療之期間及執行）
第四十二條第二項第一款、第二款之處分期間，以戒絕治癒
或至滿二十歲為止。但認無繼續執行之必要者，少年法院得
免除之。
前項處分與保護管束一併諭知者，同時執行之；與安置輔導
或感化教育一併諭知者，先執行之。但其執行無礙於安置輔
導或感化教育之執行者，同時執行之。
依禁戒或治療處分之執行，少年法院認為無執行保護處分之
必要者，得免其保護處分之執行。

解說

　　禁戒處分，係以少年有觸法或曝險行為等情事，而將染有
煙毒或吸用麻醉迷幻物品成癮或有酗酒習慣的少年，依個別處
遇需要，給予適當的保護處分外，並交付適當處所，實施禁戒
的處分。故其執行期間應以戒絕為止，以預防再犯。而治療處
分與禁戒處分相同，目的亦在將身體或精神狀態顯有缺陷的少
年，交付適當處所，實施治療的處分，故其執行期間，也應以
治癒為止。

　　惟禁戒或治療處分，若完全沒有執行期間的限制，遇有長
期間執行，仍不能產生效果時，究應執行至何日為止？或者應
即停止執行？法律應予以明白規範，以供依循，為此本條文第
1項以執行至滿二十歲為止，作為終結執行的期限，以節省人
力、物力。

　　民國108年修正時，鑒於治療及禁戒處分之執行期間，除
現行法規定之戒絕治癒或少年滿二十歲外，就實際發生之各類
情狀（如少年之家庭可協助其進行治療、衛生主管機關已提供

必要之治療、禁戒措施、少年已入監服刑等），仍宜賦予少年法院斟酌有無繼續執行必要、得否免除之權，為此在第1項增設但書，以資兼顧。

在執行的程序方面，依本條文第2項規定：

（一）禁戒、治療處分與保護管束一併諭知者，同時執行：因禁戒或治療處分，常合併於本法第42條第1項各款的保護處分而諭知，此時因與保護管束的執行並不發生衝突，甚至可以相輔相成，發揮觀護制度的成效，故同時併予執行。

（二）禁戒、治療處分與安置輔導、感化教育一併諭知者，原則上先執行禁戒或治療處分，但其執行無礙於安置輔導、感化教育的執行者則同時執行：

1.因目前若干安置輔導或感化教育場所，缺乏完善的勒戒或醫療設備，一旦禁戒、治療處分與安置輔導、感化教育處分同時執行時，困難殊多，不但受禁戒處分的少年，會將其不良癮癖傳染給其他少年，使沾染惡習；即使是受治療處分的少年，也可能將其傳染病、不正常的精神心態，影響其他在少年福利或教養機構、少年輔育院的少年，甚至可能滋生執行機關來回戒護少年的困擾，故本條文第2項即規定此際應先執行禁戒或治療處分，待戒絕或治癒後，再令入安置輔導機構或感化教育處所施以輔導、感化教育。

2.惟倘若安置輔導、感化教育處所有實施禁戒或完善的醫療設備，足認禁戒、治療處分的執行無礙於安置輔導、感化教育的執行者，即得同時併予執行，以收事半功倍的效果。

　　另為保護少年，本條文第2項參考刑法第88條第3項：「依禁戒處分之執行，法院認為無執行刑之必要者得免其刑之執行」規定，認為少年經依禁戒或治療處分的執行已具成效，認其保護處分的執行已無必要者，得免其保護處分的執行，以更周延保護少年權益。

第59條（協尋書及通知書）

少年法院法官因執行轉介處分、保護處分或留置觀察，於必要時，得對少年發通知書、同行書或請有關機關協尋之。

少年保護官因執行保護處分，於必要時得對少年發通知書。

第二十一條第三項、第四項、第二十二條第二項、第二十三條及第二十三條之一規定，於前二項通知書、同行書及協尋書準用之。

解說

　　少年法院法官因執行轉介處分、保護處分或留置觀察必要，或為使非收容中的受處分少年，到場實施執行或指揮執行而交付少年保護官、少年觀護所、少年矯正學校、禁戒或其他醫療機構等實施執行機關，有必要時可以對少年發通知書，傳喚其自動到場；另少年保護官因執行保護處分，於必要時亦得對少年發通知書。

　　少年經合法傳喚，無正當理由不到場者，得發同行書，強制其到場；但少年有刑事訴訟法第76條所列各款情形之一者，並認為必要時，得不經傳喚，逕發同行書，強制其到場。少年行蹤不明時，少年法院得通知各少年法院、地方檢察署檢察

官、司法警察機關協尋，但協尋時不得以公告、登載報紙或其他方法加以公開。

少年法院對少年發執行通知書、同行書或請求有關機關協尋時，基於立法精簡原則，可以準用本法第21條第3、4項「通知書應記載事項」、「送達」，第22條第2項「同行書應記載事項」，第23條「同行書的執行方式」，以及第23條之1「協尋」等相關規定，以符需要。

第60條（教養費用之負擔及執行）

少年法院諭知保護處分之裁定確定後，其執行保護處分所需教養費用，得斟酌少年本人或對少年負扶養義務人之資力，以裁定命其負擔全部或一部；其特殊清寒無力負擔者，豁免之。

前項裁定，得為民事強制執行名義，由少年法院囑託各該法院民事執行處強制執行，免徵執行費。

解說

本條文為關於少年法院教養費用的徵收及其範圍。此因少年保護處分種類繁多，其中如感化教育、禁戒、治療等處分，執行時間通常較久，耗費不貲；且許多被處分少年家境相當富裕，如能使其負擔費用全部或一部分，不僅可充裕國庫，亦可使少年及其負扶養義務人提高警覺，加強管教，實為兩全其美的作法。為此乃於本條文第1項規定，少年法院在保護處分裁定確定後，其執行保護處分所需教養費用，可以斟酌少年本人或對少年負扶養義務人的資力，以裁定命其負擔全部或一部費

用，但少年家境如特別清寒，則免負擔該教養費。

　　聲請負擔教養費用之人，得由保護處分的執行機關或少年保護官向少年法院聲請，亦得由少年法院法官依職權裁定；至於教養費用負擔義務人，為少年或對少年負扶養義務的人，如父母、兄姊、家長等。其所負擔的教養費用範圍有：

（一）主食費。

（二）副食費。

（三）教學業務費（少年如係在少年矯正學校接受國民補習教育者，此項費用全數由國家負擔，免予列計）。

（四）學生德育活動費。

（五）醫藥費。

（六）學生制服費等。

　　少年法院命負擔執行保護處分所需教養費用，應由法官製作裁定書，此項裁定書的主文和理由應分欄記載，裁定時應斟酌少年或其扶養義務人的資力狀況，查明有無命負擔必要。如執行保護處分的教養費，於裁定時已得確定其數額者，應於裁定內記載明確；無從於裁定時確定數額者，僅於裁定主文內諭知負擔執行保護處分費用的百分比，將來由保護處分的執行機關計算數額後，聲請少年法院另行裁定確定。

　　經裁定命負擔的教養費用，保護處分的執行機關應先限期通知義務人繳納，逾期不繳納，以前開命負擔教養費用的裁定，作為強制執行法第4條第1項第6款所規定「其他依法律之規定，得為強制執行名義者」的民事強制執行名義，由少年法院囑託地方法院民事執行處強制執行，執行時免徵收執行費用。

　　少年陳得寶因恐嚇案件，經少年法院依本法第42條第1項第4款規定，諭令入感化教育處所施以感化教育。其於民國107年12月1日交付彰少年輔育院執行，至108年11月30日出院為止，計在院365日，其在院期間所需教養費用，共為新台幣五萬四千元，若陳得寶家境小康，則法院應如何裁定其父親陳榮勝的教養費用負擔？

　　本案例中陳得寶的父親陳榮勝，為少年的扶養義務人，依本法第60條第1項規定，應負擔全部或一部分的感化教育處分所需教養費用。此時法院可以斟酌扶養義務人的資力為小康，所支出的教養費用，依少年輔育院的計算表共計五萬四千元，而令其負擔三分之一的教養費用，即一萬八千元，其裁定主文可以記載為：

　　「陳榮勝應負擔少年陳得寶執行感化教育處分，所需教養費用新台幣壹萬捌仟元」（按主文數字一律用大寫）。

第三節　抗告及重新審理

第61條〔抗告〕

少年、少年之法定代理人、現在保護少年之人或輔佐人，對於少年法院所為下列之裁定有不服者，得提起抗告。但輔佐人提起抗告，不得與選任人明示之意思相反：

一、第二十六條第一款交付少年調查官為適當輔導之裁定。

二、第二十六條第二款命收容或駁回聲請責付之裁定。

三、第二十六條之2第一項延長收容或駁回聲請撤銷收容之

裁定。

四、第二十七條第一項、第二項之裁定。

五、第二十九條第一項之裁定。

六、第四十條之裁定。

七、第四十二條之處分。

八、第五十五條第三項、第五十五條之三留置觀察之裁定及第五十五條第四項之撤銷保護管束執行感化教育之處分。

九、第五十五條之2第三項延長安置輔導期間之裁定、第五項撤銷安置輔導執行感化教育之處分。

十、駁回第五十六條第一項聲請免除或停止感化教育執行之裁定。

十一、第五十六條第四項命繼續執行感化教育之處分。

十二、第六十條命負擔教養費用之裁定。

解說

抗告，乃不服法院裁定，請求直接上級法院撤銷或變更的方法；在少年保護事件，有抗告權人對於少年法院所爲不當或未確定裁定，以抗告書狀向原審法院聲明不服，請求其直接上級法院以裁定撤銷或變更原審裁定的救濟方法。

（一）對於少年法院的裁定，有抗告權者有四：

　　1.少年，指受裁定處分的少年。

　　2.少年的法定代理人。

　　3.現在保護少年的人。

　　4.輔佐人，乃輔助少年維護其個人身體、自由、財產、名譽等權益，而於少年事件調查或開始審理後，經選

任的特定人，故其在提出抗告時，自不得與選任人的明示意思相反，因此，其抗告權不具獨立性。

（二）對於少年保護事件，由少年法院所爲裁定，僅就下列事項始得提起抗告：

1. 少年法院於必要時，對於少年得以裁定，在事件終結前，交付少年調查官爲適當之輔導（少年事件處理法第26條第1款）。因對少年權益產生重大影響，民國94年修正時，增訂爲得提起抗告之範圍。

2. 少年法院於必要時，對於少年得以裁定，命收容於少年觀護所（少年事件處理法第26條第2款）。依其性質屬於剝奪少年身體自由之處置，在程序上亦得提起抗告，以符合法律正義；又爲避免少年權利遭受侵害，在少年法院駁回聲請責付之裁定時，亦得提起抗告，以落實保障少年之權益。

3. 少年觀護所收容少年之期間，調查或審理中均不得逾二月。但有繼續收容之必要者，得於期間未滿前，由少年法院裁定延長之（少年事件處理法第26條之2第1項）；對於延長收容之裁定或駁回聲請撤銷收容之裁定，亦得提起抗告。

4. 少年法院依調查結果，認爲少年所犯最輕本刑爲五年以上有期徒刑之罪，或事件繫屬後已滿二十歲者，應移送檢察官的裁定（少年事件處理法第27條第1項）；除前述情形外，少年法院依調查結果，認犯罪情節重大，參酌其品行、性格、經歷等情狀，認爲以受刑事處分爲適當，而移送檢察官的裁定（少年事件處理法第27條第2項），對此因事關少年權益，抗告

人如對法院移送裁定不服，即得提出抗告。

5. 少年法院依少年調查官調查結果，認為情節輕微，以不付審理為適當者，得為不付審理的裁定；並以裁定諭知法定代理人或現在保護少年之人，應對少年嚴加管教，或予以轉介輔導輔助，或予以告誡（少年事件處理法第29條第1項），即在實體上認定少年非行，但少年如堅決否認非行，力爭清白，自應賦予抗告辯白機會，以為救濟。

6. 少年法院依審理之結果，認為事件有第27條第1項之情形者，應為移送於有管轄權檢察官之裁定；或有同條第2項之情形者，得為移送於有管轄權檢察官之裁定（少年事件處理法第40條）；該裁定因對少年權益發生重大影響，民國94年修正時，增訂抗告人如對法院移送裁定不服，即得提出抗告。

7. 第42條保護處分的裁定，不論少年被諭知訓誡並得予以假日生活輔導、保護管束並得命為勞動服務、安置輔導、感化教育、禁戒、治療處分，均得提起抗告。

8. 第55條第3項，少年法院於保護管束期間內，留置觀察裁定；第55條之3，少年無正當理由拒絕接受轉介輔導、管教、告誡等處分，經勸阻無效，由少年法院所為交付觀察裁定；以及第55條第4項，少年違反應遵守的事項，足認為保護管束難收效果時，經少年保護官聲請少年法院所為撤銷保護管束改執行感化教育處分的裁定，抗告權人均可依法抗告。

9. 對於第55條之2第3項延長安置輔導期間的裁定；同條文第5項撤銷安置輔導，執行感化教育處分的裁定，

抗告權人不服，亦得提起抗告。

10. 依本法第56條第1項規定，執行感化教育已逾六月，認無繼續執行之必要者，得由少年保護官或執行機關檢具事證，聲請少年法院裁定免除或停止其執行。少年或少年之法定代理人認為感化教育之執行有前項情形時，得請求少年保護官為前項之聲請，除顯無理由外，少年保護官不得拒絕。如少年法院駁回免除或停止其執行之聲請時，亦得提起抗告。

11. 本法第56條第4項規定，受感化教育處分的少年，已執行達六個月，經核准停止其執行，並將所餘的執行期間，交付保護管束；惟於保護管束執行期間違反應遵守的事項情節重大，或曾受留置觀察處分後，再違反應遵守事項，經少年法院裁定繼續執行感化教育的處分時，抗告人對該裁定得提起抗告。

12. 本法第60條規定，少年法院於保護處分的裁定確定後，命少年或對少年負扶養義務人，負擔執行保護處分所需教養費用的裁定，抗告人得提起抗告。

本條文針對少年權益影響較大的裁定，以列舉方式加以規定，其他未列舉者，即不得再提起抗告。是以在抗告程序，無抗告權的人，固不得行使抗告權；即使得行使抗告權的人，亦僅能在本條文所規定得以抗告的裁定範圍下，始可提起抗告。因此，對於少年法院的責付、定應執行處分等裁定，任何人均不得提出抗告。

少年劉向華所涉侵占犯行，經移送少年法院後，以少年責

付不適當而需收容爲理由，將少年收容於少年觀護所，少年或其法定代理人聲請責付，爲少年法院以裁定駁回，此時聲請人可否提出抗告？

按收容係將少年容留於少年觀護所，俾使調查其品行、經歷、身心狀況、教育程度、家庭情形、社會環境及其他必要的事項，供處理時的參考，並矯正其身心，使其適於社會正常生活爲目的，依其性質屬於剝奪少年身體自由之處置，依少年事件處理法第61條第2款規定，少年、少年的法定代理人、現在保護少年的人或輔佐人，均得提起抗告。

許明達未滿十八歲，以駕駛計程車爲業，其於108年4月間某日晚上七時許，在台北市忠孝東路五段與基隆路交岔口，因疏於注意，車速過快，致將行人林金貞撞倒，被害人當場顱內出血，不治死亡。此案經檢察官移送少年法院後，誤認係觸犯普通過失致人於死罪，而裁定保護管束，檢察官是否得對該裁定提起抗告？

少年許明達所觸犯者應爲刑法第276條第2項的業務過失致死罪，其法定刑爲五年以下，屬少年事件處理法第27條第2項的範圍，得以裁定移送有管轄權的檢察署檢察官偵查。如少年法院誤認少年爲刑法第276條第1項的普通過失致人於死罪，而以裁定宣告保護管束，因檢察官自始均未參與少年保護事件的調查、審理過程，且本法第61條亦未賦予檢察官有提起抗告的權限，故檢察官縱認爲少年法院諭知保護處分的裁定不當，亦不得提起抗告以資救濟（應注意者，刑法第276條已在108年5月29日修正，不再區分爲普通過失致人於死或業務過失致人於

死，其法定刑均為五年以下有期徒刑、拘役或五十萬元以下罰
金）。

第62條（被害人之抗告）

少年行為之被害人或其法定代理人，對於少年法院之左列裁
定，得提起抗告：

一、依第二十八條第一項所為不付審理之裁定。

二、依第二十九條第一項所為不付審理，並為轉介輔導、交
　　付嚴加管教或告誡處分之裁定。

三、依第四十一條第一項諭知不付保護處分之裁定。

四、依第四十二條第一項諭知保護處分之裁定。

被害人已死亡或有其他事實上之原因不能提起抗告者，得由
其配偶、直系血親、三親等內之旁系血親、二親等內之姻親
或家長家屬提起抗告。

解說

　　本條文係為少年觸法或有第3條第1項第2款各目行為的被
害人而設，其立法旨趣，與刑事案件對檢察官的不起訴處分得
聲請再議，或自訴案件自訴人得提起上訴程序的法理相同。

　　所謂「少年行為之被害人」，指因少年觸犯刑罰法律或虞
犯的事實行為，致生命、身體、自由、財產或名譽等法益，直
接受到損害的特定人而言。少年行為的被害人，本身亦為少年
時，自應許其法定代理人也有獨立的抗告權，方能保障少年的
合法權益。

　　如少年行為的被害人已死亡，或有其他事實上原因不能

提起抗告時（如被害人已成爲植物人），依修正前本法規定，對於本條文第1項所列的裁定，即無得爲抗告之人，苟該裁定有所不當，將無法救濟，不能兼顧被害人權益，難謂合理，故現行法參考刑事訴訟法第233條第2項：「被害人已死亡者，得由其配偶、直系血親、三親等內之旁系血親、二親等內之姻親或家長、家屬告訴。但告訴乃論之罪，不得與被害人明示之意思相反。」等規定，於本條文第2項，增訂遇有「被害人死亡」，或「有其他事實上原因，不能提起抗告」時，爲保護被害人權益，得由其配偶、直系血親、三親等內的旁系血親、二親等內的姻親或家長、家屬，提起抗告。

少年行爲的被害人或其法定代理人，依本條文第1項規定，得提起抗告的範圍有四：

（一）第28條少年法院依調查的結果，認爲無付保護處分的原因或以其他事由不應付審理者，應爲不付審理的裁定。此種應不付審理的裁定，自難令少年行爲的被害人滿意，故得依法提起抗告，以彌補其損害。

（二）第29條第1項少年法院依調查的結果，認爲情節輕微，以不付審理爲適當者，得爲不付審理的裁定，並應諭知少年的法定代理人或現在保護少年的人，對於少年嚴加管教；轉介兒童或少年福利機構或教養機構，爲適當的輔導；或對於少年予以告誡。對於此種得不付審理的裁定，亦應予少年行爲的被害人，有依抗告程序聲明不服的機會。

（三）第41條第1項少年法院依審理結果，認爲事件不應付保護處分，或不宜付保護處分者，應裁定諭知不付保護處分。此種不付保護處分的裁定，也嚴重影響被害人權

益，故應許其提出抗告，以爲救濟。

（四）少年法院依審理結果，對加害少年依第42條第1項諭知
訓誡並得予以假日生活輔導、交付保護管束並得命爲勞
動服務、交付安置於適當的福利、教養機構、醫療機
構、執行過渡性教育措施或其他適當措施之處所輔導、
令入感化教育處所施以感化教育，對於上開保護處分裁
定，被害人如認爲不當或處分過輕時，得依本條文規定
提起抗告。

第63條（抗告管轄法院）

抗告以少年法院之上級法院為管轄法院。

對於抗告法院之裁定，不得再行抗告。

解說

　　在抗告的管轄法院方面，也就是抗告法院，依本條文第1
項規定，以少年法院的上級法院爲管轄法院。通常少年法院的
直接上級法院，係高等法院或其分院，譬如對於台灣桃園地方
法院少年法庭，依本法第42條第1項第4款令入感化教育處所施
以感化教育的處分不服，提起抗告，其抗告法院即爲台灣高等
法院。惟目前我國少年法院的設置尚未普遍，故無論台灣高等
法院或其分院受理少年保護抗告事件時，均分由刑事庭辦理，
其裁定格式比照刑事裁定。未來依修正後本法第5條第3項規
定，高等法院及其分院，均應設少年法庭，以處理少年事件。

　　另外，本法對於少年保護事件的處理，不採刑事訴訟法
的三級三審制，而採二級二審制，故得提起抗告的人，不服少

年法院對於保護事件裁定，而提起抗告，經抗告法院依法裁定後，因其具有絕對效力，任何人不得再爲變更或撤銷其裁定的聲請，爲此本條文第2項規定「對於抗告法院之裁定，不得再行抗告」，使該裁定儘速定讞，不會再繫屬至最高法院。

少年保護事件經抗告者，收容中之少年應連同卷宗及證物，一併解送抗告法院。抗告法院受理少年抗告事件，除抗告不合法定程式或顯無理由而應裁定駁回外，得準用有關少年法院調查及審理之規定，並通知少年調查官再爲調查。高等法院或其分院少年法庭對於抗告事件，除有由原裁定法院續爲調查之必要外，應自爲裁定（參見少年保護事件審理細則第47條）。

又被收容之少年，於抗告期間內，向少年觀護所長官提出抗告書狀，視爲已向原審少年法院提起抗告。少年不能自作抗告書狀者，少年觀護所公務員應爲之代作。少年觀護所長官接受抗告書狀後，應附記接受之年、月、日、時，送交原審之少年法院（參見少年保護事件審理細則第49、50條）。

第64條（刑訴法抗告之準用）
抗告期間爲十日，自送達裁定後起算。但裁定宣示後送達前之抗告亦有效力。
刑事訴訟法第四百零七條至第四百十四條及本章第一節有關之規定，於本節抗告準用之。

解說

修正前本法，對於少年保護事件得提起抗告的期間爲五

203

日，惟現行法鑒於第61條、第62條所列得提起抗告的案件情形，效力幾乎等同於刑事訴訟法的上訴，故參考上訴方面的規定，於本條文第1項，將抗告期間修正爲「十日」，自送達裁定後起算；但裁定宣示後，送達前的抗告，亦有效力。

又基於立法精簡原則，本條文第2項爲關於抗告準用「刑事訴訟法」及本章第一節有關規定的準用，其具體內容如下：

（一）抗告程式

提起抗告，應以抗告書狀，敘述抗告之理由，提出於原少年法院爲之（刑訴407）。

（二）原審法院對抗告的處置

原少年法院認爲抗告不合法律上之程式或法律上不應准許，或其抗告權已經喪失者，應以裁定駁回之。但其不合法律上之程式可補正者，應定期間先命補正。原少年法院認爲抗告有理由者，應更正其裁定；認爲全部或一部無理由者，應於接受抗告書狀後三日內，送交抗告法院，並得添具意見書（刑訴408）。

（三）抗告的效力

抗告無停止執行裁判之效力。但原少年法院於抗告法院之裁定前，得以裁定停止執行；又抗告法院亦得以裁定停止裁判之執行（刑訴409）。

（四）卷宗、證物的送交及裁定期間

原審法院認爲有必要者，應將該案卷宗及證物送交抗告法院；抗告法院認爲有必要者，得請原審法院送交該案卷宗及證物；抗告法院收到該案卷宗及證物後，應於十日內裁定（刑訴410）。

（五）抗告法院對不合法抗告的處置

抗告法院認爲抗告有第408條第1項前段的情形者，應以裁定駁回；但其情形可以補正而未經原審法院命其補正者，審判長應定期間先命補正（刑訴411）。

（六）對無理由抗告的裁定

抗告法院認爲抗告無理由者，應以裁定駁回（刑訴412）。

（七）對有理由抗告的裁定

抗告法院認爲抗告有理由者，應以裁定將原裁定撤銷，於有必要時，高等法院及其分院少年法庭，亦得自爲裁定（刑訴413）。

（八）裁定的通知

抗告法院的裁定，應速通知原少年法院（刑訴414）。

（九）本章第一節有關規定準用

依本法第5條、第7條、第13條規定，高等法院及其分院應設置少年法庭，並配置少年調查官若干人，以調查、蒐集關於少年保護事件的資料，對於少年觀護所少年的調查事項，提出報告，並附具意見。是以高等法院的少年法庭，受理少年抗告事件，得開庭審理，就審理結果自爲裁定，故本條文第2項後段，增訂得準用本法第三章第一節有關「少年保護事件調查及審理」的規定。

少年林大山因傷害案件，經少年法院依本法第42條第1項第4款裁定，令入感化教育處所，施以感化教育處分，對此裁定少年及其法定代理人均不服，提起抗告，抗告法院認爲抗告

有理由，而撤銷原裁定，並自爲諭知保護管束的裁定，該自爲裁定部分是否有效？

少年事件處理法第64條第2項已修正規定，刑事訴訟法第413條「抗告法院認爲抗告有理由者，應以裁定將原裁定撤銷；於有必要時，並自爲裁定」，於本節抗告程序中可以準用，故抗告法院經開庭審理，參酌少年調查官所提調查報告後，如認爲抗告有理由者，除應以裁定將原裁定撤銷外，並得自爲裁定；如本件抗告法院撤銷原感化教育處分裁定，而自爲諭知保護管束裁定，該自爲裁定部分，合法有效，且不得再抗告，應依法執行。

第64條之1（重新審理一）

諭知保護處分之裁定確定後，有左列情形之一，認為應不付保護處分者，少年保護官、少年、少年之法定代理人、現在保護少年之人或輔佐人得聲請為保護處分之少年法院重新審理：

一、適用法規顯有錯誤，並足以影響裁定之結果者。

二、因發見確實之新證據，足認受保護處分之少年，應不付保護處分者。

三、有刑事訴訟法第四百二十條第一項第一款、第二款、第四款或第五款所定得為再審之情形者。

刑事訴訟法第四百二十三條、第四百二十九條、第四百三十條前段、第四百三十一條至第四百三十四條、第四百三十五條第一項、第二項、第四百三十六條之規定，於前項之重新審理程序準用之。

為保護處分之少年法院發見有第一項各款所列情形之一者，亦得依職權為應重新審理之裁定。

少年受保護處分之執行完畢後，因重新審理之結果，須受刑事訴追者，其不利益不及於少年，毋庸裁定移送於有管轄權之法院檢察署檢察官。

解說

少年法院就少年保護事件，經諭知保護處分的裁定確定後，對該事件即產生拘束力、不變力、確定力和執行力，法院不得就同一事實，再為重複的裁判，也不可為撤銷、變更或補充的裁判，以維護裁判的效力。惟倘若該已確定裁定，適用法規或認定事實顯有違誤者，應有救濟的途逕可循，少年事件處理法在保護事件處理過程中，檢察官並未參與，固不能準用非常上訴程序，或對其聲請再審，但基於保護少年權益的立場，本法遂於民國65年2月12日修正時增訂本條「重新審理」的規定，以資救濟。

本條文所謂「重新審理」，指觸法或曝險少年受保護處分的裁定確定後，因有確實的事實和證據，認為應不付保護處分者，得由少年保護官、少年、少年的法定代理人、現在保護少年的人或輔佐人，檢具相關事證，向原為保護處分的少年法院，聲請重新開始審理的程序。可見聲請重新審理時期，為少年法院諭知保護處分的裁定確定後，如該裁定尚未確定，逕依抗告程序加以救濟即可，無聲請重新審理的必要。

（一）重新審理的聲請人

1. 對於諭知保護處分的裁定確定後，聲請重新審理的主體，限

於少年保護官、少年、少年的法定代理人、現在保護少年的
人或輔佐人。

2. 爲保護處分的少年法院，發現有聲請重新審理的原因時，也
可以依職權爲應重新審理裁定。

不論依聲請或依職權爲重新審理裁定後，原諭知保護處分
的確定裁定，應即視爲被撤銷。

（二）重新審理的事由

聲請重新審理，必須有法定原因存在，依本條文第1項規
定，其內容如下：

1. 適用法規顯有錯誤，並足以影響裁定結果者。

2. 因發見確實的新證據，足認受保護處分少年應不付保護處分
者。在實務上，所謂發見之新證據，係指該項證據，少年法
院於裁判前因未經發見，不及調查斟酌，至其後始行發見者
而言，若裁判前已經當事人提出或聲請調查之證據，經原法
院捨棄不採者，即非該條款所謂發見之新證據，不得據爲
聲請重新審理之原因（最高法院28年抗字第8號判例）。再
者，該確實的新證據，固非以絕對不須經過調查程序爲條
件，然必須可認爲確實可以動搖原確定裁定，足認受保護處
分少年應不付保護處分者爲限，若僅係他人於事後追述當時
所見情形之空洞言詞，而顯然不足以推翻原確定裁定所憑之
證據者，即非該款所謂確實之新證據（最高法院33年抗字第
70號判例）。

3. 有「刑事訴訟法」第420條第1項第1款、第2款、第4款或第5
款所定，得爲再審的情形者，其具體規定爲：

（1）原確定裁定所憑的證物，已證明其爲僞造或變造者。

（2）原確定裁定所憑的證物、鑑定或通譯，已證明其爲虛

偽者。

（3）原確定裁定所憑的通常法院或特別法院的裁判，已經確定裁判變更者。

（4）爲原裁定或裁定前調查的法官或參與偵查或起訴之檢察官、檢察事務官、司法警察官或司法警察，因該案件犯職務上的罪已經證明者；或者因該案件違法失職已受懲戒處分，足以影響原裁定者。

（三）刑事訴訟法的準用規定

在聲請重新審理的程序方面，因其性質與刑事訴訟法的再審程序相當類似，爲此本條文第2項明文規定，重新審理可以準用「刑事訴訟法」第五編再審程序中，第423條「聲請再審於刑罰執行完畢後，或已不受執行時，亦得爲之」、第429條「聲請再審，應以再審書狀敘述理由，附具原判決（裁定）之繕本及證據，提出於管轄法院爲之」、第430條前段「聲請再審，無停止刑罰執行之效力」、第431條「再審之聲請，於再審判決前，得撤回之；撤回再審聲請之人，不得更以同一原因聲請再審」、第432條「第358條及第360條（捨棄撤回上訴）之規定，於聲請再審及其撤回準用之」、第433條「法院認爲聲請再審之程序違背規定者，應以裁定駁回之」、第434條「法院認爲無再審理由者，應以裁定駁回之；經前項裁定後，不得更以同一原因聲請再審」、第435條第1項、第2項「法院認爲有再審理由者，應爲開始再審之裁定；爲前項裁定後，得以裁定停止刑罰之執行」、第436條「開始再審之裁定確定後，法院應依其審級之通常程序，更爲審判」等規定。

（四）不利益變更禁止

本法就重新審理程序的規定，其目的主要在保障少年的權

益，故少年經諭知保護處分裁定確定後，如發現有前述認定事實或適用法規顯有違誤情事，足認應爲不付保護處分者，其利害關係人，自得依法聲請重新審理；反之，如少年受保護處分的執行完畢後，因重新審理的結果，發現須受刑事訴追者，爲免一事兩罰，本條文第4項明定「其不利益不及於少年，毋庸裁定移送於有管轄權之法院檢察署檢察官」，使少年不必再受到刑事訴追。

　　少年劉義中因觸犯公共危險罪，經新竹地方法院少年法庭裁定諭知感化教育處分，業經確定，現移交台灣新竹誠正中學（矯正學校）執行中。法院在審理前開案件時，僅依據劉義中在警訊時的自白，及現場所遺留的劉義中筆記簿（供燃燒用）爲裁判依據。但最近另案少年吳文生在涉嫌公共危險罪時，供承曾經未經劉義中同意，暗中取走其筆記本數本，作爲燒燬學校桌椅之用，此際少年劉義中的法定代理人可否聲請重新審理？

　　少年劉義中因觸犯公共危險罪事件，經少年法庭依本法第42條第1項第4款，以裁定諭知令入感化教育處所，施以感化教育處分，且已確定；但若少年的法定代理人發見確實的新證據，證明該放火行爲係另案少年吳文生所爲，自得依本法第64條之1第1項第2款規定，向原爲保護處分的新竹地方法院少年法庭，聲請重新審理，請求改諭知不付保護處分。

第64條之2（重新審理二）

諭知不付保護處分之裁定確定後有下列情形之一，認為應諭知保護處分者，少年行為之被害人或其法定代理人得聲請為不付保護處分之少年法院重新審理：

一、有刑事訴訟法第四百二十二條第一款得為再審之情形。

二、經少年自白或發見確實之新證據，足認其有第三條第一項行為應諭知保護處分。

刑事訴訟法第四百二十九條、第四百三十一條至第四百三十四條、第四百三十五條第一項、第二項及第四百三十六條之規定，於前項之重新審理程序準用之。

為不付保護處分之少年法院發見有第一項各款所列情形之一者，亦得依職權為應重新審理之裁定。

第一項或前項之重新審理於諭知不付保護處分之裁定確定後，經過一年者不得為之。

解說

本條文為民國86年10月修正本法時所增列，108年曾作文字上修正。其立法理由係因一般刑事案件確定後，為受判決人的不利益，刑事訴訟法訂有再審的規定，然在少年保護事件，舊法對誤為不付保護處分裁定確定後，無事後法律救濟制度，對少年行為的被害人殊為不利，且有欠公允，因而仿照刑事訴訟法第422條、第429條、第431條至第434條等規定，增訂不利益的重新審理制度，以供適用。

本條文「不利益的重新審理」，指有觸法或曝險行為之少年，受不付保護處分裁定確定後，因有確實的事實和證據，認為應諭知保護處分者，得由少年行為的被害人或其法定代理

少年事件處理法

人，檢具相關事證，向原爲不付保護處分的少年法院，聲請重新開始審理的程序。可見此種爲少年不利益的重新審理，爲少年法院諭知不付保護處分裁定確定後，始可提起；如該裁定尚未確定，逕依本法第62條第1項第3款提起抗告即可，無聲請重新審理的必要。

（一）不利益重新審理的聲請人

1. 對於不利益的重新審理，其聲請的主體，限於少年行爲的被害人，或其法定代理人。

2. 爲不付保護處分的少年法院，發現有聲請重新審理的法定原因時，也可以依職權爲應重新審理的裁定。

　　不論依聲請或依職權爲重新審理的裁定後，原諭知不付保護處分的確定裁定，應即被視爲撤銷。

（二）不利益重新審理的事由

　　聲請不利益的重新審理，亦必須有法定原存在，依本條文第1項規定，其內容如下：

1. 有刑事訴訟法第422條第1款得爲再審之情形者，其具體規定爲：

　　（1）原確定裁定所憑的證物，已證明其爲僞造或變造者。

　　（2）原裁定所憑之證言、鑑定或通譯已證明其爲虛僞者。

　　（3）原裁定所憑之通常法院或特別法院之裁判已經確定裁判變更者。

　　（4）參與原裁定或前調查之法官，或參與偵查或起訴之檢察官、檢察事務官、司法警察官或司法警察，因該案件犯職務上之罪已經證明者，或因該案件違法失職已受懲戒處分，足以影響原判決者。

2. 經少年自白或發見確實新證據，足認其有第3條第1項行爲，

應諭知保護處分者；所謂第3條第1項行為，係指：

（1）少年有觸犯刑罰法律的行為。

（2）少年有下列情形之一，而認有保障其健全自我成長之必要者：

①無正當理由經常攜帶危險器械。

②施用毒品或迷幻物品之行為而尚未觸犯刑罰法律。

③有預備犯罪或犯罪未遂而為法所不罰之行為者。

（三）刑事訴訟法的準用規定

在聲請重新審理的程序方面，因其與刑事訴訟法的再審程序相當類似，為此本條文第2項明文規定，重新審理可以準用「刑事訴訟法」第五編再審程序中，第429條「聲請再審，應以再審書狀敘述理由，附具原判決（裁定）之繕本及證據，提出於管轄法院為之」、第431條「再審之聲請，於再審判決（裁定）前，得撤回之。撤回再審聲請之人，不得更以同一原因聲請再審」、第432條「第358條及第360條（捨棄或撤回上訴）之規定，於聲請再審及其撤回準用之」、第433條「法院認為聲請再審之程序違背規定者，應以裁定駁回之」、第434條「法院認為無再審理由者，應以裁定駁回之；經前項裁定後，不得更以同一原因聲請再審」、第435條第1、2項「法院認為有再審理由者，應為開始再審之裁定；為前項裁定後，得以裁定停止刑罰之執行」、第436條「開始再審之裁定確定後，法院應依其審級之通常程序，更為審判」等規定。

（四）期間之限制

對於前述於「少年不利益的重新審理程序」，為兼顧不付保護處分裁定的確定力，及少年本身權益之保護，本條文第4項再規定，無論依聲請或少年法院依職權而開始重新審理程

序，均應於前開不付保護處分裁定確定後，一年內為之，逾期
即不得再聲請重新審理。

第四章
少年刑事案件

第65條（少年刑事案件之範圍及自訴之禁止）

對於少年犯罪之刑事追訴及處罰，以依第二十七條第一項、第二項移送之案件為限。

刑事訴訟法關於自訴之規定，於少年刑事案件不適用之。

本章之規定，於少年犯罪後已滿十八歲者適用之。

解說

　　少年事件處理法依據少年事件性質不同，分為「少年保護事件」與「少年刑事案件」兩種，前者以犯罪少年及曝險少年為對象，適用本法第三章所規定程序處理，以保護處分為處遇少年的方法：後者則僅以犯罪少年為對象，適用本法第四章與刑事訴訟法的相關程序處理，並以刑事制裁為處遇少年的方法，兩種處遇措施相互運用，以保護少年，培養其身心的健全發展，增進安全福祉為目標。

　　所謂少年刑事案件的意義、範圍，參酌本條文第1項及少年事件處理法施行細則第3條規定：「本法所稱少年刑事案件，係指少年於十四歲以上未滿十八歲時，有觸犯刑罰法律之行為，經少年法院依本法第二十七條裁定移送檢察官開始偵查之案件。本細則第七條第二項規定之案件，亦同。」因此，少

少年事件處理法

年刑事案件的具體範圍如下：

（一）少年所犯最輕本刑爲五年以上有期徒刑以上之罪者。

（二）少年法院依調查結果，認爲少年犯罪情節重大，參酌其品行、性格、經歷等情狀，以受刑事處分爲適當者。

（三）須爲十四歲以上，十八歲未滿少年所犯的刑事案件。此與本法第2條所規定的少年年齡範圍爲「十二歲以上十八歲未滿之人」不盡相符，此因未滿十四歲的少年，縱有觸犯本法第27條第1項、第2項的行爲，但因無刑事責任能力，仍不得加以追究處罰，故不得視爲少年刑事案件；至於犯罪時已滿十八歲的人，已非本法所規定少年的範圍，且少年法院對其無先議權存在，逕由檢察官依刑事訴訟法規定，予以追訴、處罰即可。

應特別說明者，本法第27條第1項第2款規定，少年法院對於少年犯罪事件，於該事件繫屬後已滿二十歲者，無論犯罪情節是否重大，均應移送檢察官偵查、起訴；即以少年法院受理先後，作爲移送標準，如少年行爲時未滿十八歲，受理時仍未滿十八歲，所犯非五年以上有期徒刑之罪，且情節尚非重大時，即無移送檢察官追訴處罰必要。相反的，如少年行爲時未滿十八歲，法院受理時已滿二十歲，此時即應移送檢察官處理。

（四）須經少年法院以裁定移送於有管轄權的地方檢察署檢察官。少年法院在移送前，應實質審查少年的犯罪行爲，認爲應受刑事處分或以受刑事處分爲適當者，再移送檢察官，由其依少年刑事案件的性質，踐行偵查程序，並依職權追訴處罰。

另外，我國刑事訴訟法採國家追訴主義與被害人追訴主

義，不但檢察官可以代表國家機關，對於犯罪行為人加以偵查、起訴；犯罪被害人亦得不經檢察官的偵查程序，逕將犯罪事實，報告法院，請求就犯罪行為人追究處罰。由檢察官追訴的，稱為公訴；由被害人提起的，謂為自訴。由於本法立法原則在於保護少年，不以追究處罰為目的，故立法時採取國家追訴主義，而於本條文第2項規定「刑事訴訟法關於自訴之規定，於少年刑事案件不適用之」，以防被害人利用自訴程序恫嚇少年，或趁少年訴訟能力不足予以報復，致有悖於本法保護少年的一貫精神。

又民國86年10月修正本法時，為貫徹保護少年的精神，凡行為時未滿十八歲的少年，均得適用第四章規定，不因移送或起訴程序係在少年已滿十八歲以後而異，以求公平合理，故於本條文增訂第3項：「本章之規定，於少年犯罪後已滿十八歲者適用之」。

分析其立法動機，應係源於舊法施行時期，凡少年犯罪行為時，雖係十四歲以上十八歲未滿之人，惟犯罪後已滿十八歲者，譬如為警察緝獲時已滿十八歲，而移送檢察官偵查的案件；或者為警查獲時未滿十八歲，移送少年法院處理，審理中已滿十八歲，此時依舊法第27條第4項規定，應裁定移送檢察官偵查，對此類少年刑事案件，法院在判決時均不能適用本法第四章有關少年刑事案件的實體規定，而須適用刑法或刑事特別法的相關規定。反之，如少年法院依舊法第27條第1項或第2項，或第40條規定，裁定移送檢察官偵辦的案件，在偵查終結時少年仍未滿十八歲，檢察官向少年法院起訴，於判決時始得適用本法第四章有關少年刑事案件的實體規定；在此種規定下，對於少年年齡接近十八歲左右之人，因法院法官、檢察官

少年事件處理法

辦案速度快慢、移送或起訴程序時間久暫，將影響得否適用少年刑事案件的實體規定情形，鑒於本法第四章所規定少年緩刑、假釋、褫奪公權等規定，顯均較有利於少年，為解決上開不公平現象，故修正為少年犯罪行為時未滿十八歲者，均有本法第四章的適用，不因移送或起訴係在少年已滿十八歲後，而有差別。

為避免實務運作之爭議，少年事件處理法施行細則第4條，業已更明確規定：「少年觸犯刑罰法律，於滿十八歲後，始經報告或移送少年法院之事件，仍由少年法院依本法第三章之規定處理。但事件繫屬後少年已滿二十歲，且少年法院依調查之結果，認少年觸犯刑罰法律者，應以裁定移送有管轄權之檢察署檢察官。」以供依循。

少年陳宗華目前在北部某專科學校唸書，平日遊手好閒，經常出入不正當場所喝酒、跳舞。去年8月中旬某日，因與其女友小芳發生爭吵，乃獨自前往PUB飲酒解悶。其於凌晨一時許返家時，在住家附近見隔壁班女同學王錦文穿著單薄的睡衣，仍在溫習功課，竟翻牆潛入，持破碎酒瓶脅迫王錦文，使其不敢抗拒而予以強姦得逞，案經台北市政府警察局少年隊查獲，如在警察局移送地檢署檢察官時，少年陳宗華的父母出面與被害人王錦文達成和解，經被害人撤回告訴，此時檢察官是否可逕依刑事訴訟法第252條第5款規定，為不起訴處分？

不可以，依少年事件處理法第3條第1項第1款規定，少年有觸犯刑罰法律之行為者，應由少年法院處理；且同法第18條第1項規定，檢察官於執行職務時知有第3條第1項第1款之事件

者，應移送該管少年法院，故檢察官於少年刑事案件未經少年法院移送前，不得逕行處理。

少年陳宗華所犯為刑法第221條第1項的強制性交罪，和同法第306條的無故侵入住宅罪，其中強制性交罪，在刑法修正後已非屬告訴乃論之罪，縱經告訴人在警察局移送檢察官偵查時，即已撤回告訴，但依前述說明，檢察官仍不得依刑事訴訟法第252條第5款為不起訴處分，而應移送該管少年法院處理。

第66條（開始偵查）
檢察官受理少年法院移送之少年刑事案件，應即開始偵查。

解說

少年刑事案件的調查，由有管轄權的地方檢察署檢察官負責，其偵查目的，在於發現觸犯刑罰法律少年的違法事實，蒐集證據，以作為是否起訴的依據。舊法為摒除過濃的刑事色彩，遂將「偵查」改用「調查」取代，以表明少年刑事案件的調查，除犯罪事實、證據的查證外，並包含對觸法少年的品格、經歷、身心狀況、家庭情形、社會環境、教育程度以及其他必要的事項調查，以考量有無提起公訴的必要。現行法則基於偵查程序，偏重於刑事犯罪事實、證據的調查和蒐集；而少年案件的調查程序，則兼及少年對刑罰適應性的評估，有其特殊意義，事實上少年刑事案件移送檢察官後，檢察官所為應屬於審判前置程序的偵查，為避免用語混淆，故修正後仍以「偵查」用語為之，以利適用刑事訴訟法的相關規定。

地方檢察署檢察官，受理少年法院移送的少年刑事案件

後，應立即踐行偵查程序，遇有案情複雜，或牽連較廣，難以迅速終結案件，其偵查期間雖不以一個月為限，惟仍應盡可能早日查明真相，完成偵查程序，以利少年繼續就學、就業，減輕訟累。

另依少年事件處理法施行細則第7條規定：「檢察官受理一般刑事案件，發現被告於犯罪時未滿十八歲者，應移送該管少年法院。但被告已滿二十歲者，不在此限。前項但書情形，檢察官應適用本法第四章之規定進行偵查，認應起訴者，應向少年法院提起公訴。少年刑事案件，少年法院就犯罪事實之一部移送者，其效力及於全部，檢察官應就全部犯罪事實加以偵查。」

第67條（起訴與不起訴處分）

檢察官依偵查之結果，對於少年犯最重本刑五年以下有期徒刑之罪，參酌刑法第五十七條有關規定，認以不起訴處分而受保護處分為適當者，得為不起訴處分，移送少年法院依少年保護事件審理；認應起訴者，應向少年法院提起公訴。

前項經檢察官為不起訴處分而移送少年法院依少年保護事件審理之案件，如再經少年法院裁定移送，檢察官不得依前項規定，再為不起訴處分而移送少年法院依少年保護事件審理。

解說

檢察官受理少年法院所移送的少年刑事案件，應即開始調查少年的犯罪事實和證據，並憑其所得資料決定作出處分，以

終結偵查程序。其偵查終結而爲的處分，不外起訴與不起訴兩種，茲分別說明如下：

（一）不起訴處分並移送少年法院

1. 我國刑事訴訟法對於犯罪的追訴，除原則採取起訴法定主義外，兼採起訴便宜主義，使檢察官本於微罪不舉的原則，得爲不起訴處分，故該法第253條規定：「第三百七十六條第一項各款所規定之案件（如最重本刑爲三年以下有期徒刑、拘役或專科罰金的罪、竊盜、侵占、詐欺、背信、恐嚇、贓物等罪），檢察官參酌刑法第五十七條所列事項，認爲以不起訴爲適當者，得爲不起訴之處分。」此種起訴便宜的規定，固符合少年法制的精神，但不盡切合少年被告所需。

2. 爲此本條文第1項，擴大不起訴的適用範圍，至少年所犯爲最重本刑五年以下有期徒刑的罪，經檢察官參酌刑法第57條科刑輕重的標準，就少年犯罪的動機、目的、手段、犯罪時所受的刺激、所生的危險或損害、少年的生活狀況、品行、智識程度、與被害人的關係及犯罪後態度等一切情況，認爲以不起訴處分爲適當者，即得爲不起訴處分，惟不以道歉、立悔過書或支付財產或非財產上的損害賠償的方式處置少年。

3. 又檢察官對少年法院依本法第27條第1項第1款規定移送之案件，經偵查結果，認爲係犯該款規定以外之罪者，應依刑事訴訟法第255條第1項規定爲不起訴處分，並於處分確定後，將案件移送少年法院（參見少年事件處理法施行細則第11條）。

4. 少年法院於調查或審理中，對於觸犯告訴乃論之罪，而其未經告訴、告訴已經撤回或已逾告訴期間之十四歲以上少年，

應逕依少年保護事件處理，毋庸裁定移送檢察官。檢察官偵查少年刑事案件，認有前項情形者，應依刑事訴訟法第252條第5款規定為不起訴處分，並於處分確定後，將案件移送少年法院依少年保護事件處理。其因未經告訴或告訴不合法而未為處分者，亦同（參見少年事件處理法施行細則第9條第1、2項）。

5. 檢察官為不起訴處分時，應製作處分書，敘述不起訴的理由，將事件移送少年法院依少年保護事件審理。

（二）提起公訴

檢察官依偵查結果，足認被告少年有犯罪嫌疑，且有處罰必要者，應向少年法院提起公訴。提起公訴應製作起訴書，起訴書可準用刑事訴訟法第264條規定記載下列事項：

1. 被告少年的姓名、性別、年齡、籍貫、職業、住所、居所或其他足資辨別的特徵。

2. 犯罪事實及證據，以及所犯法條。

依本法第27條規定，少年法院依調查結果，認為少年所犯最輕本刑為五年以上有期徒刑之罪，或犯罪情節重大案件，參酌其品行、性格、經歷等情況，認為以受刑事處分為適當者，即應以裁定移送於有管轄權的檢察官偵辦，可見檢察官所以能處理少年刑事案件，係因少年法院移送之故。職是，檢察官依偵查結果，對於少年犯最重本刑為五年以下有期徒刑的罪，參酌刑法第57條規定，認以不起訴處分為適當，而移送少年法院依少年保護事件審理的案件，倘少年法院調查結果，認為仍應依本法第27條第1、2項，使少年受刑事處分為宜時，如不許再裁定移送檢察官，無疑否定少年法院及少年調查官等人的調查、判斷，有違少年法院設置目的，為此本條文第2項規定，

准許少年法院再裁定移送檢察官處理。

又爲避免院、檢雙方因法律見解爭議，一再移送案件的困擾，第2項後段規定檢察官此際，「不得依前項規定，再爲不起訴處分而移送少年法院依少年保護事件審理」，以供適用。

　　少年邱小康犯刑法第335條的侵占罪，經少年法院依據少年事件處理法第27條第2項，認爲以受刑事處分爲適當，而移送檢察官處理，此時檢察官是否可依職權爲不起訴處分？

　　按檢察官對少年犯最重本刑五年以下有期徒刑之罪，得以職權爲不起訴處分，在少年事件處理法第67條定有明文。本案例中，少年邱小康所犯刑法第335條的侵占罪，其法定最重本刑爲五年以下有期徒刑，檢察官對少年所犯該罪，依調查結果，認爲以不起訴處分爲適當，自得爲不起訴處分，不受少年法院移送意旨的拘束。

第68條（刪除）

解說

　　本條文原規定：「左列刑事案件，應由少年法院管轄：一、對兒童及少年有違反兒童福利法或少年福利法之行爲，並觸犯刑罰法律之刑事案件。二、對兒童及少年犯兒童及少年性交易防制條例刑事案件。」

　　民國94年修正時，將本條文刪除，理由如下：

（一）少年法院之成立，係以保障少年健全之自我成長，調整

其成長環境，並矯治其性格爲目的。此所指之少年，乃以行爲人爲少年者爲限，故而要求辦理少年事件之法官應具有少年保護之學識、經驗及熱忱，並由司法院依法辦理遴選。

（二）爲將少年法院保護之對象擴及若干兒童及少年被害人之刑事案件，本法於民國86年間進行修正時，經立法委員連署提案，併予納爲少年法院專屬管轄之範圍。嗣經二次修正成爲現行條文。惟本條實施迄今，卻造成少年法院必須耗費大量人力、資源進行行爲人非屬少年被害人之刑事案件之審理，以致原以兒童或少年爲行爲主體之兒童及少年保護事件、少年刑事案件等主要核心業務，因資源排擠效應而有邊緣化之情形發生，與本法設少年法院之立法目的有違。

（三）又現今對兒童及少年受害人之保護體系，已漸趨發展完備（如刑事訴訟法第248條之1、性侵害犯罪防治法、犯罪被害人保護法暨兒童及少年福利與權益保障法等相關規範），已無再由少年法院專屬管轄之必要。

（四）加以我國刑事訴訟新制實施後，一般刑事案件與少年事件之審理程序，以各依事件之性質，發展出不同之法律程序內涵，如再沿用舊制，不免發生法律程序適用之疑義。

（五）綜上，爲使少年法院之專業職能獲得持續發展，並免除適用法律程序時可能發生之疑義，爰將本條予以刪除。

第69條（同一事件之處理）

對於少年犯罪已依第四十二條為保護處分者，不得就同一事件再為刑事追訴或處罰。但其保護處分經依第四十五條或第四十七條之規定撤銷者，不在此限。

解說

　　本條文為關於少年保護事件適用「一事不再理」原則的規定：所謂「一事不再理」，指刑事案件一旦裁判確定，即不得對於同一案件再為追訴處罰，此為刑事審判的重要原則，亦為我國少年事件處理法立法者所明文採用。

　　對於少年犯罪，得依本條文規定，以一事不再理原則，而不再為追訴處罰者，應具備以下要件：

（一）須該少年犯罪已依本法第42條為保護處分確定，其保護處分的種類究為訓誡並得予以假日生活輔導、保護管束並命為勞動服務、交付安置輔導、令入感化教育處所施以感化教育、實施禁戒或治療處分，均非所問；且該處分於確定後是否業已執行，亦不影響一事不再理的適用。

（二）須為同一事件的追訴或處罰：稱「同一事件」，與刑事訴訟程序所指的「同一案件」相同，至於案件是否同一，以被告少年與犯罪事實是否相同為準：

　　1.被告少年同一：

　　以檢察官起訴書狀所指為被告的人與少年法院保護處分裁定的少年，其刑罰權對象是否同一為準，如刑罰權對象相同，雖姓名不同或記載不完全，仍為同一案件。

2.犯罪事實同一：

犯罪事實為刑罰權的客觀對象，其犯罪事實是否同一，應以刑罰權對象的客觀基本社會事實是否相同為準，如數案件（事件）的起訴事實與裁判事實，其社會事實關係相同，縱然犯罪的日時、處所、方法、被害物體、行為人人數、犯罪的形式、被害法益、程序及罪名有所差異，但於事實的同一性並無影響者，即為同一事件；再者，同一事件，亦包括實質上的同一事件（如繼續犯、接續犯、結合犯、常業犯、吸收犯），與裁判上的同一事件（如想像競合犯）在內。

（三）須其保護處分未經依本法第45條或第47條規定撤銷：此因第45條受保護處分人另受有期徒刑以上刑之宣告確定而裁定撤銷保護處分，以及第47條無審判權的撤銷保護處分，該少年實質上既未受處分，自仍得再為刑事追訴或處罰。

少年經諭知保護處分確定後，檢察官再就同一事實起訴，少年法院應依本條前段規定，以起訴程序違背規定，而為不受理判決。

在實務上，同一少年同時有本法第3條第1項第1款、第2款之二件以上事件繫屬，少年法院依調查或審理結果，將第1款之事件裁定移送檢察官者，在少年刑事案件處分或裁判確定前，少年法院得停止少年保護事件之調查或審理。前項情形，少年經受有期徒刑以上刑之宣告確定，少年法院除認有另付保護處分之必要者外，得依本法第28條第1項以其他事由不應付審理或依第41條第1項以事件不宜付保護處分為由，裁定諭知不付審理或不付保護處分（參見少年保護事件審理細則第17條）。

周自強自十三歲起，即基於概括犯意，連續竊盜多次，其最後一次竊盜時已年滿十四歲。少年法院對於周自強在未滿十四歲以前的竊盜行為，業已依少年事件處理法第42條第1項裁定予以訓誡處分，並依同法第50條執行完畢，嗣後檢察官又對少年周自強最後一次滿十四歲後的竊盜行為提起公訴，此際少年法院應如何判決？

按少年事件處理法第69條所規定的「同一事件」，固應包含裁判上一罪各部事實在內，惟該條所稱已依同法第42條為保護處分的少年犯罪，限於同法第27條第2項的犯罪，如係犯同法第27條第1項的罪，因少年法院應移送檢察官處理，可依同法第69條但書、第47條規定，撤銷已為的保護處分，再為刑事追訴處罰，故不發生同法第69條「同一事件」是否包括裁判上一罪問題；另外，少年在行為時未滿十四歲，既無刑事責任能力，無法追訴處罰，亦不發生裁判上一罪問題。

少年周自強在未滿十四歲的竊盜行為，雖經諭知保護處分確定，但該部分既不得視為「少年犯罪」而予以追訴處罰，此與少年滿十四歲以後的竊盜犯行，當不發生裁判上一罪（即接續犯或連續犯）問題，而無本法第69條「一事不再理」原則的適用，少年法院仍應對其為實體判決。

第70條（偵查及審判之程序）
少年刑事案件之偵查及審判，準用第三章第一節及第三節有關之規定。

少年事件處理法

解說

　　檢察官受理少年法院移送的少年刑事案件後，應即開始偵查，其偵查程序，依本條文規定，準用本法第三章第一節有關少年保護事件調查的規定，所以檢察官在偵查少年犯罪時，可以不拘形式，也不必穿著制服，不公開調查；其偵查事項除與本案有關的犯罪行為外，兼及於少年的品行、經歷、身心狀況等項目的調查；如有必要可傳喚少年；少年刑事被告經合法傳喚，無正當理由而不到庭，或行蹤不明時，可以同行或協尋到案等方式處理。

　　至於少年刑事案件的審判，則可準用本法第三章第一節及第三節有關少年保護事件審理、抗告及重新審理等規定，因此其審理過程，也係由少年法院編制內的法官一人獨任審判，審理期日應傳喚少年、少年的法定代理人、現在保護少年的人或輔佐人到場（少年事件處理法第32條）。審理期日，書記官應隨同法官出席，製作審理筆錄（少年事件處理法第33條）。審理不公開，但得許少年的親屬、學校教師、從事少年保護事業的人或其他認為相當的人在場旁聽（少年事件處理法第34條）。審理應以和藹懇切的態度進行；法官參酌事件之性質與少年之身心、環境狀態，得不於法庭內進行審理（少年事件處理法第35條）。審理期日訊問少年時，應與少年或少年的法定代理人或現在保護少年的人及輔佐人以陳述意見的機會（少年事件處理法第36條）。審理期日，應調查必要之證據。少年應受保護處分之原因、事實，應依證據認定之（少年事件處理法第37條）。少年法院認為必要時，得為左列處置：少年為陳述時，不令少年以外之人在場；少年以外之人為陳述時，不令少年在場（少年事件處理法第38條）。少年調查官應於審理期日

出庭陳述調查及處理之意見，少年法院不採少年調查官陳述之意見者，應於裁定中記載不採之理由（少年事件處理法第39條），並得依法傳喚、簽發同行書或協尋少年到案。

少年賈聰明犯結夥強盜罪，其羈押期間是否應準用少年事件處理法第26條之2第1項收容的規定，即調查或審理中均不得逾二個月，有繼續羈押的必要時，亦僅得裁定延長一個月，並以一次爲限？

少年事件處理法上的收容與羈押不同，收容以保護事件的少年爲對象，羈押則以刑事案件的少年被告爲對象，依該法第71條第1項規定，少年刑事被告如有不得已的情形仍得羈押，其羈押期間不得準用同法第26條之2第1項收容期間的規定，而應依同法第1條之1，適用刑事訴訟法第一編總則第十章被告羈押的規定，故本案例中被告少年賈聰明所犯強盜罪，其羈押期間在偵查中爲二個月，在審判中爲三個月，必要時仍得裁定延長，其延長次數在偵查中不得逾二月，以延長一次爲限；審判中每次不得逾二月，如所犯最重本刑爲十年以下有期徒刑以下之刑者，第一審、第二審以三次爲限，第三審以一次爲限（刑事訴訟法第108條）。

第71條（少年犯之羈押）
少年被告非有不得已情形，不得羈押之。
少年被告應羈押於少年觀護所。於年滿二十歲時，應移押於看守所。

少年事件處理法

少年刑事案件，前於法院調查及審理中之收容，視為未判決前之羈押，準用刑法第三十七條之二折抵刑期之規定。

解說

羈押，乃拘禁被告於特定處所，以防止被告逃亡，及保存證據、完成訴訟程序、保全刑罰的執行為目的之強制處分。因羈押的時間較長，影響人民身體的自由亦較鉅，自不能無限制規定，為此刑事訴訟法第101條及第101條之1即規定，羈押應具備下列要件：

（一）被告經法官訊問後

被告如未經訊問，既無從判明有無羈押的原因及必要，自無論係因傳喚、拘提或逮捕到場，均不得逕行羈押。

（二）須犯罪嫌疑重大

茲就刑事訴訟法第101條及第101條之1，分述如下：

1. 第101條規定，被告經法官訊問後，認為犯罪嫌疑重大，而有下列情形之一，非予羈押，顯難進行追訴、審判或執行者，得羈押之：

    （1）逃亡或有事實足認為有逃亡之虞者。

    （2）有事實足認為有湮滅、偽造、變造證據或勾串共犯或證人之虞者。

    （3）所犯為死刑、無期徒刑或最輕本刑為五年以上有期徒刑之罪，有相當理由認為有逃亡、湮滅、偽造、變造造證據或勾串共犯或證人之虞者。

2. 第101條之1規定，被告經法官訊問後，認為犯下列各款之罪，其嫌疑重大，有事實足認為有反覆實施同一犯罪之虞，而有羈押之必要者，得羈押之：

（1）刑法第174條第1項、第2項、第4項、第175條第1項、第2項之放火罪、第176條之準放火罪。

（2）刑法第221條之強制性交罪、第224條之強制猥褻罪、第224條之1之加重強制猥褻罪、第225條之乘機性交猥褻罪、第227條之與幼年男女性交或猥褻罪、第277條第1項之傷害罪。但其須告訴乃論，而未經告訴或其告訴已經撤回或已逾告訴期間者，不在此限。

（3）刑法第302條之妨害自由罪。

（4）刑法第304條強制罪、第305條之恐嚇危害安全罪。

（5）刑法第320條、第321條之竊盜罪。

（6）刑法第325條、第326條之搶奪罪。

（7）刑法第339條、第339條之3之詐欺罪

（8）刑法第346條之恐嚇取財罪。

（三）有羈押的必要

　　所謂「有必要」，係應按照訴訟進行程度，及其他一切情事，由法官或檢察官就具體事證斟酌決定；否則雖有羈押的原因，如非必要，亦得逕命具保、責付或限制住居，而無須予以羈押。

　　對於少年被告的羈押，本法採取更為慎重的態度，必須「非有不得已的情形」，始可羈押。所謂「不得已」，除應就具體事件加以判斷外，並應採取比刑事訴訟法第101條、第101條之1更為嚴格的解釋，以符合本法保護少年的立法意旨。

　　在少年被告的羈押處所方面，為保護少年被告身心的正常發展，不宜使少年與一般刑事被告同時羈押於看守所，故本條文第2項前段明定，少年被告應羈押於「少年觀護所」。又為免年幼少年受年長者的影響，且方便觀護所的管理，年滿二十

歲已成年者，不適合再羈押於少年觀護所，故本條文第2項後段再規定，此時應改移押於看守所。

由於收容係對少年人身自由的限制，事關少年權益重大，如解釋為僅判決確定的少年刑事案件，其收容期間始得折抵刑期，將造成同是收容的少年，於先議調查及審理階段被收容時無法折抵情形；而且於少年受不起訴處分或無罪判決確定時，其先前收容期間如欲請求國家賠償，亦於法無據。為避免相同情形卻有不同的適用標準，並基於保障少年權益的宗旨，本法參酌日本少年法第53條規定，於本條文第3項規定，少年刑事案件，於少年法院調查及審理中的收容，視為未判決前的羈押，準用刑法第37條之2折抵刑期的規定，使該收容日數，以一日折抵有期徒刑一日或拘役一日，或刑法第42條第4項易服勞役裁判所定的罰金數額。

實例

少年劉定國意圖為自己不法所有，自民國109年1月起，連續多次在台北市萬華區、龍山寺等地，販賣K他命（三級毒品）予高中同學以及許多青少年學生，經警方逮捕後，得悉其K他命係向另一少年楊文雄購買，檢察官在受理少年法院裁定移送後，在調查時少年楊文雄均未到庭，此時檢察官應如何處理？可否俟其到案時予以羈押？

本件少年「刑事案件」，少年楊文雄經合法通知拒不到庭，可依本法第1條之1，適用刑事訴訟法第75條及第84條規定，予以拘提；其有逃亡或逃匿者，應予通緝。另外，少年楊文雄販賣K他命的行為，觸犯毒品危害防制條例第4條第3項規定，其法定刑為五年以上有期徒刑，得併科新台幣七百萬元以

下罰金。故少年如經緝獲到案經訊問後，認有不得已情形時，即可參照本法第71條第2項及刑事訴訟法第101條第1項第3款規定，予以羈押於少年觀護所中。

第72條（刪除）

解說

　　本條文原規定：「少年被告於偵查審判時，應與其他被告隔離。但與一般刑事案件分別審理顯有困難或認有對質之必要時，不在此限。」

　　民國108年修正時，將本條文刪除，其理由係因：現行條文已移列至第3條之3規定，故本條已無留存之必要，爰予刪除。

第73條（秘密審判）
審判得不公開之。
第三十四條但書之規定，於審判不公開時準用之。
少年、少年之法定代理人或現在保護少年之人請求公開審判者，除有法定不得公開之原因外，法院不得拒絕。

解說

　　我國刑事訴訟法為保障程序的公正，故訴訟的辯論及裁判的宣示，均應於公開法庭行使，即使有妨害公共秩序或善良風俗之虞，經法院決議不公開者，審判長亦應宣示其理由（法院

組織法第86、87條）；其禁止審判公開，非依法律的規定者，其判決當然違背法令（刑事訴訟法第379條第3款）。惟少年刑事案件，與一般刑事案件的審判，在實體上、程序上均有所不同，特別是少年刑事案件的審判，著重在保護少年，而非處罰少年，故其審判宜採秘密主義，以免因公開審判暴露少年觸法非行，使其產生畏懼心理而無法直言，並影響其名譽、自尊以及隱私權。

所謂審判公開，本有一般公開與當事人公開兩種：前者，指准許一般國民旁聽其審判而言；後者，則僅通知訴訟關係人許其在場。本條文的公開，應指前者准許一般國民旁聽的公開，所以乃再於第2項規定，可以準用第34條但書的規定，允許少年的親屬、學校教師、從事少年保護事業的人，或其他認為相當的人在場旁聽。准許旁聽與否，由少年法院視其在場旁聽是否無礙少年的保護與事件的審理為斷。

如前所述，少年刑事案件之所以採取審判不公開主義，無非以少年刑事被告的觸法行為，雖較保護事件為嚴重，但基於愛護少年及激勵改悔向上的立法旨趣，而採取上述原則。

惟若少年、少年的法定代理人或現在保護少年的人，認為公開審判較能維護裁判的公正，使一般大眾信服時，可依本條文第3項，請求公開審判，法院不得拒絕，其請求的程序，可以書面或言詞方式，或經書記官記明於筆錄皆可；但在公開審判時，法院如遇有妨害公共秩序或善良風俗之虞者，或有法定不得公開之原因時，仍得拒絕其請求，不過應告知理由，以昭信服。

本條文第3項所謂：「法定不得公開之原因」，例如性侵害犯罪防制法第18條即規定：性侵害犯罪之案件，審判不得公

開。但有下列情形之一，經法官或軍事審判官認有必要者，不在此限：一、被害人同意。二、被害人為無行為能力或限制行為能力者，經本人及其法定代理人同意」，可供參照。

第74條（免刑及免刑後之處分）
法院審理第二十七條之少年刑事案件，對於少年犯最重本刑十年以下有期徒刑之罪，如顯可憫恕，認為依刑法第五十九條規定減輕其刑仍嫌過重，且以受保護處分為適當者，得免除其刑，諭知第四十二條第一項第二款至第四款之保護處分，並得同時諭知同條第二項各款之處分。
前項處分之執行，適用第三章第二節有關之規定。

解說

本條文係仿照刑法第61條，為刑事少年犯的免刑規定。對於少年案件的處理，無非在藉保護處分的執行，以矯正少年的不良行為，改變不良習性，使其適應社會生活，不再犯罪，因此本法許多條文帶有濃厚的保護優先主義色彩，儘量施以教育性處分，代替刑罰制裁，而本條文亦在於使惡性不深少年，有機會在刑事案件中獲判免刑，改以少年保護處分取代，為相當符合現代教育刑主義理想的進步立法。

關於本條文第1項所規範「得免除其刑」的適用，其要件有五：

（一）須本法第27條所列的刑事案件，並經少年法院依該條文第1項、第2項或第40條裁定移送後，經檢察官提起公訴者。

（二）少年所犯最重本刑為十年以下有期徒刑的罪，如刑法第
135條的妨害公務罪、第149條的妨害秩序罪、第186條
的公共危險罪、第231條的妨害風化罪、第320條的竊盜
罪、第335條的侵占罪、第339條的詐欺罪等。

（三）須犯罪情節顯可憫恕。情節是否可以憫恕，由少年法院
就犯罪一切情狀，予以全盤考量，審酌其犯罪有無可憫
恕的事由（即判例所稱有特殊的原因與環境，在客觀上
足以引起一般人同情等），作為判斷。

（四）須依刑法第59條規定酌減其刑後仍嫌過重。如少年因母
親病危，無錢就醫，又無親人可供借貸，迫不得已而偷
竊他人的財物等。

（五）須以受保護處分為適當者。

　　遇有符合前述要件的少年刑事案件，法院即得以判決諭知
所犯的罪並免除其刑，同時在主文內斟酌情形，為交付保護管
束、安置輔導或令入感化教育處所施以感化教育處分的諭知。
倘受免除其刑宣告的少年有酗酒習慣，則應併入相當處所，實
施禁戒；其身體或精神狀態有缺陷者，應併入相當處所，實施
治療。

　　無論執行保護管束、安置輔導、感化教育、實施禁戒或治
療處分，均毋庸諭知執行期間；且其執行程序，可以適用本法
第三章第二節「保護處分之執行」規定來處理。

第75條（刪除）

解說

本條文原規定：「少年犯罪應科刑者，除犯刑法第二百七十二條第一項之罪外，不得處死刑或無期徒刑。」民國86年10月修正時，以其與刑法第63條重複規定，顯無必要，而予以刪除。

第76條（刪除）

解說

本條文原規定：「參加妨害公共秩序之不良少年組織而觸犯刑罰法令者，不適用本法減刑之規定；其領導份子，加重其刑至二分之一。」民國86年10月修正時，因少年事件處理法並無減刑條文，故本條規定形同具文，且「加重其刑」規定，有違本法保護、教育少年的本意，故予以刪除。

第77條（刪除）

解說

本條文原規定：「少年犯竊盜罪、贓物罪者，不適用戡亂時期竊盜犯贓物犯保安處分條例第三條之規定。」民國86年10月修正時，基於竊盜犯贓物犯保安處分條例，已經立法院刪除其原第3條規定，故本條文無繼續存在必要，爰予以刪除。

第78條（宣告褫奪公權之禁止）

對於少年不得宣告褫奪公權及強制工作。

少年受刑之宣告，經執行完畢或赦免者，適用關於公權資格之法令時，視為未曾犯罪。

解說

褫奪公權，為法院依國家賦予的職權，對於應宣告刑罰的犯罪行為人，除宣告刑罰外，並一併剝奪其享有公法上一定權利資格的刑罰，根據刑法第36條規定，褫奪公權係指褫奪下列資格而言：

（一）為公務員的資格。

（二）為公職候選人的資格。

褫奪公權分為「終身褫奪」與「定期褫奪」兩種，凡宣告死刑或無期徒刑者，應宣告褫奪公權終身，此為終身褫奪；凡宣告有期徒刑一年以上，依犯罪的性質認為有褫奪公權的必要者，應宣告褫奪公權一年以上十年以下，此為定期褫奪。受終身褫奪者，自裁判確定時發生效力；受定期褫奪者，自主刑執行完畢或赦免日起算。

由於褫奪公權的宣告，將使被宣告人在某一段時期內，喪失公法上一定的權利能力，使名譽受損，而少年因年紀尚輕、閱歷仍淺，且心智未臻成熟，是非辨別力仍未練達，苟有觸犯刑罰法律的非行，即科以刑罰，並宣告褫奪公權，將使其人生中長留此慘痛的烙印，影響前途，使其自暴自棄，故特別於本條文第1項明定，對於少年不得宣告褫奪公權，以鼓勵少年改過自新。

　　至於強制工作，依刑法第90條規定，凡有犯罪之習慣或因遊蕩或懶惰成習而犯罪者，於刑之執行前，得令入勞動場所，強制工作。前項之處分期間爲三年。但執行滿一年六月後，認無繼續執行之必要者，法院得免其處分之執行。執行期間屆滿前，認爲有延長之必要者，法院得許可延長之，其延長之期間不得逾一年六月，並以一次爲限。

　　茲因現行組織犯罪條例第3條第3項及相關法規中，尚有應強制工作之規定，於少年法院審理違反各該條例之少年刑事案件時，並無不予宣告之空間，究屬過苛，不利少年矯治工作，爲此在民國89年修正時，增訂本條文第1項後段，明定對於少年不得宣告強制工作。

　　至本條文第2項規定，少年受刑罰的宣告，經執行完畢或赦免後，適用關於公權資格的法令時，視爲未曾犯罪，此在學理上稱爲「前科的抹銷」。在目前社會互動關係上，從「標籤理論」的觀點來看，如果有某一個少年被他的父母、老師、鄰居、警察或朋友，貼上標籤，描述爲偏差行爲或犯罪者時，他將受到合法社會的排除，在孤立中逐漸成爲常業犯罪者，而獲得犯罪團體的認同。

　　基於標籤理論的啓示，我們不應隨意爲偶爾犯錯的少年加上壞的標籤；儘量不要使少年太早進入刑事司法程序；一旦非進入刑事司法程序不可，也應儘可能予以除罪化，並避免受機構性處遇前科紀錄的污染。所以前科資料的抹除，使其未來在參加公務員考試、醫師、會計師、藥師法等檢覈或考試、任用時，擬制爲未曾犯罪，使其能免於受他人排擠，而有服公職或行使公民權的資格或機會，所以本條文第2項規定，確能彰顯政府愛護少年、保護少年的政策目標。

第79條（宣告緩刑之要件）

刑法第七十四條緩刑之規定，於少年犯罪受三年以下有期徒刑、拘役或罰金之宣告者適用之。

解說

　　緩刑者，乃對於一定的犯罪，雖宣告一定的罪刑，並同時論知於一定期間內，緩其刑的執行，如未經撤銷而緩刑期滿時，其刑的宣告失其效力的制度。緩刑的機能，消極方面可以避免短期自由刑的弊害，使犯人不至於在監獄內感染犯罪的惡習與伎倆，亦不致因入獄服刑而自暴自棄，轉為墮落；積極方面對於初犯或情節輕微的犯罪者，雖被判決有罪，如認其自新有望，不妨緩其刑罰執行，以保全廉恥，而促其悔悟，所以是一種相當好的制度，自應予以適用在少年刑事犯罪的矯治上。

　　現行刑法第74條規定：「受二年以下有期徒刑、拘役或罰金之宣告，而有下列情形之一，認以暫不執行為適當者，得宣告二年以上五年以下之緩刑，其期間自裁判確定之日起算：一、未曾因故意犯罪受有期徒刑以上刑之宣告者。二、前因故意犯罪受有期徒刑以上刑之宣告，執行完畢或赦免後，五年以內未曾因故意犯罪受有期徒刑以上刑之宣告者。緩刑宣告，得斟酌情形，命犯罪行為人為下列各款事項：一、向被害人道歉。二、立悔過書。三、向被害人支付相當數額之財產或非財產上之損害賠償。四、向公庫支付一定之金額。五、向指定之政府機關、政府機構、行政法人、社區或其他符合公益目的之機構或團體，提供四十小時以上二百四十小時以下之義務勞務。六、完成戒癮治療、精神治療、心理輔導或其他適當之處

遇措施。七、保護被害人安全之必要命令。八、預防再犯所為之必要命令。前項情形，應附記於判決書內。第二項第三款、第四款得為民事強制執行名義。緩刑之效力不及保安處分及沒收之宣告。」我國少年事件處理法除將緩刑制度運用在少年刑事犯罪的矯治外，更進一步放寬少年刑事犯罪緩刑宣告的要件，分述如後。

依本條文規定，少年刑事犯罪緩刑宣告的要件有三：

（一）須受三年以下有期徒刑、拘役或罰金的宣告：其條件寬於刑法上對成年犯需「受二年以下有期徒刑、拘役或罰金的宣告」規定，且所謂三年以下有期徒刑、拘役或罰金的宣告，指宣告刑而言，不論其法定最高本刑為何，但並不包括減刑宣告在內，如某甲宣告的本刑為四年，縱依減刑條件減為三年以下，仍不得宣告緩刑。

（二）須對於未曾因故意犯罪受有期徒刑以上刑之宣告，或雖受有期徒刑以上刑之宣告，執行完畢或赦免後五年以內未曾受徒刑以上刑之宣告者：緩刑的目的，在使偶發犯與輕微犯罪者悔悟自新，若曾受徒刑以上刑之宣告，又一再犯罪，顯見其品行惡劣，非受刑罰的執行難期改善，故刑法對於緩刑的宣告，特於第74條第1款、第2款設此項限制條件，對此少年法院諭知緩刑時得予以援用。

（三）須以暫不執行為適當：除具備上述兩項條件外，尚須認為以暫不執行為適當的情形下，始得宣告緩刑。至於「以暫不執行為適當」的情形為何，本法並無明文規定，法官在裁量時，須審酌實際情形，參照刑法第57條及國家刑事政策而決定。

少年事件處理法

　　緩刑的期間，本法雖未另為規定，自應依本法第1條之1規定而適用刑法第74條，為二年以上五年以下，在此範圍內由少年法院法官自由裁量。緩刑應與少年的罪刑同時宣告，並於裁判主文內載明緩刑期間，在該期間內，雖毋須命具保或責付，但應交付保護管束，以防少年再度犯罪。

　　關於少年刑事犯罪的緩刑宣告撤銷，可分為應撤銷與得撤銷二種情形，亦可適用刑法之相關規定：

（一）依刑法第75條規定：「緩刑之宣告，而有下列情形之一者，撤銷其宣告：一、緩刑期內因故意犯他罪，而在緩刑期內受逾六月有期徒刑之宣告確定者。二、緩刑前因故意犯他罪，而在緩刑期內受逾六月有期徒刑之宣告確定者。前項撤銷之聲請，於判決確定後六月以內為之。」此為緩刑的「應撤銷」規定。

（二）依刑法第75條之1規定：「受緩刑之宣告而有下列情形之一，足認原宣告之緩刑難收其預期效果，而有執行刑罰之必要者，得撤銷其宣告：一、緩刑前因故意犯他罪，而在緩刑期內受六月以下有期徒刑、拘役或罰金之宣告確定者。二、緩刑期內因故意犯他罪，而在緩刑期內受六月以下有期徒刑、拘役或罰金之宣告確定者。三、緩刑期內因過失更犯罪，而在緩刑期內受有期徒刑之宣告確定者。四、違反第七十四條第二項第一款至第八款所定負擔情節重大者。前條第二項之規定，於前項第一款至第三款情形亦適用之。」此為緩刑的「得撤銷」規定。

　　至於緩刑宣告期滿之效力，依刑法第76條規定，緩刑期滿，而緩刑之宣告未經撤銷者，其刑之宣告失其效力；但依第

242

75條第2項、第75條之1第2項撤銷緩刑宣告者，不在此限。對此，本法雖均未特別規定，但參諸前開說明，均得加以適用，自不待言。

黃小梅因觸犯公共危險罪，在檢察官提起公訴時，年僅十七歲，但在裁判時，已滿十八歲，若法院判處黃小梅有期徒刑二年四月，可否再為緩刑諭知，並將其交付保護管束？

少年事件處理法可分為實體規定與程序規定兩部分：在程序方面，行為人是否為少年，應以其現在年齡已否屆滿十八歲為界線，如事件繫屬後已滿二十歲，依本法第27條第1項規定，就少年犯罪事件，少年法院應以裁定移送於有管轄權的法院檢察署檢察官處理；在實體方面，行為人是否為少年，乃係以其行為時是否為少年為準。緩刑的規定，因屬於實體規定，故黃小梅在為公共危險犯行時，既為未滿十八歲的少年，自合於本法第79條規定，縱被法院判處有期徒刑二年四月，仍得再宣告緩刑，並交付保護管束。

第80條（執行徒刑應注意事項）
少年受刑人徒刑之執行，應注意監獄行刑法第三條、第八條及第三十九條第二項之規定。

解說

少年法院或高等法院少年法庭，認為少年有剝奪其人身自由必要時，得為無期徒刑或有期徒刑的宣告。少年受宣告

後，自應解送特定場所執行，爲保護少年權益，本條文再規定，少年受刑人徒刑的執行，應注意監獄行刑法第3條「少年監獄」、第8條「少年受刑人資料的通知」，以及第39條第2項「實施教化應注意事項」等相關規定，茲分別述明如下：

（一）執行少年徒刑的場所

依監獄行刑法第3條規定，受刑人未滿十八歲者，應收容於少年矯正機構。收容中滿十八歲而其殘餘刑期不滿三個月者，得繼續收容於少年矯正機構。受刑人在十八歲以上未滿二十三歲者，依其教育需要，得收容於少年矯正機構至完成該級教育階段爲止。少年矯正機構之設置及矯正教育之實施，另以法律定之。目前少年受徒刑宣告確定後，一般係收容於新竹誠正中學或高雄明陽中學等少年矯正學校。

（二）少年受刑人資料的通知

依監獄行刑法第8條規定，少年受刑人的犯罪原因、動機、性行、境遇、學歷、經歷、身心狀況及可供行刑上參考的事實，應於其入監時，由指揮執行機關（即少年法院）通知少年監獄（少年矯正學校），以方便個別輔導或個別處遇原則的實施。

（三）實施教化應注意事須

依監獄行刑法第39條第2項規定，對於少年受刑人實施教化，應注意德育、陶冶品性，並施以社會生活必需的科學教育及技能訓練，以備日後能改悔向上，適於社會生活。

又根據監獄行刑法第3條第4項規定，目前已制定「少年矯正學校設置及教育實施通則」（下稱少年矯正教育通則），在民國86年5月28日由總統令公布，全文共86條，並自87年4月10日開始施行。民國92年1月22日、99年5月19經二度修正。少

年矯正學校的設置目的，乃爲使少年受刑人（及感化教育受處分人），經由學校教育矯正不良習性，促其改過自新，以適應社會生活，故性質上爲兼具行刑矯治及學校教育雙重特質的一個創新機構，其實施及運作突破現有教育、監所體系和相關法規，主要內容如下：

（一）矯正教育之實施對象及方式

少年矯正教育通則所稱矯正教育之實施，係指少年徒刑、拘役及感化教育處分之執行，應以學校教育方式實施之。（少年矯正學校設置及教育實施通則第3條）。其實施之對象，以未滿十八歲之受刑人爲主；但收容中滿十八歲而其殘餘刑期不滿三個月者，得繼續收容於少年矯正機構。

（二）學籍

矯正學校分一般教學部及特別教學部實施矯正教育，除特別教學部依少年矯正教育通則規定外，一般教學部應依有關教育法令，辦理高級中等教育及國民中、小學教育，兼受省（市）主管教育行政機關之督導。矯正學校之學生（以下簡稱學生），除依少年矯正教育通則規定參與特別教學部者外，應參與一般教學部，接受教育。第1項一般教學部學生之學籍，應報請省（市）主管教育行政機關備查。其爲國民教育階段者，由學生戶籍所在地學校爲之；其爲高級中等教育階段者，由學生學籍所屬學校爲之。前項學生學籍管理辦法，由教育部定之（少年矯正學校設置及教育實施通則第6條）。

（三）矯正學校之設置

矯正學校應以中學方式設置，必要時並得附設職業類科、國民小學部，其校名稱某某中學。矯正學校得視需要會同職業訓練主管機關辦理職業訓練（少年矯正學校設置及教育實施通

則第11條）。

（四）學生入校之查驗文件

　　學生入校時，矯正學校應查驗其判決書或裁定書、執行指揮書或交付書、身分證明及其他應備文件。執行徒刑者，指揮執行機關應將其犯罪原因、動機、性行、境遇、學歷、經歷、身心狀況及可供處遇參考之事項通知矯正學校；執行感化教育處分者，少年法庭應附送該少年與其家庭及事件有關之資料（少年矯正學校設置及教育實施通則第37條）。

（五）矯正學校之編班原則

　　少年矯正學校學生入校後，依下列規定編班：

1. 學生入校後之執行期間，得以完成一學期以上學業者，應編入一般教學部就讀。

2. 學生入校後之執行期間，無法完成一學期學業者，或具有相當於高級中等教育階段之學力者，編入特別教學部就讀。但學生願編入一般教學部就讀者，應儘量依其意願。

3. 學生已完成國民中學教育，不願編入一般教學部就讀，或已完成高級中等教育者，編入特別教學部就讀。

4. 未滿十五歲國民教育階段之學生，除有第3條第2項之情形外，應儘量編入一般教學部就讀（少年矯正學校設置及教育實施通則第42條）。

（六）矯正學校之教學目標

　　矯正學校之教學，應以人格輔導、品德教育及知識技能傳授為目標，並應強化輔導工作，以增進其社會適應能力。一般教學部應提供完成國民教育機會及因材適性之高級中等教育環境，提昇學生學習及溝通能力（少年矯正學校設置及教育實施通則第51條）。

（七）教學課程之設計

　　矯正學校應依矯正教育指導委員會就一般教學部及特別教學部之特性所指導、設計之課程及教材，實施教學，並對教學方法保持彈性，以適合學生需要。矯正學校就前項之實施教學效果，應定期檢討，並送請矯正教育指導委員會作調整之參考。一般教學部之課程，參照高級中學、高級職業學校、國民中學、國民小學課程標準辦理。職業訓練課程，參照職業訓練規範辦理。為增進學生重返社會之適應能力，得視學生需要，安排法治、倫理、人際關係、宗教與人生及生涯規劃等相關課程（少年矯正學校設置及教育實施通則第54條）。

（八）矯正學校對學生之輔導

　　應以個別或團體輔導之方式為之。一般教學部，每週不得少於二小時；特別教學部，每週不得少於十小時。前項個別輔導應以會談及個別諮商方式進行；團體輔導應以透過集會、班會、聯誼活動、社團活動及團體諮商等方式進行。輔導處為實施輔導，應定期召開會議，研討教案之編排、實施並進行專案督導（少年矯正學校設置及教育實施通則第55條）。

（九）技藝教育班之辦理

　　矯正學校之一般教學部得依實際需要辦理國中技藝教育班、實用技能班及特殊教育班等班級。一般教學部之學生，於寒暑假期間，得依其意願參與特別教學部；必要時並得命其參與（少年矯正學校設置及教育實施通則第58條）。

（十）畢業證書之發給

　　學生於各級教育階段修業期滿或修畢應修課程，成績及格者，國民教育階段，由學生戶籍所在地學校發給畢業證書；高級中等教育階段，由學生學籍所屬學校發給畢業證書，併同原

校畢（結）業生冊報畢（結）業資格，送請各該主管教育行政機關備查（少年矯正學校設置及教育實施通則第63條）。

第81條（假釋之要件）
少年受徒刑之執行而有悛悔實據者，無期徒刑逾七年後，有期徒刑逾執行期三分之一後，得予假釋。
少年於本法施行前，已受徒刑之執行者，或在本法施行前受徒刑宣告確定之案件於本法施行後受執行者，準用前項之規定。

解說

所謂「假釋」，係指對入獄受徒刑執行的犯人，因其執行中已知悔改，茲附條件准其暫行出獄，於一定期間內能保持善行，即視為執行完畢的制度。少年犯刑事執行的本旨，原在藉刑罰的執行，培養受刑少年改過自新，使其能重新適應社會正常生活；如果受刑人在執行期間已能悛悔改過，則科刑目的已達，殊無繼續執行其餘徒刑的必要，由此可見假釋係為鼓勵受刑人勇於改過向善，並可用於救濟長期自由刑的一種優良刑事政策，值得我少年事件處理法擷取採行。

依刑法第77條規定：「受徒刑之執行而有悛悔實據者，無期徒刑逾二十五年，有期徒刑逾二分之一、累犯逾三分之二，由監獄報請法務部，得許假釋出獄。前項關於有期徒刑假釋之規定，於下列情形，不適用之：一、有期徒刑執行未滿六個月者。二、犯最輕本刑五年以上有期徒刑之罪之累犯，於假釋期間，受徒刑之執行完畢，或一部之執行而赦免後，五年以內故

意再犯最輕本刑為五年以上有期徒刑之罪者。三、犯第九十一之一所列之罪，於徒刑執行期間接受輔導或治療後，經鑑定、評估其再犯危險未顯著降低者。無期徒刑裁判確定前逾一年部分之羈押日數算入第一項已執行之期間內。」惟基於保護少年之立場，少年事件處理法特別放寬少年犯的假釋要件，依本條文第1項規定，其要件有三：

（一）須受徒刑的執行

假釋既以救濟長期自由刑而設，故必須以少年因觸犯刑罰法律，致受法院或少年法庭為無期徒刑或有期徒刑的宣告，並已實際在少年矯正機構受徒刑的執行者為限，拘役的執行，則不包括在內。

（二）須徒刑的執行已逾法定期間

要審查少年受刑人在執行期間內有無悛悔實據，自應經過相當期間：

1. 無期徒刑的執行，應逾七年以上。
2. 有期徒刑的執行，應逾三分之一以上。

（三）須有悛悔實據

所謂「悛悔實據」，指少年犯在少年矯正機構接受執行後，確有改過遷善的明顯證據，不僅消極的不違反監獄各項規定，且須有積極的優良表現。

目前少年矯正學校設置及教育實施通則，亦於第74條規定：「對於執行徒刑、拘役或感化教育處分六個月以上之學生，為促其改悔向上，適於社會生活，應將其劃分等級，以累進方法處遇之。學生之累進處遇，應分輔導、操行及學習三項進行考核，其考核人員及分數核給辦法，由法務部另定之」，以供適用。

具備上述要件後，監獄長官應呈請法務部准許少年假釋出獄。惟少年矯正學校在呈報前，應查明少年受刑人是否符合監獄行刑法第81條，其累進處遇已進至二級以上，悛悔向上，而與應許假釋情形相合，經監務委員會決議通過，始可報請核准假釋。假釋經法務部核准後，應即釋放出獄，毋庸命其具保，但在假釋期間，應交付保護管束。

至於少年在本法施行前，已受徒刑的執行；或者在本法施行前受徒刑宣告確定的案件，於本法施行後受執行者，為免引發爭議，兼顧及少年權益的保護，故於本條文第2項再明定可以準用前項的規定，使少年在執行中只要有悛悔實據，即能獲得較為寬和的假釋條件，俾鼓勵少年自新。

第82條（緩刑假釋中保護管束之執行）
少年在緩刑或假釋期中應付保護管束。
前項保護管束，於受保護管束人滿二十三歲前，由檢察官囑託少年法院少年保護官執行之。

解說

受緩刑宣告的少年，為避免再有觸法行為，在緩刑中應交付保護管束，其保護管束的期間為二年以上五年以下，即以刑事判決所宣告的緩刑期間，為其執行保護管束的期間；並以裁判確定日為保護管束的起算日期。

在假釋方面，少年受刑人雖因有悛悔實據而獲假釋出獄，但其年紀尚輕，容易受外界引誘再陷入犯罪，故法律設有一定的假釋期間，以作為試驗、觀察的期間。基此，本條文規定於

該假釋期間亦應交付保護管束，使少年保護官予以監護和執行。

　　緩刑或假釋期間所付保護管束，期在輔導受保護管束人於社區中改過遷善、復歸社會常軌，故應依受保護管束人之年齡施以輔導，方符合其實際需求。參以少年法院之相關保護措施及少年保護官之輔導專業，均以調整少年之成長環境，協助其健全成長為目標，係以少年為中心（其保護處分並於少年滿二十一歲之時，即行終止）；本法爰參照監獄行刑法第3條、少年矯正學校設置及教育實施通則第84條有關少年矯正機構受刑人逾二十三歲時，係移往一般監獄執行之規定，在本條文第2項明定，針對少年刑事案件緩刑或假釋中執行之保護管束，於受刑人未滿二十三歲時，囑託由少年保護官執行至少年滿二十三歲時，其後則移回檢察官交由具輔導成年受保護管束人專業訓練及實務經驗之檢察署觀護人執行，以使矯正及保護管束措施符合受刑人實際需求並利於復歸社會；並明定檢察官指揮執行未滿二十三歲之人之保護管束，係透過囑託法院之方式交由少年保護官為之，明確其程序。

　　應注意者，少年在緩刑或假釋中交付保護管束，其性質屬於刑事案件之執行，保安處分執行法本有周全之法律依據，而本法第三章第二節保護處分之執行，係就少年保護事件所為之規定，與保安處分本質多有不同，予以準用反衍生實務上諸多爭議，為此在108年修正時，刪除現行條文第2項準用本法保護處分執行章節之規定，使回歸適用保安處分執行法，以求一致。

　　目前保安處分執行法，對於緩刑或假釋中交付保護管束，有下列具體規定，可供參照：

少年事件處理法

（一）緩刑或假釋期內，執行保護管束者（少年保護官），對於受保護管束人應注意其生活行動及交往之人（保安處分執行法第74條）。

（二）受保護管束人在保護管束期間內，應遵守下列事項：

1. 保持善良品行，不得與素行不良之人往還。

2. 服從檢察官及執行保護管束者之命令。

3. 不得對被害人、告訴人或告發人尋釁。

4. 對於身體健康、生活情況及工作環境等，每月至少向執行保護管束者報告一次。

5. 非經執行保護管束者許可，不得離開受保護管束地；離開在十日以上時，應經檢察官核准（保安處分執行法第74條之2）。

（三）受保護管束人違反前條各款情形之一，情節重大者，檢察官得聲請撤銷保護管束或緩刑之宣告。假釋中付保護管束者，如有前項情形時，典獄長得報請撤銷假釋（保安處分執行法第74條之3）。

（四）執行保護管束之期間，已達一年以上者，檢察官綜核各月報告表，並徵詢執行保護管束者（少年保護官）之意見，認為無繼續執行之必要時，應聲請法院裁定免除其執行（保安處分執行法第75條）。

（五）保護管束期間，執行已達十分之九，檢察官綜核各月報告表，並徵詢執行保護管束者（少年保護官）之意見，認為有繼續執行之必要時，應聲請法院延長之（保安處分執行法第76條）。

（六）執行保護管束者，於受保護管束人保護管束期間屆滿時，應報告檢察官。假釋中付保護管束者，檢察官並

應通知原執行監獄之典獄長（保安處分執行法第77條之
1）。

另外，在保護管束期間被撤銷假釋者，應繼續執行原宣告
的無期徒刑，或有期徒刑未經執行終了的殘餘刑期；至於在保
護管束期間未經撤銷假釋者，其未執行之刑，以已執行論，即
不必再執行。

實例

少年周文達因贓物罪而受緩刑宣告確定後，又觸犯刑罰法
律，經少年法院裁定令入感化教育處所，施以感化教育確定在
案，此時少年法院少年保護官可否聲請撤銷緩刑？如未經撤銷
緩刑宣告時，究應合併執行，或僅執行感化教育即可？

緩刑中交付保護管束的少年，於執行保護管束中，違反保
安處分執行法第74條之2所規定應遵守下列事項：（一）保持
善良品行，不得與素行不良的人交往；（二）服從檢察官及執
行保護管束者的命令；（三）不得對被害人、告訴人或告發人
尋釁；（四）對於身體健康、生活情況及工作環境等，每月至
少向執行保護管束者報告一次；（五）非經執行保護管束者許
可，不得離開受保護管束地十日以上。受保護管束人違反前條
各款情形之一，情節重大者，少年保護官得報請檢察官聲請撤
銷保護管束或緩刑之宣告。

在本案例中，少年周文達受緩刑宣告確定後，又觸犯刑罰
法律，其執行保護管束的少年保護官，如發現有上開得撤銷緩
刑宣告的原因時，應報請檢察官向法院為撤銷少年緩刑宣告的
裁定。

此外，在緩刑中付保護管束的少年，如另受感化教育處分

的宣告,而未經撤銷緩刑的宣告時,應依保安處分執行法第4條之1第1項第7款規定,只執行感化教育處分即可,本實例自可按照該規定處理。

第五章

附　則

第83條（少年事件之保密）

任何人不得於媒體、資訊或以其他公示方式揭示有關少年保護事件或少年刑事案件之記事或照片，使閱者由該項資料足以知悉其人為該保護事件受調查、審理之少年或該刑事案件之被告。

違反前項規定者，由主管機關依法予以處分。

解說

　　憲法第11條規定，人民有言論、講學、著作及出版等表現自由，惟憲法並不保障人民濫用自由，以致損害他人權益，此為法理所當然。新聞紙、雜誌或其他出版品的刊登，流傳甚廣，影響至鉅，若不當刊載，將嚴重損及個人權益，因此我國於刑法第二十七、二十八章，定有妨害名譽、信用及秘密罪的處罰；於廣播電視法、有線廣播電視法、衛星廣播電視法等，明定有相關事項的限制；而對於少年事件保密範圍，則於本條文加以規定，以便與第34條、第73條少年的調查及審理採取不公開原則相配合，使少年免於人格、自尊心受損，而自暴自棄，對社會產生更大的反抗心理。

　　關於少年事件保密的範圍，包括本法第30條、第67條等

少年事件處理法

「少年需交付少年法院審理」之案件；以及依本法第27條、第40條裁定移送該管有管轄權的地方檢察署檢察官追訴處罰的案件，甚至警察機關處理的少年犯罪事件、刑事處分執行等「少年犯罪受刑事追訴之事件」，都在保密之列，不得任令新聞紙、雜誌或其他出版品、媒體、資訊業者等，隨意登載。

本條文所稱媒體，指報刊、雜誌等出版品及電視傳播業者而言；通常所稱「出版品」，係用機械印版或化學方法所印製而供出售或散布的文書圖畫，一般分為下列三類：（一）新聞紙類，又分為新聞紙（指用一定名稱，其刊期每日或每隔六日以下的期間按期發行者）和雜誌（指用一定名稱，其刊期在七日以上三月以下期間，按期發行者）；（二）書籍類（指雜誌以外裝訂成本的圖書冊籍）；（三）其他出版品類（指前二款以外的一切出版品）。另所謂資訊，如電腦網路、BBS站或其他資訊業者等是；至於「公示方式」，則指其他公開傳播，使一般不特定多數人得以共見共聞的狀態。

本條文禁止媒體、資訊業者登載的方法，不論文字的記載、內容的描述，乃至照片的揭示，只要有直接登載，或間接影射，將使閱讀者由其所登載的姓名、年齡、職業、住居所或面貌等，足以知悉其人為少年保護事件審理，或少年刑事案件被追訴的少年時，均應加以禁止。縱使是少年法院，亦不得任意公告有關少年事件的記事或照片，致少年被大眾媒體暴露於社會輿論中，成為標籤理論的對象，而影響未來對少年的更生教化。

任何媒體、資訊業者或行為人，違反該少年事件禁止公開揭示規定者，依本條文第2項，得由主管機關依法予以處分。所謂主管機關，參照廣播電視法第3條規定，在中央為國家通

訊傳播委員會，在地方為直轄市及縣（市）政府。各該主管機關得依刑法、廣播電視法、有線廣播電視法、衛星廣播電視法等相關規定加以處分。

　　例如廣播電視法第21條規定：「廣播、電視節目內容，不得有下列情形之一：違反法律強制或禁止規定。二、妨害兒童或少年身心健康。三、妨害公共秩序或善良風俗。」凡廣播、電視節目內容，違反前開第21條第2款規定時，依同法第43條規定，其中電視事業處「二十萬元以上、二百萬元以下罰鍰」；廣播事業處「九千元以上、九萬元以下罰鍰」；如有前述違反本法第83條之少年事件保密（強制或禁止）規定時，依廣播電視法第44條第1項第2款規定，電視事業除處新台幣四十萬元以上二百萬元以下罰鍰；廣播事業除處新台幣九萬元以上一百二十萬元以下罰鍰外，並得予以三日以上、三個月以下之停播處分，可供參酌。

　　又主管機關就違反禁止刊登規定的行為，是否應予處分，雖有斟酌權限，但若所刊載內容有侵害私人權益情事，此時被害少年及其他告訴權人，得另依法提起民、刑事訴訟，追究其法律責任，自不待言。目前市面上各類報刊、雜誌、網路、廣播、電視，為擴大發行量，常有任意採訪、登載少年事件，且內容與實情常有出入，以偏概全，誤導人民對法院處理方式的不滿，為貫徹少年事件處理法的立法精神，使新聞自由尺度能嚴守分際、維護善良風俗和司法尊嚴，我們期盼行政院國家通訊傳播委員會及各地方政府主管部門，能確實負起監督的責任，從嚴處理違法登載少年事件的各出版品。

第83條之1（紀錄之抹銷）

少年受第二十九條第一項之處分執行完畢二年後，或受保護處分或刑之執行完畢或赦免三年後，或受不付審理或不付保護處分之裁定確定後，視為未曾受各該宣告。

少年有前項或下列情形之一者，少年法院應通知保存少年前案紀錄及有關資料之機關、機構及團體，將少年之前案紀錄及有關資料予以塗銷：

一、受緩刑之宣告期滿未經撤銷，或受無罪、免訴、不受理判決確定。

二、經檢察機關將緩起訴處分期滿，未經撤銷之事由通知少年法院。

三、經檢察機關將不起訴處分確定，毋庸移送少年法院依少年保護事件審理之事由通知少年法院。

前項紀錄及資料，除下列情形或本法另有規定外，少年法院及其他任何機關、機構、團體或個人不得提供：

一、為少年本人之利益。

二、經少年本人同意，並應依其年齡及身心發展程度衡酌其意見；必要時得聽取其法定代理人或現在保護少年之人之意見。

少年之前案紀錄及有關資料之塗銷、利用、保存、提供、統計及研究等相關事項之辦法，由司法院定之。

解說

本條文為少年非行和犯罪紀錄抹銷的規定。由於少年身心發育未臻健全，血氣方剛，如因一時衝動，或受環境誘惑，而

有觸犯法律或有本法第3條第1項第2款行為，經法院諭知轉介處分、或受保護處分，甚至被宣告刑罰，如於執行完畢或赦免一定期間後，為鼓勵其重新做人，開創光明前途，自毋庸保存其過去受保護處分或受徒刑宣告、執行的相關登載資料，且應視同未曾受各該宣告，以示寬恕與激勵。

又為防止標籤傷害，民國86年修正本法時，於本條文第1項後段增列，凡「受不付審理或不付保護處分裁定確定後」，亦列為塗銷紀錄的範圍，以充分保護少年。

依此，關於少年紀錄抹銷的具體情形有三：

（一）少年經法院諭知本法第29條第1項的告誡、交付少年之法定代理人或現在保護少年之人嚴加管教、轉介處分執行完畢二年後。

（二）少年受第42條的保護處分，甚至被宣告刑罰，已於執行完畢或赦免三年後。

（三）受不付審理或不付保護處分裁定確定後。

有上述情形時，少年的非行和犯罪紀錄均抹銷，依本條文第1項規定，視同未曾受各該宣告，如有再度犯罪時，無刑法累犯之適用；如符合緩刑宣告之要件，亦可再宣告緩刑。

其次，為真正落實少年事件紀錄的抹銷，參照德國少年法院法，准許少年、少年的法定代理人、現在保護少年的人或輔佐人，得請求執行保護處分或移送執行刑罰的少年法院，以裁定將少年的前科紀錄及有關資料，予以除去及銷毀的規定；於108年5月修正本法時，於本條文第2項，要求少年法院於第29條第1項處分執行完畢二年後，或受保護處分或刑之執行完畢或赦免三年後，或受不付審理或不付保護處分裁定確定後，以及下列情形之一者，應即通知保存少年前科紀錄及有關資料之

少年事件處理法

機關、機構及團體，將少年的前案紀錄及相關資料予以塗銷：

（一）受緩刑之宣告期滿未經撤銷，或受無罪、免訴、不受理判決確定。

（二）經檢察機關將緩起訴處分期滿，未經撤銷之事由通知少年法院。

（三）經檢察機關將不起訴處分確定，毋庸移送少年法院依少年保護事件審理之事由通知少年法院。

另為保障少年隱私權，避免其受污名或烙印之影響，本條文第3項規定，除下列情形或本法另有規定外，少年法院及其他任何機關、機構、團體或個人不得提供少年的前案紀錄及相關資料：

（一）為少年本人之利益。

（二）經少年本人同意，並應依其年齡及身心發展程度衡酌其意見；必要時得聽取其法定代理人或現在保護少年之人之意見。

參考兒童權利委員會於兒童權利公約第10號一般性意見第98段及北京規則第33點，均建請政府有系統地收集涉及少年司法之數據，以及依據兒童權利公約制定、執行和評估預防及有效應對少年觸犯刑罰法律問題各項政策和方案而必需掌握之數據，以及執行少年前案紀錄及有關資料之保存、塗銷、提供、統計及研究使用等事項，為此，本條文第4項明定，少年之前案紀錄及有關資料之塗銷、利用、保存、提供、統計及研究等相關事項之辦法，由司法院定之，以供適用。

針對少年事件紀錄的抹銷，在民國108年8月21日，司法院、行政院共同修正發布的「少年事件處理法施行細則」，於第17條規定：「本法中華民國一百零八年六月十九日修正公布

之第八十三條之一第二項、第三項關於塗銷少年前案紀錄及有關資料與不得無故提供之規定，及依同條第四項所定之辦法，於本法修正施行前之少年事件，亦有適用。前項紀錄及有關資料塗銷之規定，於法院不適用之。本法所稱塗銷，係指予以塗抹、刪除或遮掩，使一般人無法直接或經比對後可辨識為少年者而言；經塗銷後紀錄及檔案資料之保存及銷毀，仍依保存機關、機構或團體對各該檔案之保存及銷毀有關法規辦理。」又同施行細則第18條規定：「本法所稱之少年前案紀錄及有關資料，係指保存機關、機構及團體依其業務就本法第八十三條之一第一項事件或案件所建立之移送、調查、偵查、審理、執行之紀錄。但不含保存機關、機構及團體因調查、偵查、審理、執行該事件或案件所編纂之卷宗。」在適用時應一併注意。

　　在實務上，有關少年紀錄的抹銷工作，係依少年及兒童保護事件執行辦法第31條規定：「少年法院於少年有下列情形之一時，應通知各保存少年前科紀錄及有關資料之機關（構），將其依主管業務所建立之移送、調查、偵查、審理及執行等紀錄及資料塗銷之：一、受本法第二十九條第一項之轉介處分執行完畢滿二年。二、受保護處分之執行完畢或撤銷確定滿三年。三、受刑之執行完畢或赦免滿三年。四、受不付審理之裁定確定；但本法第二十九條第一項之裁定，不在此限。五、受不付保護處分之裁定確定。六、受無罪判決確定。」

　　又少年法院對於不付審理裁定、不付保護處分裁定或無罪判決確定者，應於裁判確定後十日內，為前項少年紀錄抹銷的通知；對於受轉介處分、受保護處分或刑之執行者，為應塗銷日期十日前。

少年事件處理法

　　至於所謂應受通知塗銷紀錄及資料之機關（構），少年及兒童保護事件執行辦法第32條規定，應依下列情形定之：

（一）轉介處分、假日生活輔導、保護管束、安置輔導、不付審理、不付保護處分裁定：受轉介之福利或教養機關（構）、受交付執行假日生活輔導之機關（構）、團體、受交付執行保護管束之福利或教養機構、慈善團體、執行安置輔導機關（構）、內政部警政署、少年案發時戶籍地警察局、原移案機關、禁戒或勒戒機關（構）、治療或戒治機關（構）。

（二）感化教育：臺灣高等法院檢察署、少年矯正機關（構）、內政部警政署、少年案發時戶籍地警察局、原移案機關。

（三）刑事判決、不起訴處分：臺灣高等法院檢察署、原偵查地方法院檢察署、少年矯正機關（構）、內政部警政署、少年案發時戶籍地警察局、原移案機關。

　　少年前科紀錄及有關資料之塗銷，除應依前項規定通知有關機關（構）外，並依下列規定辦理：

（一）少年為性侵害犯罪防治法或家庭暴力防治法之加害人者，另應通知內政部性侵害防治委員會或家庭暴力防治委員會。

（二）曾通知少年輔導委員會、更生保護會、直轄市、縣（市）社政、勞工或教育主管機關者，另應通知各該曾受通知機關或單位。

（三）有其他曾受通知之機關（構）、團體者，另應通知該機關（構）、團體。

第83條之2（未將紀錄塗銷之處罰）
違反前條規定未將少年之前科紀錄及有關資料塗銷或無故提供者，處六月以下有期徒刑、拘役或新臺幣三萬元以下罰金。

解說

本條文為應抹銷而不為之處罰規定，其構成要件有三：

（一）行為人主觀上有故意犯意：所謂故意，依刑法第13條規定：「行為人對於構成犯罪之事實，明知並有意使其發生者，為故意；行為人對於構成犯罪之事實，預見其發生而其發生並不違背其本意者，以故意論。」故本罪僅罰及直接故意與間接故意犯，不包括過失犯。

（二）須違反第83條之1的規定：本法第83條之1所規定應抹銷的紀錄或資料，如前所述，包括下列情形：

1. 受本法第29條第1項處分執行完畢滿二年。

2. 受保護處分執行完畢確定滿三年。

3. 受刑的執行完畢或赦免滿三年。

4. 受不付審理或不付保護處分裁定確定。

5. 受緩刑之宣告期滿未經撤銷，或受無罪、免訴、不受理判決確定。

6. 經檢察機關將緩起訴處分期滿，未經撤銷。

7. 經檢察機關將不起訴處分確定，毋庸移送少年法院依少年保護事件審理之事件。

（三）須有未將少年前科紀錄及有關資料塗銷或無故提供的行為：有第83條之1第1項情形時，少年法院應通知保存少年前科紀錄及有關資料的機關，將少年的前科紀錄及有

關資料予以塗銷，如有故意不爲塗銷行爲，或者非爲少
年本人利益，亦未經少年本人同意，無故將前開少年前
科紀錄或有關資料提供他人者，即構成本罪，並不以行
爲人意圖不法利益爲要件。

行爲人有前述行爲，即構成未將紀錄塗銷罪，其法定刑爲
六月以下有期徒刑、拘役或新台幣三萬元以下罰金。

第83條之3（外國少年犯之驅逐出境）

外國少年受轉介處分、保護處分、緩刑或假釋期內交付保護
管束者，少年法院得裁定以驅逐出境代之。

前項裁定，得由少年調查官或少年保護官聲請；裁定前，應
予少年、其法定代理人或現在保護少年之人陳述意見之機
會。但經合法通知，無正當理由不到場者，不在此限。

對於第一項裁定，得提起抗告，並準用第六十一條、第
六十三條及第六十四條之規定。

驅逐出境由司法警察機關執行之。

解說

本條文爲外國少年犯驅逐出境的規定。舊法對於外國少年
在本國涉嫌非行，應如何處理，漏未規定，致實務上對此類案
件的處理，困擾甚多，爲此本法修正時，參考保安處分執行法
第74條之1：「對於外國人保護管束者，得以驅逐出境代之。
前項驅逐出境，準用第八章之規定」，及第82條：「受驅逐出
境處分之外國人，由檢察官交由司法警察機關執行之」等規
定，增訂本條文，俾日後處理外國少年非行事件，有所依循。

　　驅逐出境適用的對象，由本條文第1項規定，以外國少年為限，所謂「外國少年」，凡中華民國國籍以外的人均屬之，包括無國籍人士在內。其非行內容，包括受轉介處分（如轉介安置、交付嚴加管教或告誡）、保護處分（如訓誡並予以假日生活輔導、保護管束、安置輔導、感化教育）或緩刑、假釋期內交付保護管束均包括在內。至「驅逐出境」，就是逐出我國國境，不但使其脫離中華民國領土，即中華民國領海內，亦不准其居留。

　　外國少年因其非行或犯罪，而受轉介處分、保護管束或刑的宣告於緩刑內交付保護管束，均可見品行不良，倘任其繼續僑居，不免仍有損害社會之虞，為滌垢清源起見，宜予驅逐出境，此為國家自衛應有的措施，不僅發揮本國的法權而已；至於外國少年的非行，經少年法院依本法第28條為不付審理的裁定，或依第41條為不付保護處分的裁定時，因該少年或無觸犯刑罰法律或曝險行為的事實，或認為情節輕微，此際即無驅逐出境必要。

　　至本國少年，依憲法第10條規定，有居住遷徙的基本權利，雖受有轉介處分或保護處分，究無本條文適用餘地。

　　本條文的驅逐出境，採職權主義；該外國少年是否驅逐出境，由少年法院法官審酌決定；此外，亦得由少年調查官或少年保護官，向少年法院提出聲請；惟少年法院裁定前，應予少年、其法定代理人或現在保護少年之人陳述意見之機會；但經合法通知，無正當理由不到場者，不在此限。

　　驅逐出境將使外國少年無法繼續在我國居住，嚴重影響其權益，宜有救濟之機會，為此本條文第3項規定，對於少年法院驅逐出境裁定，得提起抗告，並準用第61條、第63條及第64

條等規定。

　本條文第4項規定，驅逐出境裁定確定後，應交由司法警察機關遞解出境。

第84條（少年法定代理人之處罰）

少年之法定代理人，因忽視教養，致少年有第三條第一項之情形，而受保護處分或刑之宣告，或致保護處分之執行難收效果者，少年法院得裁定命其接受八小時以上五十小時以下之親職教育輔導，以強化其親職功能。

少年法院為前項親職教育輔導裁定前，認為必要時，得先命少年調查官就忽視教養之事實，提出調查報告並附具建議。

親職教育輔導之執行，由少年法院交付少年保護官為之，並得依少年保護官之意見，交付適當之機關、團體或個人為之，受少年保護官之指導。

親職教育輔導應於裁定之日起三年內執行之；逾期免予執行，或至多執行至少年成年為止。但因事實上原因以不繼續執行為宜者，少年保護官得檢具事證，聲請少年法院免除其執行。

拒不接受親職教育輔導或時數不足者，少年法院得裁定處新臺幣六千元以上三萬元以下罰鍰；經再通知仍不接受者，得按次連續處罰，至其接受為止。其經連續處罰三次以上者，並得裁定公告法定代理人之姓名。

前項罰鍰之裁定，得為民事強制執行名義，由少年法院囑託各該地方法院民事執行處強制執行之，免徵執行費。

少年之法定代理人有第一項情形，情況嚴重者，少年法院並

得裁定公告其姓名。

第一項、第五項及前項之裁定，受處分人得提起抗告，並準用第六十三條、第六十四條之規定。

解說

　　如前所述，少年非行或犯罪的原因，除根源於個人原因、學校原因、社會原因外，家庭原因尤爲重要關鍵所在，在許多具體案例中，我們發現少年的父母、法定代理人或監護人疏於管教、管教方式不當、過分溺愛、不知如何管教，甚至暴力管教或根本不予教養等情形，隨時可見。對此，縱對其處以罰鍰，恐非治本之道，是以，如何使其瞭解爲人父母的責任，才爲解決問題的癥結。

　　基此法理，少年有「觸法或曝險行爲，而受保護處分或刑罰宣告者」，就疏於教養的法定代理人，少年法院得依本條文第1項裁定，命其接受八小時以上，五十小時以下的親職教育輔導，以促其邇後注意教養少年的責任，期能培養少年日後成爲有用的人才；由於本法規定之親職教育輔導，原本即在督促少年之法定代理人善盡管教之責，而少年於保護處分之執行期間，尤需其法定代理人配合改善親職功能，爲落實少年保護處分之執行效果，於108年修正時，在第1項增訂如少年法定代理人之忽視教養情事「導致保護處分之執行難收效果者」，法院亦得命其接受親職教育。

　　少年法院爲前項親職教育輔導裁定前，認爲必要時，得先命少年調查官就法定代理人忽視教養之事實，提出調查報告並附具建議，以供法官審酌有無命爲親職教育輔導必要之參考。

　　為使親職教育輔導之執行能更明確且符合實際所需，避免流於形式，本條文第3項規定：「親職教育輔導之執行，由少年法院交付少年保護官為之，並得依少年保護官之意見，交付適當之機關、團體或個人為之。」以期確實發揮親職教育輔導之功能。

　　目前親職教育輔導之執行，僅有時數，而無執行期間之規定，為達成親職教育輔導之功效，避免案件久懸未結，本條文第4項已修正規定：「親職教育輔導應於裁定之日起三年內執行之；逾期免予執行，或至多執行至少年成年為止。但因事實上原因以不繼續執行為宜者，少年保護官得檢具事證，聲請少年法院免除其執行。」

　　少年的法定代理人拒絕接受前述親職教育輔導，或時數不足者，少年法院可依法裁處新台幣六千元以上三萬元以下罰鍰；經再通知仍不接受者，得按次連續處罰，至其接受為止。其經連續處罰三次以上者，並得裁定公告法定代理人之姓名。前開裁處新台幣六千元以上三萬元以下罰鍰，性質上屬於行政罰鍰性質，如受處分人不服，得依本條文第8項規定，提起抗告。抗告時應以少年法院的上級法院，即高等法院少年法庭為管轄法院；抗告法院的裁定，為終審裁定，不得再抗告。

　　對於少年的法定代理人罰鍰的裁定，如有拒繳情形，可以依該裁定作為強制執行法第4條第1項第6款的執行名義，由少年法院囑託各該地方法院民事執行處來強制執行，此種案件免徵執行費。

　　另外，少年的法定代理人因忽視教養，致少年有觸犯刑罰法律行為，或有第3條第1項第2款之行為，其情況嚴重者，少年法院可依本條文第7項規定，公布其姓名，並附載年齡、籍

貫，使該法定代理人日後能心生警惕，確實負起保護、教養少年的責任。

　　法定代理人因有第1項情形，情況嚴重經少年法院裁定，命其接受八小時以上，五十小時以下的親職教育輔導，或者裁處新台幣六千元以上三萬元以下罰鍰，甚至公告其姓名者，基於有權利即有救濟之憲法原則，應許其就該裁定提起抗告以資救濟，以符憲法第16條保障人民訴訟權之意旨，為此本條文第8項規定，受處分人得對於「第1項、第5項及前項之裁定」提起抗告。又抗告期間如逕行準用刑事訴訟法第406條，其抗告期間為五日，與本法一般抗告期間為十日不同，為求抗告期間一致，本條文有關抗告程序，準用第63條及第64條規定。

　　吳火旺係少年吳建國的父親，為該少年的法定代理人，因該少年長期吸食安非他命，違反毒品危害防制條例，經少年法院諭知保護管束處分後，將少年交其保護管束，嗣後吳火旺竟未嚴加管教，亦未關心督促兒子在保護管束期間，應遵守之事項，致吳建國又於民國109年1月某日深夜，在台北市忠孝東路SOGO百貨公司附近，竊取他人機車一輛，為警察當場查獲後，經少年法院諭知令入感化教育處所施以感化教育處分確定，此時其法定代理人應否予以適當的處罰？

　　在本案件中吳火旺為少年吳建國的法定代理人，因少年觸犯刑罰法律事件後，曾經少年法院依少年事件處理法第51條第3項規定，將該少年交其執行保護管束；而吳火旺竟忽視管教，致少年再有觸犯刑罰法律的行為，故應依本法第84條第1項規定，裁定命其接受親職教育輔導，以示懲儆。其主文可以

記載爲：

　　「吳火旺因忽視教養，致少年有觸犯刑罰法律之行爲，應接受三十六小時之親職教育輔導」。如吳火旺屆時拒不接受前項親職教育輔導或時數不足時，少年法院得再裁處六千元以上，新台幣三萬元以下罰鍰；經再通知仍不接受者，得按次連續處罰，至其接受爲止。其經連續處罰三次以上者，並得裁定公告法定代理人之姓名。

第85條（重懲成年犯之條件）
成年人教唆、幫助或利用未滿十八歲之人犯罪或與之共同實施犯罪者，依其所犯之罪，加重其刑至二分之一。
少年法院得裁定命前項之成年人負擔第六十條第一項教養費用全部或一部，並得公告其姓名。

解說

　　本條文爲成年人教唆、幫助或利用少年犯罪的加重其刑規定。在民國65年2月12日修正公布時，係因司法行政部（現改爲法務部）鑒於內政部警政署歷年的刑事統計資料，認爲少年意志薄弱，往往被成年人利用，陷於犯罪工具而不自知，爲期杜絕少年犯罪係爲成年人的幕後操縱，故增設此條文，以加重該成年人的刑事責任，並間接保護少年，杜絕犯罪事件的發生。

　　本條文所謂的「成年人」，指在實施犯罪行爲時，依民法第12條規定，其年齡已滿二十歲的人而言；而年齡的計算，依民法第124條規定，應以出生日開始起算（最高法院66年度

台非字第93號判例）。至於未滿二十歲而已結婚者，僅擬制爲成年人而已，其本質仍爲未成年人，智識、經驗均較成年人遜色，無予重罰必要，故不得依本條文規定加重其刑。

成年人加重其刑的要件，必須有下列行爲：

（一）教唆行爲

指對於本無犯罪實行意思的人，予以影響，使其產生犯罪實行意思。因此，教唆須對於無犯意的特定人爲行使對象，如被教唆人原有犯罪的決意，則對其「教唆」，僅能認爲是共謀（可能成立共謀的共同正犯），或精神上幫助（可能成立幫助犯）而已，不得認係教唆行爲。

（二）幫助行爲

指行爲人在實施犯罪行爲前或正在實施犯罪時，另一行爲人故意予以幫助，使其犯罪行爲能發生預期的效果。通常促進、加速或便利犯罪的實施，固屬於幫助行爲，即爲便利正犯的實行而排除障礙，也是屬於幫助行爲；但行爲若與正犯的實行毫無關係，則不能認爲是幫助行爲。

（三）利用行爲

指利用行爲人責任能力的欠缺，使其實施犯罪行爲；或以強制力迫使他人屈從以爲犯罪的工具，此種利用他人的行爲爲自己實施犯罪，在刑法上即爲間接正犯。

（四）共同實施犯罪行爲

指二人以上共同實施犯罪的行爲（刑法第28條），又稱爲共同正犯。共同正犯在主觀上，須有共同實施犯罪的意思聯絡；在客觀上，須有行爲分擔的情形，如事前既未合謀，實施犯罪行爲之際又無行爲的分擔，即不得論以共同正犯。

應注意的是，對成年犯加重刑責的另一要件，爲其教唆、

　　幫助行為，或共同實施犯罪的對象，必須為「十四歲以上未滿十八歲的少年」，此因刑法第18條第1項規定「未滿十四歲人的行為，不罰」，所以少年如未滿十四歲，顯然無刑事責任能力，成年人無從對其為教唆、幫助或共同實施犯罪行為。至於利用未滿十八歲的人犯罪（間接正犯），因被利用的人毋庸具備刑事責任能力，故不以已滿十四歲的少年為限（最高法院66年9月20日、66年度第7次刑事庭會議決議二）。

　　至於本條文對成年犯加重其刑至二分之一，其加重處罰性質，因並非對於個別特定的行為來加重處罰，而且該條文所定「成年人」屬年齡狀態，非身分條件，與刑法第134條「公務員犯罪加重處罰的規定」有別，故應認其為相當於刑法總則的加重，非屬於刑法分則的加重。

　　又成年人教唆、幫助或利用未滿十八歲之人犯罪，或與其共同實施犯罪者，非但危害社會治安且殘害少年，故本條文第2項規定，少年若因而受保護處分時，其教養費用，少年法院得裁定命該成年人負擔全部或一部，並可公告該成年人姓名；惟法院在公告時，仍應注意本法第83條規定，不得揭示有關少年刑事案件的記事或照片，以免違反少年事件的保密原則。

　　另自兒童及少年福利與權益保障法修正公布施行後，依該法第112條第1項規定：「成年人教唆、幫助或利用兒童及少年犯罪或與之共同實施犯罪或故意對其犯罪者，加重其刑至二分之一。但各該罪就被害人係兒童及少年已定有特別處罰規定者，從其規定」，依實務見解，兒童及少年福利與權益保障法為本法之特別規定，應優先適用。

實例一

　　成年人林招財與未滿十八歲的少年李正杰，在桃園市旋風電動玩具店賭博財物，該成年犯林招財是否應依少年事件處理法第85條規定，加重其刑至二分之一？

　　少年事件處理法第85條規定，成年人與少年共同實施犯罪，依其所犯之罪，加重其刑至二分之一，乃欲遏阻成年人誘惑智慮未開的少年步入犯罪歧途而設，故為貫徹法律精神，應從寬解釋，認為凡在實質上與少年犯共同實施犯罪行為的成年犯，即包括在內，不因所犯的罪名係必要共犯或任意共犯而有所區別。本案例中成年人林招財與少年犯李正杰在公共場所賭博財物，固屬必要共犯，依前述說明，仍有該加重刑責條文的適用。

實例二

　　成年人陳阿旺意圖為自己不法的所有，於民國108年10月25日凌晨二時許，夥同年方十七歲的少年謝文賢，利用年僅十三歲的少年林冠偉，一同侵入鄰人的住宅竊盜，則成年人陳阿旺應如何加重其刑？

　　成年人陳阿旺與未滿十八歲的少年謝文賢犯罪，並利用未滿十四歲無刑事責任的少年林冠偉行竊，依少年事件處理法第85條規定，雖均應加重其刑，惟陳阿旺同一竊盜行為中，具有上述兩種加重的情形，且此兩種加重情形，均規定在同一法條內，故僅須加重其刑一次即可，不必再遞加其刑。

少年事件處理法

第85條之1（刪除）

解說

　　本條文原規定：「七歲以上未滿十二歲之人，有觸犯刑罰法律之行為者，由少年法院適用少年保護事件之規定處理之。前項保護處分之執行，應參酌兒童福利法之規定，由行政院會同司法院訂定辦法行之。」

　　民國108年5月31日修正時，因應我國兒童權利公約首次國家報告結論性意見第96點第1項，觸法兒童應排除本法之適用，爰刪除本條規定。

　　惟為考量七歲以上十二歲以下之觸犯刑罰法律兒童，係屬國民小學義務教育階段，在108年修正時，曾通過附帶決議，要求教育部邀集司法院、衛生福利部、法務部、內政部就觸犯刑罰法律兒童之通報、處遇、輔導及協助等事項，於本法修正通過後一年內完成相關規定之研議。

第86條（補助法規之制定）

本法施行細則，由司法院會同行政院定之。
少年保護事件審理細則，由司法院定之。
少年法院與相關行政機關處理少年事件聯繫辦法，由司法院會同行政院定之。
少年偏差行為之輔導及預防辦法，由行政院會同司法院定之。

解說

　　少年事件處理法是我國處理少年事件的主要依據，具有行政法與刑事法的性質，爲實體法與程序法併存的混合法，又爲刑法、刑事訴訟法的特別法，故其內容所涉範圍極爲廣泛。爲求立法的便利與彌補本法規定的不夠周延，必須有輔助法規的制定，以相互配合。

　　依據本法制定的輔助法規，有屬於中央法規標準法第2條所稱的法律者，如依本法第26條之2第5項規定，所制定的「少年觀護所設置及實施通則」，作爲協助調查被收容少年的相關事項，供法院處理時參考，並可矯治被收容少年的身心，使其適於社會的正常生活。又如依本法第52條第2項規定，所制定的「少年輔育院條例」及「少年矯正學校設置及教育實施通則」等，則可作爲執行感化教育的依據，以確實矯正少年的不良習性，使其改過自新，同時授予生活智能，俾能日後自謀生計。

　　有些則屬於中央法規標準法第3條所稱各機關發布的命令者，如依據本法第1項所公布的「少年事件處理法施行細則」，即由司法院、行政院會銜修正發布；依據本法第2項所公布的「少年保護事件審理細則」，則由司法院發布。

　　民國108年修正本法時，爲因應第18條有關少年偏差行爲輔導、第26條少年觀護所鑑別功能、第29條第1項第3款轉介輔導單位、第42條第1項第3款交付安置對象、第5項及第6項整合資源等規定之修正，少年法院有與司法警察、教育、衛生福利、少年矯正等相關機關密切聯繫之必要，爲此在第3項增訂：「少年法院與相關行政機關處理少年事件聯繫辦法，由司法院會同行政院定之」，以提供制定相關輔助法規之法源依

據。

再者，少年如有第3條第1項第2款所定曝險行為，宜由行政院整合相關資源，採取必要之輔導與預防措施，因而參考現行「少年不良行為及虞犯預防辦法」，在第4項增訂：「少年偏差行為之輔導及預防辦法，由行政院會同司法院定之」，以利實務運作。

根據上開說明，茲將實務上常見依本法所制定的輔助法規，分述如下：

（一）少年事件處理法施行細則

依本條文第1項規定，本法施行細則由司法院會同行政院訂定。該施行細則最初在民國60年6月21日，由司法行政部令發布，全文共14條，嗣於民國65年2月12日、69年12月31日修正；87年5月4日、90年6月29日修正時，本施行細則即由司法院、行政院會銜修正發布，最後於民國108年8月21日由司法院、行政院會銜再次修正公布，全文共19條。

（二）少年保護事件審理細則

依本條文第2項規定，該審理細則由司法院訂定。民國60年6月21日由司法行政部擬定「少年管訓事件審理細則」後，送請行政院令准備查，並經民國69年11月25日修正，88年3月5日修正為「少年保護事件審理細則」，民國90年5月30日、93年10月28日修正，最後於民國98年3月5日由司法院再次修正公布，全文共51條。

（三）少年及兒童保護事件執行辦法

依本條文第3項規定，少年保護事件執行辦法，由行政院會同司法院訂定。民國60年6月29日，由司法行政部令發布「少年管訓事件執行辦法」，全文共26條；其後為因應本條文

的修正，司法院會銜行政院於民國70年3月6日發布，將法規名稱改爲「少年及兒童管訓事件執行辦法」，大幅修正條文，全文共四章，35條條文。至民國89年9月20日司法院再會銜行政院發布，將法規名稱改爲「少年及兒童保護事件執行辦法」，並全面大幅修正條文，全文共四章，45條條文。

（四）**少年不良行爲及虞犯之預防辦法**

依本條文第4項規定，少年不良行爲及虞犯之預防辦法，由內政部會同法務部、教育部訂定。該辦法於民國61年9月27日，由司法行政部、教育部、內政部制定後，會銜發布，並自民國61年12月1日施行；歷經多次修正，在民國102年12月9日公布全文共17條。該辦法對於兒童及少年不良行爲及虞犯的預防，有相當大的助益，値得參考。

1. 依該辦法第3條規定，少年有下列情形之一者，爲少年不良行爲：

   （1）與有犯罪習性之人交往。

   （2）出入妨害身心健康場所或其他少年不當進入之場所。

   （3）逃學或逃家。

   （4）無正當理由攜帶具有殺傷力之器械、化學製劑或其他危險物品。

   （5）深夜遊蕩。

   （6）對父母、尊長或教師態度傲慢，舉止粗暴。

   （7）於非公共場所或非公眾得出入之職業賭博場所，賭博財物。

   （8）以猥褻之言語、舉動或其他方法，調戲他人。

   （9）持有猥褻圖片、文字、錄影帶、光碟、出版品或其他物品。

（10）加暴行於人或互相鬥毆未至傷害。

（11）無正當理由跟追他人，經勸阻不聽。

（12）藉端滋擾住戶、工廠、公司行號、公共場所或公眾得出入之場所。

（13）吸菸、嚼檳榔、飲酒或在公共場所高聲喧嘩。

（14）無照駕駛汽車、機車。

（15）其他有妨害善良風俗或公共秩序之行為。

2. 依該辦法第4條規定，少年有下列情形之一者，而有觸犯刑罰法律之虞者，為少年虞犯：

（1）經常與有犯罪習性的人交往者。

（2）經常出入少年不當進入的場所者。

（3）經常逃學或逃家者。

（4）參加不良組織者。

（5）無正當理由經常攜帶刀械者。

（6）有違警習性或經常於深夜在外遊蕩者。

（7）吸食或施打煙毒及麻醉藥品以外的迷幻物品者。

3. 依該辦法第5條規定，警察機關對於少年不良行為及虞犯之預防，除應利用巡邏查察等各種勤務經常注意勸導、檢查、盤詰、制止外，於週末、假日及寒暑假期間，並應協調主管教育行政機關邀集學校、社會團體派員組成聯合巡邏查察隊，加強實施上開工作。學校、社會團體、各目的事業主管機關（構）得知少年有不良行為或虞犯等情事，必要時通知警察機關協助處理。

4. 依該辦法第6條規定，警察機關發現少年不良行為及虞犯時，除得予登記或勸導制止外，應視其情節依下列規定處理：

　　（1）少年不良行爲違反社會秩序維護法或觸犯其他法令
　　　　者，分別依各該規定處理。

　　（2）少年虞犯依本法移送法院處理。

　　（3）少年虞犯事件與違反社會秩序維護法案件相牽連者，
　　　　應先送法院處理。經法院裁定不付審理或不付保護處
　　　　分者，其違反社會秩序維護法部分，如未逾二個月，
　　　　仍得依社會秩序維護法處罰。

　　警察機關依前項規定處理完畢後，得酌情採適當方式通知少
　　年之家長、就讀學校或在職機構加強管教。

5. 依該辦法第11條規定，各直轄市、縣（市）政府應設置少年
　　輔導委員會，綜理規劃並協調推動預防少年犯罪之相關事
　　宜。少年輔導委員會應依受輔導少年之需要，協同或會同各
　　目的事業主管機關及少年輔導機構，加強少年之輔導；並視
　　其情形辦理各種技藝訓練、輔導就業與舉辦有關少年福利服
　　務及其他輔導活動。少年輔導委員會得遴聘當地熱心公益人
　　士、具輔導專業學識或經驗人士或大專校院相關科系學生，
　　協助少年不良行爲及虞犯之預防工作。少年輔導委員會設置
　　及實施要點，由內政部會同法務部、教育部及衛生福利部定
　　之。

6. 依該辦法第16條規定，各級學校爲預防在學少年不良行爲及
　　虞犯之發生，應加強執行輔導管教措施，推廣生活教育活
　　動，並與學生家長及警察機關保持密切聯繫。各級主管教育
　　行政機關應嚴格督導考核各級學校對於前項規定之執行成
　　效。各級主管教育行政機關、社政機關、社會教育機構及少
　　年福利機構應經常舉辦有益少年身心健康之各項活動。主管
　　文化、新聞、出版之機關應協調大眾傳播媒體加強預防少年

犯罪之宣導；對足以戕害少年身心健康之傳播並依法嚴加處分。

透過少年不良行為及虞犯之預防辦法的制定，使家庭、學校、社會、司法、警察及有關少年輔導機構相互結合，才能發揮整體功能，共同防治少年犯罪。

第87條（施行日）

本法自中華民國六十年七月一日施行。

本法修正條文，除中華民國一百零八年五月三十一日修正公布之第十八條第二項至第七項自一百十二年七月一日施行；第四十二條第一項第三款關於交付安置於適當之醫療機構、執行過渡性教育措施或其他適當措施之處所輔導部分及刪除第八十五條之一自公布一年後施行外，自公布日施行。

解說

依中央法規標準法第14條規定：「法規特定有施行日期，或以命令特定施行日期者，自該特定日起發生效力」。少年事件處理法於民國51年1月31日制定公布後，因該法屬於新創，許多輔助法規必須次第制定，而所需推行的人員與設施，也要周詳考慮、妥善安排，方能行之有效，故採特定施行日期的方式，明定本法自民國60年7月1日施行。

其後陸續於民國65年2月12日、69年7月4日、86年10月29日、89年2月2日、91年6月5日及94年5月18日，分別修正公布部分條文，該修正部分自公布日施行。

民國108年5月修正時，考量第18條第2項至第7項就有關第

3條第1項第2款情形之曝險少年建置行政輔導先行機制、第42條第1項第3款關於交付安置於適當之醫療機構、執行過渡性教育措施或其他適當措施之處所輔導部分，及刪除第85條之1，有關觸犯刑罰法律兒童準用本法之規定，均為制度上重大變革，必須賦予行政機關相當時間籌備，以為因應，為此在本條文第2項，分別明定該等修正部分及刪除條文之施行日期，其餘修正部分均自公布日施行。

　　新修正之少年事件處理法，業於民國108年6月19日公布，其施行日期，分述如下：

（一）第18條第2項至第7項，有關曝險少年建置行政輔導先行機制部分，自112年7月1日起施行。

（二）第42條第1項第3款關於交付安置於適當之醫療機構、執行過渡性教育措施或其他適當措施之處所輔導部分及刪除第85條之1有關觸犯刑罰法律兒童準用本法之規定，自公布一年後施行，即109年6月19日起施行。

（三）其餘修正條文，自108年6月19日公布日施行。

國家圖書館出版品預行編目資料

少年事件處理法／鄭正中著. -- 四版.
-- 臺北市：書泉出版社, 2020.02
　　面；　公分
ISBN 978-986-451-181-5（平裝）

1.少年事件處理法

585.78　　　　　　　　108023102

3TF7　新白話六法系列 021

少年事件處理法

作　　　者 — 鄭正中（382）

發 行 人 — 楊榮川

總 經 理 — 楊士清

總 編 輯 — 楊秀麗

副總編輯 — 劉靜芬

責任編輯 — 林佳瑩、陳采婕

封面設計 — 王麗娟

出 版 者 — 書泉出版社

地　　　址：106台北市大安區和平東路二段339號4樓

電　　　話：(02)2705-5066　傳　　真：(02)2706-6100

網　　　址：https://www.wunan.com.tw

電子郵件：shuchuan@shuchuan.com.tw

劃撥帳號：01303853

戶　　　名：書泉出版社

總 經 銷：貿騰發賣股份有限公司

電　　　話：(02)8227-5988　傳　　真：(02)8227-5989

地　　　址：23586新北市中和區中正路880號14樓

網　　　址：www.namode.com

法律顧問　林勝安律師事務所　林勝安律師

出版日期　2020年 2 月四版一刷
　　　　　2022年11月四版二刷

定　　　價　新臺幣420元